L'urbain
Un enjeu environnemental

PRESSES DE L'UNIVERSITÉ DU QUÉBEC
Le Delta I, 2875, boulevard Laurier, bureau 450
Sainte-Foy (Québec) G1V 2M2
Téléphone : (418) 657-4399 • Télécopieur : (418) 657-2096
Courriel : puq@puq.uquebec.ca • Internet : www.puq.ca

Distribution :

CANADA et autres pays

DISTRIBUTION DE LIVRES UNIVERS S.E.N.C.
845, rue Marie-Victorin, Saint-Nicolas (Québec) G7A 3S8
Téléphone : (418) 831-7474 / 1-800-859-7474 • Télécopieur : (418) 831-4021

FRANCE

DISTRIBUTION DU NOUVEAU MONDE
30, rue Gay-Lussac, 75005 Paris, France
Téléphone : 33 1 43 54 49 02
Télécopieur : 33 1 43 54 39 15

SUISSE

SERVIDIS SA
5, rue des Chaudronniers, CH-1211 Genève 3, Suisse
Téléphone : 022 960 95 25
Télécopieur : 022 776 35 27

L'urbain
Un enjeu environnemental

Sous la direction de **Michel A. Boisvert**
avec la collaboration de Paula Negrón-Poblete

2004

Presses de l'Université du Québec
Le Delta I, 2875, boul. Laurier, bur. 450
Sainte-Foy (Québec) Canada   G1V 2M2

Catalogage avant publication de Bibliothèque et Archives Canada

Vedette principale au titre :

L'urbain, un enjeu environnemental

(Science régionale : 7)
Comprend des réf. bibliogr.

ISBN 2-7605-1314-9

1. Urbanisme – Aspect de l'environnement. 2. Écologie urbaine.
3. Environnement – Études d'impact. 4. Aménagement du territoire –
Aspect de l'environnement. 5. Paysage urbain – Aspect de l'environnement.
6. Urbanisme durable. I. Boisvert, Michel (Michel A.). II. Negrón Poblete, Paula A.
(Paula Alejandra), 1971-   . III. Collection.

HT241.U72 2004   307.1'216   C2004-941395-3

Nous reconnaissons l'aide financière du gouvernement du Canada
par l'entremise du Programme d'aide au développement
de l'industrie de l'édition (PADIÉ) pour nos activités d'édition.

Mise en pages : PRESSES DE L'UNIVERSITÉ DU QUÉBEC

Illustration de la couverture : RICHARD HODGSON

1 2 3 4 5 6 7 8 9 PUQ 2004 9 8 7 6 5 4 3 2 1

Dépôt légal – 3ᵉ trimestre 2004
Bibliothèque nationale du Québec / Bibliothèque nationale du Canada
Imprimé au Canada

Table des matières

Liste des figures
et des tableaux

L'urbain, un enjeu environnemental
Présentation du recueil

Michel Boisvert
Professeur à l'Institut d'urbanisme, Université de Montréal

Paula Negrón-Poblete
Chargée de cours à l'Institut d'urbanisme, Université de Montréal

La préoccupation environnementale est aujourd'hui incontournable au programme des urbanistes et les enjeux environnementaux y obtiennent les plus hautes notes. En revanche, même si l'aménagement du territoire et plus particulièrement l'urbanisme ont depuis leurs débuts accompagné l'idéologie du développement durable, le milieu urbain arrive mal à ressortir chez les environnementalistes comme un enjeu majeur. Le but de cet ouvrage est de contribuer à combler cette lacune, à la fois sur le plan analytique et sur le plan stratégique. Trois thèmes y sont privilégiés, à savoir l'estimation des risques environnementaux en milieu urbain, les études d'impact environnemental ainsi que la place accordée à la participation des populations visées dans l'évaluation des projets, les stratégies d'aménagement et les paysages urbains.

Par définition, le milieu urbain concentre l'activité productive, ce qui déjà pèse lourd sur la capacité de support du milieu. Mais les multiples interactions qui en découlent contribuent en outre à la création d'effets cumulés, rendant plus difficile encore l'analyse des risques environnementaux dont le but est de caractériser les effets, sur les humains et sur les écosystèmes, de l'exposition à des agents polluants. Dans le domaine de la gestion environnementale, l'utilisation de l'analyse de risques peut permettre d'évaluer, par exemple, les niveaux de décontamination des sols en milieu urbain qui permettront un usage résidentiel futur, d'établir les valeurs-critiques des rejets d'eaux usées permettant de protéger la vie aquatique. Dans les processus décisionnels visant la protection de la santé humaine et de l'environnement, l'analyse de risques se révèle un outil précieux pour les gestionnaires.

Les quatre textes de cette section permettent de donner un bon aperçu des diverses façons qu'utilisent les responsables de l'aménagement pour aborder cette problématique. Alain-Michel Barcelo expose les difficultés auxquelles se heurtent les aménagistes dans la mise en application de la gestion environnementale lorsqu'il faut se doter d'indicateurs de développement durable et donc de mesures de contrôle des risques environnementaux. Après avoir montré comment se manifeste à travers le système urbain canadien le phénomène d'étalement urbain, il s'interroge sur l'adéquation entre, d'une part, la densification et la consolidation de l'occupation du sol et, d'autre part, le développement viable. Il en ressort que les stratégies d'aménagement du territoire ont une telle part de spécificité qu'il est très difficile de déterminer des indicateurs de performances pouvant servir à des fins de comparaisons interurbaines (*benchmarking*).

Parmi les plans d'action environnementale intégrés à des schémas d'aménagement et de développement métropolitain passés en revue, il suggère ensuite de retenir la démarche proposée par le ministère de l'Environnement, des Transports et du Développement régional du Royaume-Uni et en particulier la distinction proposée entre indicateurs d'état, indicateurs de pression et indicateurs de réaction. Ces trois types d'indicateurs sont mis à contribution pour traduire les grandes orientations d'aménagement proposées par le gouvernement du Québec pour la grande région de Montréal. Deux indicateurs de réaction retiennent particulièrement l'attention : le rapport entre la superficie réurbanisée et la superficie urbanisée pour la première fois (*brownfields/greenfields*) et le choix de mode de transport pour les déplacements de courte distance (moins de 1,5 kilomètre).

Lorraine Rouisse et Jean-Pierre Trépanier se servent du cas des terrains contaminés pour présenter l'attitude des responsables de l'aménagement face aux risques environnementaux. On constate que, par définition, l'espace urbain est objet de convoitise et la volonté de re-développement y est très forte. Il en ressort, d'une part, un souci plus marqué de précision dans l'évaluation des risques véritables, tant sur les plans toxicologique et écotoxicologique que sur celui des impacts éventuels sur la qualité des eaux souterraines. D'autre part, les moyens à considérer pour la gestion des risques sont alors très étendus – un appel à l'imagination des ingénieurs –, tandis que la détermination des activités capables de supporter les risques résiduels ouvre aussi la porte à l'innovation, cette fois en termes de stratégie d'aménagement.

Gilles Sénécal et Diane Saint-Laurent nous proposent ensuite de mieux connaître à la fois les problèmes de la forêt urbaine et les potentialités de ce milieu, d'abord sur un plan écosystémique puis sur un plan paysager, avec référence au cas montréalais. La forêt urbaine comprend les aires de conservation et les réserves écologiques ainsi que les grands parcs nature, mais elle comprend aussi les espaces naturels et boisés non actuellement protégés, incluant les friches végétales et les bois de la frange agricole, formant ainsi un archipel constitué d'une multitude de fragments de toutes tailles, de différents statuts, insérés dans des contextes urbains diversifiés. Les auteurs, qui s'appuient sur une bibliographie abondante, s'interrogent sur les raisons justifiant la mise en œuvre d'une stratégie d'aménagement intégrée. La conservation des surfaces boisées jugées exceptionnelles ne semble pas en mesure de fonder une telle démarche étant donné que la plupart des éléments à considérer n'ont rien d'exceptionnel. Le maintien de l'intégrité de l'ensemble est plus prometteur et les grandes lignes de la théorie des «îles biogéographiques» y sont présentées. Mais sur le plan écologique, il ressort que le plus grand potentiel se trouve dans le captage de carbone puisque les forêts agissent comme des puits de carbone avant d'atteindre une certaine maturité et de devenir alors des sources de carbone. Même si, à cet égard, le rôle de la forêt urbaine n'est pas encore bien connu, deux qualités lui confèrent une valeur exceptionnelle : d'une part, sa proximité aux sources d'émission de GES et, d'autre part, le soin plus grand porté à son entretien, expliquant la présence de litières plus minces.

Mais de plus en plus s'imposent des raisons paysagères à l'aménagement de la forêt urbaine, inscrites dans une perspective écocritique. On s'éloigne alors de la conception normée de la nature sur laquelle s'est longtemps appuyée la démarche de conservation pour y substituer une perspective plus sociale. Les uns souhaitent soustraire au développement urbain les sites les plus représentatifs afin de les rendre accessibles à un large public d'usagers, les autres cherchent plutôt à comprendre la dynamique d'interface ville-nature. La forêt urbaine de la région métropolitaine de Montréal occupe environ 13 % du territoire et est constituée de taches de toutes tailles encastrées dans les zones bâties. C'est un écosystème vulnérable ayant perdu 12 % de sa superficie au cours des 15 dernières années. Plusieurs études se sont intéressées à la composition floristique des friches et des espaces libres, mais de grands projets urbains comme Archipel ou le Grand Montréal Bleu n'ont pas été menés à terme. Heureusement, la stratégie du gouvernement du Québec sur les aires protégées, parue en 2001, se fonde désormais sur l'approche des systèmes d'espaces verts en se référant à des considérations paysagères.

Florence Paulhiac analyse enfin le comportement des acteurs publics lors de la crise du verglas de l'hiver 1998 dans le sud du Québec, en particulier l'attitude des autorités locales face aux risques pour la santé de leur population et pour la sécurité des biens de leurs administrés. Elle montre que le contrôle des risques environnementaux associés à des catastrophes demande non seulement la mise au point de plans d'urgence et donc une estimation adéquate des risques environnementaux et des moyens à mettre en œuvre pour y faire face, mais aussi des moyens, juridiques et financiers notamment, pour les appliquer et contribuer ainsi à réduire les impacts, en rétablissant le plus rapidement possible la situation. Après avoir présenté les causes et les effets de ce verglas du mois de janvier 1998, qui a privé d'électricité la moitié de la population du Québec, pour plusieurs jours dans la majorité des cas, elle examine le rôle joué par la Direction de la sécurité civile, tant au niveau central qu'au niveau régional. Des dysfonctionnements majeurs ressortent à chaque niveau. Ainsi, très tôt le gouvernement décida de créer de toutes pièces un Comité de crise qui se substitua au Comité de sécurité civile du Québec dont c'était pourtant l'une des attributions. Par ailleurs, si, pour le ministère de la Sécurité publique, le rôle clé des municipalités dans les interventions en cas de sinistre ne fait aucun doute, les municipalités elles-mêmes ont rarement compris le leadership qu'on attendait d'elles, même si, dans les faits, elles l'exerceront de manière exemplaire. En somme, on se rend compte que les municipalités avaient bien été incitées à évaluer les risques environnementaux, à préparer des mesures d'urgence et à réviser celles-ci périodiquement par les comités régionaux de sécurité civile, mais, ne disposant ni d'instruments juridiques ni de moyens financiers adéquats, elles n'ont jamais accepté une telle responsabilité.

Florence Paulhiac insiste dans sa conclusion sur la nécessité d'un véritable engagement politique du gouvernement face à l'enjeu de la sécurité, en plaçant cette responsabilité au niveau des décideurs (Comité interministériel) plutôt que des conseillers (Comité de coordination). Elle invite aussi à la mobilisation de ressources accrues, suggérant d'inscrire les engagements des acteurs locaux dans des contrats de gouvernance, une formule appliquée en France.

Le deuxième thème abordé porte sur les études d'impact environnemental, une pratique qui nécessite une démarche multidisciplinaire et dans laquelle les aménagistes peuvent donc mettre à profit leur vision synthétique et leur souci d'inscrire l'analyse dans une perspective d'aide à la décision. Il reste toutefois beaucoup à faire, selon Pierre-Yves Guay, pour s'assurer que ce sont bien les valeurs du décideur, soit le milieu d'accueil, qui prévalent et non celles du conseiller, c'est-à-dire les professionnels de l'étude d'impact environnemental. Il remet notamment en question la pondération des critères utilisée dans ces études. Il montre aussi que, dans l'établissement du risque environnemental, ce qui retient l'attention des experts, ce sont les probabilités d'occurrence des événements susceptibles d'entraîner des dommages environnementaux, alors que pour la population qui se sent menacée, c'est plutôt l'intensité des dommages qui est en cause. Cette divergence de vue est certainement accrue en milieu urbain, là où les probabilités doivent prendre en compte une plus grande concentration d'activités à risques et là où l'envergure des impacts négatifs est considérablement rehaussée par la densité d'occupation et la diversité socioculturelle des populations visées.

La critique de Pierre-Yves Guay met l'accent sur le caractère axiologique (relatif aux valeurs, à la morale) de l'étude d'impact environnemental, plutôt que sur les aspects techniques généralement examinés. Il qualifie de passoire cette démarche qui prétend estimer l'impact total d'un nouvel équipement sur un milieu d'accueil alors que de nombreux effets sont complètement ignorés, notamment les aspects sociaux, surtout dans une perspective de long terme. Il va même jusqu'à qualifier de supercherie un exercice qui, trop souvent, donne un spectacle techniciste masquant ses déficiences fondamentales qui tiennent pour beaucoup à l'absence de véritable prise en compte des valeurs qui prévalent dans le milieu d'accueil. Il refuse toutefois une approche strictement politique, courante chez ceux qu'il appelle les intellectuels de l'EIE, parce que dominée par la négociation entre groupes de pression, laissant ainsi pour compte les sans-voix et les générations futures. La solution à ses yeux exige un engagement résolu dans une approche axiologique dans laquelle l'être humain se retrouverait véritablement au centre des préoccupations plutôt que l'environnement, en commençant par les inquiétudes des citoyens.

Les trois articles qui suivent se situent clairement dans une perspective technique, cherchant chacun à sa façon à améliorer l'efficacité des outils de l'évaluation environnementale. Luc-Normand Tellier et Marguerite Wotto rappellent d'abord que la contribution des méthodes quantitatives se situe non seulement dans la mesure des impacts environnementaux, mais aussi dans l'élaboration d'indices synthétiques facilitant les jugements globaux, ainsi que dans la méthodologie servant à la comparaison des actions envisagées, préalable au choix des décideurs. Ils insistent avec raison sur le fait que la dimension sociopolitique, à première vue d'ordre qualitatif, dispose avec certaines méthodes quantitatives à la fois d'une plus grande capacité de traitement d'informations et d'une plus grande clarté dans le traitement lui-même. Même la qualité de la vie, l'objectif ultime de telles analyses, malgré sa subjectivité, peut être ainsi appréhendée selon eux avec plus de justesse. Leur rapide examen des diverses étapes de l'évaluation environnementale est assorti d'une longue énumération des méthodes disponibles, avec références à l'appui. Ils insistent ensuite sur le fait qu'en facilitant le passage de l'étude du fait isolé ou disciplinaire à un phénomène d'ensemble, les méthodes quantitatives permettent de classer les observations, de regrouper les ressemblances, de dégager les disparités et de distinguer les tendances isolées et exceptionnelles, conférant ainsi une signification généralisable à l'analyse. Mais on trouve encore plusieurs défis au programme des développements méthodologiques, dont la prise en compte de l'incertitude et de la subjectivité, en particulier dans la pratique de l'évaluation environnementale stratégique, comme d'ailleurs le soulignera Corinne Larrue. En conclusion, Tellier et Wotto réitèrent que les méthodes quantitatives permettent de transcender les frontières disciplinaires à condition que leur application s'inscrive dans un degré de scientificité, appuyant par là même la multidisciplinarité et la complexité. Ils n'en reconnaissent pas moins qu'elles ne peuvent, dans le contexte de l'évaluation environnementale, se passer du jugement subjectif.

Yves Archambault s'intéresse plutôt aux aspects organisationnels des études d'impact environnemental et plus particulièrement au cadre juridique dans lequel elles apparaissent. Après avoir présenté les grandes lignes de la Loi canadienne sur l'évaluation environnementale et les dispositions de la Loi québécoise sur la qualité de l'environnement touchant les études d'impact environnemental, il constate que peu de projets d'équipement ou d'aménagement ont jusqu'à aujourd'hui été soumis au dédoublement des procédures. Mais il craint toutefois que la situation ne change rapidement étant donné qu'on a commencé à invoquer certaines lois fédérales, comme celles qui concernent les oiseaux migrateurs ou les eaux intérieures, pour soumettre à la procédure fédérale des projets jusqu'ici considérés comme de juridiction exclusivement provinciale. Une telle issue n'est pas réjouissante à ses yeux puisqu'en plus des coûts du dédoublement, il faudra composer avec une procédure, celle du fédéral, où le ministère de l'Environnement ne joue pas, comme au Québec, un rôle clé et où la méthodologie à appliquer est moins bien définie. À l'heure de l'Agenda 21 qui voit les milieux urbains, particulièrement les plus populeux, exiger à leur tour voix au chapitre, ces problèmes de coordination ne pourront qu'être exacerbés.

Quant à Corinne Larrue, elle a été associée de près à l'élaboration d'un guide sur l'évaluation environnementale stratégique (EES) dont on trouvera ici les grandes lignes. Vingt-cinq ans de pratique d'évaluation environnementale en France, une pratique très répandue puisque environ 6 000 projets sont chaque année soumis à un tel exercice, ont conduit les responsables à en déplorer le caractère trop souvent technico-économique et surtout le décalage dans le temps par rapport aux choix d'aménagement et de développement. L'EES a précisément pour but de se situer en amont, dans l'examen des politiques et des programmes plutôt que dans l'étude des projets eux-mêmes. Le guide élaboré pour les contrats de plans État-Régions et pour les Documents uniques de programmation 2000-2006 utilisés pour l'attribution des fonds structurels européens propose des conseils méthodologiques, des repères pratiques et des références concrètes. Il suggère deux grandes étapes. D'abord l'élaboration d'un profil environnemental régional, incluant les objectifs de référence disponibles. Ensuite une analyse du bien-fondé des politiques et des programmes comprenant non seulement l'identification des objectifs et des mesures prévues ainsi que leur acceptabilité environnementale, mais aussi la détermination des critères d'analyse et des indicateurs nécessaires au suivi et à l'évaluation environnementale *a posteriori* des programmes. Cette démarche est ambitieuse mais elle réussit petit à petit à s'imposer. Même si le guide est arrivé trop tard pour être mis à contribution dans la négociation des contrats de plans entre l'État et les régions, il a commencé à être utilisé au niveau européen.

Le troisième thème concerne davantage la mise en valeur que la protection de l'environnement urbain. On y examine sommairement les nouvelles politiques et les changements dans le cadre juridique, les programmes offerts en appui aux administrations locales, les stratégies mises en œuvre par celles-ci tant au plan local que régional et enfin l'attitude adoptée par les concepteurs que sont les architectes de paysage.

André-Hubert Mesnard rappelle d'abord que l'urbanisme volontaire s'est exercé sur les paysages urbains depuis fort longtemps, par exemple en construisant puis en détruisant des murailles, en engageant de grands travaux de voirie ou encore en cherchant à protéger les abords des monuments historiques. Mais le cadre juridique en France a été révisé de façon importante au cours des 20 dernières années, ajoutant de nouveaux outils réglementaires, certains orientés vers la protection du paysage urbain, d'autres vers la création et d'autres encore combinant les deux préoccupations. Le plus bel exemple de ce dernier type se nomme d'ailleurs Plan de sauvegarde et de mise en valeur.

Parmi les outils récents, une place importante est accordée aux zones de protection du patrimoine architectural, urbain et des paysages (ZPPAUP) introduites en 1995 à l'occasion de la Loi sur le paysage. Celles-ci sont le résultat d'une démarche plus décentralisée, faisant une place beaucoup plus grande qu'auparavant à la participation du milieu. La portée de l'outil est aussi agrandie, l'auteur allant jusqu'à affirmer

« qu'on peut tout inclure (ou presque) dans le paysage ». La démarche proposée est également transformée, qualifiée de pédagogique plus que de réglementaire, contenant par exemple des recommandations et des croquis. Selon Mesnard, ce nouvel outil complète les documents d'urbanisme qui déjà se préoccupaient de la protection et de la mise en valeur des paysages, mais en plus d'introduire un « volet paysager » dans ces mêmes documents, du schéma directeur jusqu'au permis de construire, il détient déjà, avec les qualités procédurales qui viennent d'être signalées, sur la manière de faire les POS (plans d'occupation des sols), bientôt remplacés par les PLU (plans locaux d'urbanisme) avec la Loi SRU (Solidarité et Renouvellement urbain). Même les lois connexes appelées « littoral » et « montagne », qui visent d'abord les paysages naturels, auront des effets importants sur l'urbanisation, contribuant ainsi indirectement à l'évolution du paysage urbain. Les entrées de ville, qui ressortent clairement, en France et ailleurs, comme des paysages urbains déstructurés, ont été directement visées dans les nouveaux textes. Il y a désormais interdiction de construire dans une bande de 75 à 100 mètres, sauf s'il existe des règles d'urbanisme au regard « de la qualité architecturale, de la qualité de l'urbanisme et du paysage ».

Jeena Azzah expose ensuite les grandes lignes du programme Partenaires dans la protection du climat (PPC), mis au point par la Fédération canadienne des municipalités et l'International Council for Local Environmental Initiatives. Le rôle du PPC est d'aider les municipalités à réduire les émissions locales de gaz à effet de serre contribuant ainsi à diminuer la pollution atmosphérique locale et les coûts qu'elle entraîne, à améliorer la santé publique et à stimuler le développement économique communautaire. Le PPC a deux grands objectifs. Dans un premier temps, il vise à obtenir l'appui des élus, dans les conseils municipaux, et celui des responsables de services, dans les collectivités locales, afin de pouvoir mettre en place des mesures visant à éviter les changements climatiques. Dans un deuxième temps, il cherche à influencer les prises de décisions institutionnelles grâce à une planification stratégique. Le PPC offre aux intervenants locaux, dans cette perspective, divers services comme des moyens de renforcement des capacités des acteurs tels des ateliers, des inventaires, des logiciels de projection, des instruments de collecte de données, des études de cas et diverses trousses d'outils ou encore des modèles de plans énergétiques communautaires et de plans d'action locaux.

Une des villes qui a très tôt adhéré au programme est Vancouver, plus précisément le Greater Vancouver Regional District (GVRD). Régis Guillaume nous présente d'ailleurs comment la gouvernance urbaine, dont le GVRD est sans doute le forum le plus dynamique même si les pouvoirs financiers et réglementaires demeurent à l'échelle des municipalités, y est fondée sur la participation et sur le développement durable. Comme le rappelait Alain-Michel Barcelo avec le cas montréalais, l'enjeu environnemental de l'espace urbain s'exprime souvent par la prise de conscience du coût environnemental de l'étalement urbain. Guillaume rappelle à cet égard les efforts de la grande région de Vancouver depuis 30 ans pour mettre en échec cette menace à l'environnement. Il explique par exemple le demi-échec d'une politique axée sur la structuration de l'espace régional en pôles hiérarchiques par la sous-estimation du dynamisme de la ville centre et le manque de connexions entre les pôles secondaires. Le réexamen en profondeur des stratégies de développement et d'aménagement a par la suite confirmé le rôle majeur joué par la qualité environnementale comme facteur de développement et l'importance des actions orientées vers les transports urbains, notamment par la réduction des déplacements domicile-travail et l'augmentation de l'efficacité des transports collectifs afin de réduire l'attrait exercé par le transport en automobile. Cette démarche a aussi confirmé la nécessité d'harmoniser les stratégies d'aménagement du territoire aux niveaux local, régional et provincial. On peut au moins citer deux effets de cette prise de conscience renouvelée : d'une part, la planification du transport collectif a été transférée du niveau provincial au niveau régional, d'autre part, l'échelle régionale a aujourd'hui des contours bien différents puisque de plus en plus s'impose comme référent Cascadia, une région transfrontalière qui comprend non seulement la grande région de Vancouver mais aussi les agglomérations de Seattle et de Portland aux États-Unis.

Marie-Josée Fortin propose de considérer la qualité du paysage industriel, entendu dans un sens large, comme un lieu de médiation entre les collectivités locales et les acteurs productifs, en situant résolument la démarche dans le paradigme du développement durable. Elle rappelle d'abord, avec plusieurs exemples québécois à l'appui, que pour certains groupes sociaux les demandes associées aux paysages ont été l'occasion d'une revendication sociale, en invoquant historiquement l'hygiène et la santé des travailleurs, puis la qualité de l'environnement et plus récemment le cadre de vie, voire la dimension patrimoniale, par exemple lors de la construction par Hydro-Québec d'une ligne de transmission sous-fluviale ou du projet du ministère des Transports du Québec de correction de la côte des Éboulements. Mais d'autres groupes ont plutôt choisi de soutenir les projets industriels en s'appuyant non seulement sur les impacts économiques anticipés, mais aussi sur des risques perçus et jugés acceptables, comme dans le cas du projet Magnola à Asbestos ou du mégacomplexe Alcan au Saguenay. Elle considère toutefois que cette attitude des populations locales révèle souvent une forte dépendance aux promoteurs, surtout dans les régions éloignées dont l'économie est peu diversifiée et donc marginalisées au plan économique sinon culturel. D'ailleurs, on a pu y constater la présence d'acteurs, individuels et collectifs, exprimant des demandes en matière de paysage inspirées de la nécessité d'une intégration des projets au paysage, tant au plan social qu'environnemental et territorial. C'est ainsi qu'elle suggère la prise en compte du qualitatif et du subjectif dans l'évaluation des projets, en s'appuyant sur l'émergence d'un nouveau modèle de développement où s'exprime avec vigueur l'*empowerment* des populations locales, fondé sur les principes de justice sociale et d'équité environnementale.

L'évaluation environnementale lui apparaît comme un moyen de maîtriser les effets de l'industrialisation à condition d'en faire réellement un processus de négociation des rapports sociaux territorialisés, capable de bâtir des relations de confiance et de construire des partenariats durables avec les communautés locales. Elle souligne cependant, à la manière de Pierre-Yves Guay, les limites d'une conception moderniste de l'évaluation, notamment les difficultés méthodologiques associées au traitement des dimensions immatérielles du paysage, les défis de l'exercice, au plan ontologique – la prise en compte de la subjectivité des acteurs, y inclus dans sa dimension collective lors de l'établissement de la signification sociale des changements proposés – puis au plan épistémologique – quelle place accorder aux experts par rapport à l'expression brute du vécu et des aspirations des populations concernées ? Chose certaine, elle considère qu'il faut aller au-delà des formes esthétiques du paysage afin d'y révéler les enjeux sociaux structurants reliés aux référents historiques et à la construction identitaire. Car la conception postmoderne du paysage dans l'action commande une vision qui fait du paysage un construit social et culturel. Elle conclut en souhaitant que dans une démarche interdisciplinaire émerge bientôt une conception globale et intégrée du paysage qui sache rallier les divers types d'expertise apparus ces dernières années.

Frédéric Pousin nous propose enfin un survol de l'évolution du concept de paysage urbain et des enjeux actuels de la pratique d'architecture du paysage. Le mot *townscape* défini comme « l'art de la relation que les édifices entretiennent les uns avec les autres ainsi qu'avec les espaces de l'entre-deux » a précédé historiquement l'expression *urban landscape* en usage aux États-Unis. La préoccupation dominante, et qui demeurera inchangée jusqu'à aujourd'hui, était l'esthétique, mais la pratique de l'architecture de paysage évoluera de plus en plus vers une démarche résolument pluriprofessionnelle alors qu'un des ferments au départ était l'opposition au *town planning* jugé trop fonctionnaliste, voire quantitativiste. Pousin rappelle aussi l'attitude très critique à l'égard de la ville américaine dans les années 1950 et les débats dans l'*Architectural Review* et ailleurs autour de Las Vegas, considérée comme l'archétype de l'*un-beautiful city*.

Il expose dans leurs grandes lignes les apports de ceux qui ont marqué les années 1960, par exemple Scott-Brown, Venturi et Izenour avec leur étude de Las Vegas, ou l'essai d'Eckbo insistant sur deux dimensions fondamentales de l'architecture de paysage, à savoir la nécessité d'une vision intégrée du milieu (appréhension globale) plutôt que complémentaire, à côté de l'architecture, de l'urbanisme ou du génie et de l'exercice de design dans lequel le projet doit réconcilier à la fois la continuité du paysage et le découpage opérationnel des actions de mise en valeur. Parmi les enjeux actuels, Pousin insiste sur le déplacement d'intérêt depuis les objets finis vers le processus de réalisation et de gestion, montrant par exemple comment la maîtrise d'ouvrage urbain introduit de nouveaux modes de consultation des concepteurs et comment aujourd'hui le paysagiste cherche à s'intégrer à une équipe dans le respect du projet urbain global. Quant à sa contribution, si elle s'appuie toujours sur le critère d'esthétique, elle est, d'une part, imprégnée d'une connaissance beaucoup plus vaste de l'environnement et, d'autre part, soucieuse d'interpeller les autres expertises techniques dans l'élaboration d'un langage partagé.

PREMIÈRE
PARTIE

L'évaluation des risques environnementaux

1

La recherche d'indicateurs d'étalement urbain et de développement durable en milieu métropolitain
Le cas de Montréal

Alain-Michel Barcelo
Professeur à l'Institut d'urbanisme, Université de Montréal

Nous avons été invités, dans le cadre des travaux entrepris sous la direction générale de l'INRS-Urbanisation, pour le compte du ministère de la Métropole du Québec et de Développement économique Canada, à réaliser une étude qui devait proposer quelques indicateurs d'étalement urbain et de développement durable pouvant être repris dans les travaux récurrents d'un observatoire métropolitain éventuel et des indicateurs de positionnement comparatif (*benchmarks*) avec d'autres régions métropolitaines canadiennes et étrangères, notamment aux États-Unis d'Amérique.

1.1. L'ÉTALEMENT URBAIN

Les politiques et les plans ou schémas métropolitains, au nord du Rio Grande, tentent de plus en plus de clarifier les enjeux de l'étalement urbain. Ces politiques, plans et schémas considèrent les coûts d'infrastructure, les préoccupations pour la qualité de vie et le développement durable ainsi que les effets sur l'environnement du *Rêve américain* commun aux États-Unis d'Amérique et au Canada.

Les comparaisons *transfrontalières*, de type *benchmarking*, entre les villes et les régions du Canada et des États-Unis d'Amérique et la région métropolitaine de recensement (RMR) de Montréal, peuvent être utiles pour mesurer en quoi, d'une façon générale, les dépenses d'infrastructures publiques reflètent les coûts et les bénéfices sociaux que devraient assumer les ménages et les entreprises lorsqu'ils contribuent, directement ou indirectement, à l'*étalement urbain*. Ces éléments de coûts / bénéfices sociaux sont aussi de plus en plus importants pour la localisation d'entreprises dans l'espace métropolitain et pour l'évaluation des politiques urbaines, y compris celles qu'on met sur pied pour faire face à la mondialisation, en concurrence avec d'autres métropoles, en faisant miroiter les avantages comparatifs de qualité de vie et de *développement durable* auprès d'entreprises ou d'organisations non gouvernementales internationales.

Nombreux sont ceux qui voient dans l'étalement urbain l'antithèse de tout principe de développement durable. Par exemple, l'État de la Floride, définit l'étalement comme les effets du déploiement à contretemps et mal planifié de l'extension urbaine qui se produit à la périphérie des villes et dans les régions rurales limitrophes et qui envahit souvent des terres essentielles à la conservation des ressources naturelles et de l'environnement.

Les plus récentes tendances de la croissance métropolitaine au Canada laissent entrevoir que les administrations métropolitaines et les communautés urbaines font ou vont faire face aux mêmes problèmes qu'aux États-Unis, avec un peu de retard (Ewing, 1997) : monofonctionnalité, densités faibles, pertes de population et d'emplois dans les villes centres au profit de la banlieue, détérioration, abandon ou destruction des bâtiments de la ville centre, exclusion sociale, pertes importantes et irréversibles, à la périphérie, d'éléments précieux du milieu naturel.

1.2. LA MESURE DE L'ÉTALEMENT URBAIN AU CANADA ENTRE 1991 ET 1996

La population du Canada, de 1991 à 1996, a augmenté de 5,7 % et son stock de logements de 8,1 % ; nous pourrons mieux mesurer certains éléments de ces changements lors du recensement de 2001.

La croissance de la population de la RMR de Toronto, de 1991 à 1996, a été de 364 824, soit environ le quart de la croissance de tout le Canada, urbain et rural (les dix provinces et les deux territoires). On l'explique par des croissances de population d'environ 3 % dans les municipalités centrales et par une croissance beaucoup plus forte dans de nombreuses municipalités de banlieue. La croissance la plus forte dans des municipalités de plus de 100 000 habitants au Canada s'est produite à Mississauga, en périphérie ouest de Toronto, avec un taux de 15 % ; Mississauga a atteint une population de 544 382 en 1996, première municipalité de banlieue à dépasser le demi-million dans l'histoire du Canada.

Parmi les 50 municipalités locales de tout le Canada qui ont enregistré les plus fortes croissances de population, seulement deux ont atteint plus de 2 000 pers. / km^2 (soit dans le Grand Montréal). La population de Surrey (304 777 résidants), dans le Grand Vancouver, a augmenté de 24,2 %, atteignant une densité de 1 009, alors que Richmond Hill (101 725 résidants), dans le Grand Toronto, a crû de 26,9 %, vers une densité de 1 023. Dans la catégorie 50 000-99 999 résidants, Barrie, Newmarket et Clarington, en périphérie du Grand Toronto, ont connu des croissances respectives de 26,2 %, de 25,6 % et de 22,5 %, à des densités de 1 031, de 1 591 et de 100 pers. / km^2.

Parmi les 50 municipalités locales de tout le Canada qui ont subi les plus grandes pertes de population, trois avaient, en 1996, plus de 50 000 résidants, quatre entre 20 000 et 49 999 et 13 entre 10 000 et 19 000. Dans la catégorie 20 000-49 999, trois des quatre municipalités sont à la périphérie du Grand Montréal (Saint-Jean-sur-Richelieu, Salaberry-de-Valleyfield, Sorel) avec des pertes respectives, entre 1991-1996, de 3,1 %, de 3,6 % et de 4,1 %, à des densités réduites à 768, 968 et 611 pers. / km^2. Dans la tranche 10 000-19 000, la plupart des 13 municipalités sont des communautés isolées d'exploitation des ressources, dans les provinces du Nouveau-Brunswick, de Québec, de l'Ontario ou du Manitoba. Toutefois, on y retrouve trois municipalités de banlieue de régions métropolitaines : Vanier, une municipalité adjacente à la ville centre d'Ottawa, enregistrant une perte de 5,0 % et atteignant une densité de 5 886 pers. / km^2 ; Tracy, en périphérie du Grand Montréal, perdant 3,1 % de ses résidants, vers une densité, pour 1996, de 668 pers. / km^2 ; Sillery, adjacente à la ville centre de Québec, avec une perte de 4,1 %, atteignant une densité de 1 784 pers. / km^2 en 1996.

L'étalement urbain est multiforme et multidimensionnel au Canada, comme aux États-Unis d'Amérique, et ses manifestations varient d'une région métropolitaine à l'autre et aussi d'une province à l'autre.

Au Québec par exemple, où la croissance démograhique a été très faible ces dernières années, les municipalités des villes centres, en région métropolitaine, là où la densité est la plus forte (plus de 5 000 pers. / km^2), continuent de subir des pertes de population ; des pertes similaires se retrouvent également dans les villes centres de satellites périmétropolitains comme Saint-Jean-sur-Richelieu, Sallaberry-de-Valleyfield, Sorel–Tracy, des milieux urbains de densité inférieure (de l'ordre de 700 pers. / km^2) jusqu'ici considérés comme des zones d'expansion périphérique du Grand Montréal. Elles ont maintenant perdu des résidants vers leur propre banlieue locale (les pertes de Saint-Jean s'expliquant en partie par les gains de sa voisine semi-rurale Saint-Luc).

Figure 1.1
Limites des municipalités, des MRC et de la Communauté urbaine de Montréal, région métropolitaine de recensement de Montréal

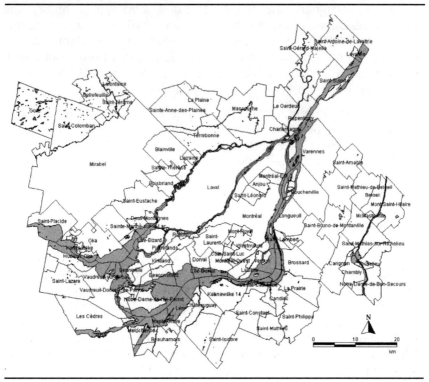

Source : Cartographie du recensement 2001. Statistique Canada.

La seule municipalité au Québec combinant à la fois forte croissance, forte densité et taille relativement importante[1], est Deux-Montagnes (densité de 2 637 pers. / km^2, croissance 1991-1996 de 22,4 %, population de 15 953 habitants en 1996). Les autres municipalités de forte croissance,

---

1. La taille moyenne d'une municipalité dans le Grand Montréal est de 20 000 personnes, une fois exclues les plus grandes comme Montréal ou Laval.

pouvant atteindre 25 % en cinq ans, se caractérisent par leur petite taille et par leur faible densité (inférieure à 500 pers. / km²). Toutes les municipalités à forte croissance ont en effet une population inférieure à 30 000 : huit ont entre 10 000 et 19 999 et cinq ont moins de 10 000 résidents[2].

La situation est fort différente dans les régions métropolitaines de recensement de Toronto et de Vancouver, où la croissance forte s'est manifestée dans des municipalités de plus grande taille en même temps que de plus forte densité. Le cas de la Région de la capitale fédérale manifeste à la fois des caractéristiques du Québec et de l'Ontario.

1.3. LE CONTRÔLE DE L'ÉTALEMENT URBAIN DANS LE GRAND MONTRÉAL

Élu en 1976, le Parti québécois adoptait de nouvelles initiatives pour l'aménagement urbain et rural, dont la *Loi sur l'aménagement et l'urbanisme* (1980). Cette dernière rendait obligatoire l'adoption, par toutes les municipalités, de plans d'affectation des sols, dans le cadre de *schémas d'aménagement* que devaient préparer des municipalités régionales de comté (MRC), nouvellement créées. Ces MRC allaient regrouper toutes les municipalités locales, rurales ou urbaines, selon le principe de *régions d'appartenance*. À l'échelle du Québec non métropolitain, la MRC type a une population de ~ 100 000 habitants, une ville centre d'environ 50 000 et d'autres villes et villages de moindre taille. Malheureusement, ce modèle n'avait rien à voir avec le Grand Montréal, où on compte plus d'une centaine de municipalités locales, une population totale de l'ordre de 3 300 000 habitants, sur un territoire terrestre total d'environ 3 300 km², avec donc une densité moyenne de l'ordre de 1 000 pers. / km².

En 1969, le gouvernement du Québec avait créé la Communauté urbaine de Montréal (CUM), regroupant les 29 municipalités locales de l'île de Montréal dans une sorte de municipalité régionale de près de 2 millions d'habitants, avec, comme principale municipalité locale, Montréal, une ville qui comptait plus de 1 million de résidents à l'époque. En 1980, le gouvernement du Québec a divisé le reste de la région métropolitaine montréalaise en 12 MRC. Déployées à peu près également sur les rives nord et sud de l'archipel, ces MRC ont une population moyenne de 80 000 habitants, regroupant des urbains, des ruraux, des suburbains

---

2. Facteur important pour expliquer l'étalement urbain, quelque 80 parmi les 100 municipalités locales de la conurbation montréalaise sont en bordure de plans d'eau, la longueur totale des rives dans l'archipel montréalais étant de 900 km.

et des exurbains. La petite ville et le village fondés avant l'ère d'expansion métropolitaine d'après-guerre y sont l'exception, le territoire offrant de plus en plus les paysages de l'urbanisation diffuse, de l'exurbanisation et des terres agricoles sous spéculation.

Le gouvernement adoptait, en 1978, une prise de position *L'option préférable d'aménagement pour la région de Montréal*, devant mettre un terme à l'étalement urbain. La Loi sur l'aménagement et l'urbanisme, adoptée un an plus tard, faisait devoir au gouvernement de proposer des orientations et des cibles aux MRC pour la préparation de leurs schémas d'aménagement, à être adoptés dans les cinq ans.

Selon le ministère des Transports (MTQ, 1995), le territoire urbanisé de la région métropolitaine a plus que doublé en superficie entre 1964 et 1990, alors que l'augmentation de la population n'a été que de 48 % durant la période 1961-1991. Il est vrai qu'une compilation des schémas d'aménagement de première génération indique que, au milieu des années 1980, après deux décennies de croissance relativement forte, les MRC avaient choisi de réserver 27 000 ha pour l'habitation (soit l'équivalent de 50 % de ce qui était déjà consacré à cette fonction dans la région), dont 60 % dans les parties occidentales des rives nord et sud et à Laval. D'autre part, les projections démographiques disponibles (BSQ, 1996) indiquaient au même moment les croissances de population suivantes pour les divers territoires de la grande région de Montréal (GRM), pour un horizon aussi lointain que 2016 : rive nord, 74 % ; rive sud, 38 % ; Laval, 22 % ; CUM, 0,1 %.

La plupart des schémas d'aménagement de la région accordaient très peu d'attention au coût des infrastructures publiques qu'entraînent les diverses densités de logement, en particulier dans le secteur des transports de personnes sous la responsabilité du gouvernement provincial. Ils sont conçus pour satisfaire les exigences des promoteurs et la demande de leurs clientèles, avec une vue à très court terme des coûts et des bénéfices. Aucun des schémas ne traite des problèmes de transport entre les MRC et la CUM, non plus que des problèmes de congestion sur les nombreux ponts qui relient cette dernière aux autres territoires de la région. Les territoires ruraux des MRC, qu'ils soient encore cultivés ou en friche, deviennent, pour la plupart des schémas, des réserves de terrain à urbaniser.

Dans les *Orientations du gouvernement en matière d'aménagement* (Gouvernement du Québec, 1994), on propose une évaluation un peu plus précise des coûts reliés à l'étalement urbain dans la région de Montréal, particulièrement en ce qui concerne les équipements et les infrastructures qui sont financés par des fonds de l'État. On y donne l'exemple des écoles élémentaires : de 1980 à 1990, alors que la clientèle diminuait de 7,7 % dans la région, on a construit 11 nouvelles écoles. Durant la même période, la clientèle scolaire de ce niveau dans la Communauté urbaine de Montréal, au centre de la région, diminuait de 20 %, entraînant la fermeture de 32 écoles. Plus de 333 000 000 $ furent dépensés dans la région pour la construction ou la rénovation d'écoles, dont 72 000 000 $ sur le territoire de la CUM, en dépit de la diminution considérable des populations scolaires, associée à une réduction et au redéploiement des ménages sur le territoire.

En février 1997, le Ministre d'État à la Métropole et le Ministre des Affaires municipales, dans un communiqué conjoint (Ministre de la Métropole, 1997), annonçaient que le gouvernement allait réviser ses stratégies, ses politiques, ses programmes et ses projets, dans le cadre de la politique générale de *déficit zéro*, afin de rationaliser les investissements en équipements et en infrastructures dans la région. Les deux ministres affirmaient trois orientations fondamentales pour cette révision, qui allaient aussi s'appliquer aux schémas de deuxième génération :

– la consolidation des aires déjà urbanisées et le contrôle de l'urbanisation à leurs périphéries, la limitant aux aires disposant déjà des infrastructures et des services requis (aqueducs, égouts, voirie, distribution électrique, écoles, etc.) ;

– la consolidation des pôles d'activité existants, la revitalisation de l'aire centrale et des anciens quartiers et l'amélioration de la qualité de vie dans la zone centrale de la région ;

– l'entretien et l'amélioration des équipements, des infrastructures et des services existants et un meilleur contrôle des investissements dans les aires non desservies à la périphérie des zones urbanisées.

Les coûts du *modèle suburbain* émergeant par comparaison avec une forme plus compacte, ne font l'objet d'aucun calcul précis, ce qui ne peut que prolonger la confusion quant aux objectifs que devraient poursuivre les collectivités régionales ou l'État. Ces politiques indéfinies n'ont pas eu d'effet notable sur les schémas et l'affectation des sols des municipalités régionales, principalement parce que l'interprétation de ces politiques et de leur direction d'ensemble a dû être négociée bilatéralement entre chacune des MRC et l'État, sans aucune vue d'ensemble de leur effet cumulatif à l'échelle de toute la région métropolitaine. Cette absence de vue d'ensemble a conduit à l'affectation de 270 km² additionnels de terres à des fins d'habitation, soit l'équivalent de la moitié des terrains déjà affectés à cette fonction depuis la naissance de Montréal en 1642 (Ministère des Transports, 1995).

1.4. DÉFINIR ET MESURER L'ÉTALEMENT URBAIN : LES EXEMPLES ÉTRANGERS

Une certaine tradition de la planification urbaine, entre autres aux États-Unis d'Amérique, veut que les indicateurs soient dérivés des orientations et des objectifs d'aménagement, définis au préalable. Les *indicateurs* ne seraient qu'une formulation encore plus précise des *objectifs*, devenant des *normes de conception* des options d'aménagement, ou des *normes d'évaluation* tant pour les choix (préréalisation) que pour les résultats (postréalisation).

L'exemple de Portland, en Oregon, plutôt non traditionnel, illustre bien cette tendance. Il s'agit d'un plan destiné à combattre l'étalement urbain et à favoriser le développement durable dans la région. Mais on voit bien que c'est le plan lui-même, résultat d'un processus assez linéaire du type *objectifs – options d'aménagement – choix d'une option – plan spatialisé*, qui détermine les indicateurs. Ce qu'on peut mesurer et qui est conforme au plan est un indicateur de progrès dans l'atteinte des objectifs, alors que tout ce qui s'en éloigne est aussi, par définition, un indicateur négatif. La principale difficulté de tels indicateurs est évidemment reliée à l'évolution de la ville et de la région, les solutions préconisées dans le plan pouvant devenir sous-optimales ou même obsolètes en raison de tendances imprévues, qui devraient aussi être prises en compte dans l'évaluation postréalisation, ou même en cours de réalisa-

---

INDICATEURS SUGGÉRÉS PAR LE *REGIONAL FRAMEWORK PLAN* DE LA RÉGION MÉTROPOLITAINE DE PORTLAND, OREGON

– La quantité de terrains vacants convertis à d'autres usages, selon leur localisation par rapport aux intentions du plan ;

– Le nombre et les types de logements construits, selon leur localisation, les densités et les coûts prévus, en particulier dans les secteurs de réaménagement et de ré-urbanisation par rapport aux *greenfields* (périphérie non urbanisée) ;

– Les nouveaux emplois déployés dans la région, selon leur localisation par rapport aux intentions du plan, en particulier dans les secteurs de réaménagement et de ré-urbanisation par rapport aux *greenfields* (périphérie non urbanisée).

Source : Oregon Metropolitan Region – Regional Framework Plan, dec. 11, 1997
< www.metro-region.org > .

tion. Il n'y a en tout cas pas d'évaluation des tendances, désirables ou indésirables, *hors du plan*, celui-ci étant en quelque sorte sacralisé comme seul instrument possible pour combattre l'étalement urbain ou progresser vers le développement durable.

Dans un effort de *benchmarking*, ce genre d'indicateurs permet très peu de comparaisons utiles entre régions urbaines : pour qu'ils aient une certaine utilité, il faudrait que chaque plan métropolitain de chacune des régions à comparer ait le même mixte d'orientations et de politiques d'aménagement, avec les mêmes arbitrages entre les impératifs de la production, de la consommation, du transport, du logement, etc., et une même vision du développement durable. Les doubles impératifs du *benchmarking* et le besoin d'indicateurs *hors des plans* s'imposent (surtout dans le cas de la GRM, où n'existe aucun plan métropolitain).

Les *indicateurs* que nous recherchons ne sont pas non plus du type « liste d'épicerie » du President's Council on Sustainable Development aux États-Unis d'Amérique. Le tableau ci-après indique bien que certains problèmes spécifiques à un pays peuvent entraîner de longues listes d'indicateurs (ce pourquoi nous les qualifions de *listes d'épicerie*), sans trop de liens les uns avec les autres lorsqu'on veut dégager des synthèses partielles ou des comparaisons internationales.

QUELQUES EXEMPLES D'INDICATEURS DU DÉVELOPPEMENT DURABLE PROPOSÉS PAR LE PRESIDENT'S COUNCIL ON SUSTAINABLE DEVELOPMENT

– Les menaces de fragmentation ou de disparition des habitats naturels ;

– L'usage du transport en commun ou de modes alternatifs à l'automobile ;

– Les différences de revenus *per capita* entre les aires urbaines et suburbaines ;

– Des mesures d'équité environnementale : fardeaux environnementaux des divers groupes (pollutions de l'air et de l'eau, toxicité, etc.) ;

– L'immigration illégale.

Source : President's council on sustainable development (PCSD). Sustainable America: A new concensus for prosperity, opportunity an a healthy environment for the future. Février 1996 < http://clinton2.nasa.gov/PCSD/index-html > .

Un autre rapport de l'administration du président Clinton nous rapproche de notre propos. En 1998, le rapport *The State of the Cities*, du Secrétaire à l'habitation et au développement urbain, s'inquiétait des indicateurs suivants de l'état des villes américaines, même s'il y constatait une baisse du chômage, une amélioration de la qualité de vie, une réduction de la criminalité et une augmentation des *smart cities*, c'est-à-dire celles qui seraient plus conscientes des stratégies de développement durable. Comme exemple de détérioration de la situation, on mentionne qu'à Boston 98 % des récipiendaires de l'aide sociale vivraient à moins d'un quart de *mile* d'un arrêt de transport en commun (bus ou rail), alors que seulement 58 % des premiers emplois (ceux qu'on qualifie d'*entry-level*) de la région sont à moins d'un *mile* d'un tel arrêt.

INDICATEURS MENTIONNÉS
DANS *THE STATE OF THE CITIES*

– La proportion toujours déclinante des populations des villes centrales dans les ensembles métropolitains des États-Unis ;

– La fuite persistante vers les *suburbs* et les *exurbs* des familles de classe moyenne ;

– La pauvreté toujours plus grande des villes centrales, par rapport à leur banlieue ;

– La persistance de poches importantes de pauvreté urbaine dans les grandes villes étasuniennes ;

– L'absence de convergence spatiale entre les nombres d'emplois non qualifiés et les nombres de résidants urbains sans formation.

Source : US Department of Housing and Urban Development (HUD). Office of Policy Development and Research. « The State of the cities 1998 » – National Urban Policy report < www.huduser.org/ >.

1.5. LES INDICATEURS ET *BENCHMARKS* DE TYPE SOCIODÉMOGRAPHIQUE

Aux fins du rapport *State of the Cities* du Secrétaire à l'habitation et au développement urbain des États-Unis d'Amérique, le système informatisé (State of the Cities Data System [Housing and Urban developmen]) (SOCDS

[HUD]) comporte des données du recensement pour les rubriques suivantes et permet des comparaisons rapides entre les diverses régions métropolitaines de recensement, ville centrale et banlieue, 1970-1996 :

population totale	niveaux d'éducation
logement et propriété	occupation professionnelle
emploi, main-d'œuvre et taux de chômage	pauvreté et revenu
ethnie et race, immigrants	familles et enfants
industries et travailleurs	

Une présélection est faite concernant les localités à *exclure* des calculs pour la « banlieue » aux fins de comparaison ville centrale–périphérie. Le SOCDS compte ainsi 551 villes centres (*central cities*), telles que définies au 30 juin 1998 par l'Office of Management and Budget (OMB). Ces *cities* sont définies en vertu de normes spécifiques de l'OMB. On comprendra que s'il fallait faire une distinction semblable dans la région métropolitaine de recensement (RMR) de Montréal, on saurait assez bien exclure de la banlieue périphérique Outremont, Lachine, Verdun, Westmount, Longueuil, mais on resterait perplexe sur les cas de Sainte-Thérèse, de Saint-Eustache, de Saint-Jean-sur-Richelieu ou de Chambly, etc., et même d'une partie de Montréal (Rivière-des-Prairies, par exemple, qu'on devrait plutôt inclure dans la banlieue).

Les indicateurs que propose le SOCDS sont donc tout à fait approximatifs, en termes de définition géographique, même si HUD leur a consacré un grand effort : c'est, semble-t-il, le meilleur ensemble d'indicateurs dont dispose le Secrétaire à l'habitation et au développement urbain pour évaluer comparativement les métropoles américaines. Le tableau qui suit fait bien ressortir des cas assez particuliers, qui ne pourraient être interprétés qu'à la lumière de plusieurs caractéristiques de la morphologie métropolitaine et d'une analyse de la dynamique du développement de chaque métropole. Par exemple, Phoenix et San Diego ont des villes centrales principales à très forte croissance démographique, en même temps qu'une banlieue à croissance phénoménale : le tout ne peut s'expliquer que par une combinaison d'un assez vaste territoire encore à urbaniser dans la principale ville centrale, en même temps qu'une croissance économique exceptionnelle pour l'ensemble métropolitain, provoquée, dans un cas (Phoenix), par la migration des personnes âgées du *Frost Belt* vers un meilleur climat et, dans l'autre (San Diego), par la migration des populations hispanophones du Mexique et particulièrement de l'agglomération urbaine contiguë de Tijuana au sud.

Tableau 1.1
Évolution de la population pour diverses métropoles

Métropole	Ville centre principale 1996	Banlieue moins ville centre 1996	var. % 1970-1996 Ville centre	var. % 1970-1996 Banlieue
Baltimore, MD	675 401	1 765 483	– 25,3	+ 53,0
Boston, MA	558 394	2 443 915	– 12,8	+ 6,0
Dallas, TX	1 053 292	1 744 215	+ 24,8	+ 168,7
Detroit, MI	1 000 272	3 123 111	– 33,7	+ 13,4
New Orleans, LA	476 625	810 419	– 19,6	+ 51,7
Newark, NJ	268 510	1 671 860	– 29,7	+ 2,9
Oakland, CA	367 230	1 663 114	+ 1,6	+ 53,7
Philadelphie, PA	1 478 002	3 390 083	– 24,1	+ 19,9
Phoenix, AZ	1 159 014	901 212	+ 99,3	+ 246,4
Pittsburgh, PA	350 363	2 029 048	– 32,5	– 6,1
Portland, OR	480 824	1 218 131	+ 25,9	+ 86,3
San Diego, CA	1 171 121	1 342 457	+ 68,1	+ 121, 7
San Francisco, CA	735 315	920 139	+ 2,7	+ 20,7
Seattle, WA	524 704	1 536 708	– 1,1	+ 91,4
Washington, DC	543 213	3 775 763	– 28,1	+ 69,0

Source : SOCDS Census Data, téléchargé le 1999-02-23, adapté par Michel Barcelo < http://io. aspensys.com/SOCDS/ > .

On ne peut, à la lumière d'un tel tableau, arriver à des catégorisations pointues qui puissent être utiles à des comparaisons transfrontalières Canada-États-Unis d'Amérique. Bien sûr, il faudrait comparer la RMR de Montréal à des comparables, dans les *Rust Belt et Frost Belt*. Mais, encore là, il y a bien peu de comparables, avec la limitation de ces indicateurs et des définitions territoriales associées, que ce soit à Baltimore, à Philadelphie ou à Pittsburgh. Insistons sur le fait que le territoire de la ville de Montréal a crû par annexions diverses, alors que tel n'est généralement pas le cas des villes étasuniennes ; la dernière grande fusion a eu lieu à New York City en 1890.

1.6. UN CADRE GÉNÉRAL POUR DES INDICATEURS DE LA QUALITÉ ENVIRONNEMENTALE URBAINE

La notion d'étalement urbain est donc un peu floue et surtout peu opérationnelle en termes d'indicateurs et d'instruments de mesure précis. Les indicateurs de qualité environnementale urbaine et d'étalement urbain sont beaucoup plus complexes que ce qui saute aux yeux du premier observateur venu. D'autre part, leur détermination s'appuie presque nécessairement sur des visions et des orientations, sinon sur des plans, et n'aurait pas vraiment de sens autrement.

La Regional Plan Association (RPA) de la grande région de New York (New York-New Jersey-Connecticut) a tenté pour la première fois, dans l'élaboration de son dernier plan (Regional Plan Association, 1996), de mesurer les risques qui la menacent en termes de développement durable (qualité de l'environnement, équité sociale, progrès économique). L'image de la région new-yorkaise qui en ressort est beaucoup plus nuancée et surtout beaucoup plus inquiétante, qu'un simple constat sur la croissance périphérique à faible densité ou discontinue, ou sur l'étalement urbain, quelle qu'en soit la définition, alors même que, par ailleurs, la population de la ville centre de New York City est en croissance.

Les indicateurs environnementaux urbains devraient éventuellement servir à construire des scénarios, c'est-à-dire former les éléments de mini-modèles, faciles à comprendre pour les élus et le grand public et exposant visiblement les enjeux. Car du cas de la RPA on peut aussi retenir que c'est grâce à sa constitution en organisation non gouvernementale (ONG) régionale, avec de larges appuis dans la population et les entreprises des trois États, qu'elle a pu réussir à produire un plan d'actions : des indicateurs pour les seuls spécialistes, en vase clos, même les plus raffinés et déterminés avec le plus grand soin, seront vraisemblablement de peu d'effet sur les politiques urbaines. Les indicateurs devraient aussi illustrer d'une façon *objective* des phénomènes multidimensionnels, comme dans le cas de la pauvreté urbaine, qui n'est pas seulement *dans* la métropole, mais *de* la métropole.

Un groupe d'indicateurs devrait correspondre à un *mini-modèle* qui résume en quelques chiffres une problématique complexe, la rendant accessible et communicable aux élus, aux experts et au grand public. Les indicateurs devraient aussi être exprimés en des termes qui peuvent guider ou mesurer l'intervention. Toutefois, les indicateurs retenus peuvent ne pas nécessairement dire si les interventions sont utiles ou contreproductives. Il faut donc aussi d'autres indicateurs qui mesurent l'atteinte des buts ultimes de l'intervention. Par exemple, le but ultime d'une stratégie de *développement durable* est, bien évidemment, un *environnement durable* et le but ultime d'une politique relative à *l'étalement urbain* devrait être une forme *mesurable* de réduction de cet étalement, une fois, bien sûr, qu'il est défini...

Le Department of the Environment, Transport, and the Regions (DETR) du Royaume-Uni a élaboré un cadre d'indicateurs de développement durable. Ce cadre nous semble des plus pertinents pour l'élaboration d'indicateurs de qualité environnementale urbaine, même si le DETR l'a conçu pour un ensemble générique de plus d'une centaine d'indicateurs de *développement durable* à l'échelle de l'ensemble du Royaume-Uni. On peut résumer comme suit les grands traits de ce cadre si on tente de l'appliquer aux milieux urbains et métropolitains.

Les divers secteurs de l'économie créent la richesse, la prospérité et le bien-être des ménages, des entreprises, des administrations et d'autres acteurs. Toutefois, l'activité économique et les ménages eux-mêmes peuvent créer des pressions sur l'environnement en consommant ses ressources et en y rejetant divers polluants. L'environnement ainsi modifié peut, à son tour, affecter le bien-être des ménages, des individus et des autres acteurs. Les acteurs réagissent aux changements, soit de l'économie, soit de l'environnement, par des comportements individuels et collectifs et par des changements de politiques, qui peuvent jouer directement sur l'environnement, ou encore modifier les pressions sur celui-ci, pressions qui proviennent des divers secteurs de l'économie.

On peut déterminer des **indicateurs d'état** pour rendre compte de l'état de l'économie tout autant que de l'environnement. Les indicateurs d'état vont donc tenter de mesurer la qualité de l'environnement et les quantités et qualités des ressources naturelles, de même que l'état de l'économie. Les indicateurs d'état de l'environnement peuvent inclure les concentrations de polluants dans l'air et dans l'eau et les diverses autres nuisances urbaines, tout autant que les disponibilités de combustibles fossiles, de forêts ou de poissons, l'état des infrastructures et du patrimoine bâti, etc. Les indicateurs d'état de l'économie incluent les mesures de la production, du chômage, de la pauvreté, etc.

Les **indicateurs de pression** et les **indicateurs de réaction** sont plus difficiles à déterminer. Dans les deux cas, il s'agit d'impacts sur l'environnement ou sur l'économie résultant de l'activité humaine. Du point de vue de l'environnement, les pressions ont des impacts négatifs, sous forme de consommation de ressources, ou de pollution, alors que les réactions peuvent avoir des impacts bénéfiques en entraînant la réduction de la pollution ou de l'exploitation des ressources.

Les changements dans l'état de l'environnement ne peuvent pas toujours être reliés à une pression spécifique, puisque plusieurs facteurs, dont certains sont plus ou moins *naturels*, sont en jeu : la fermeture d'usines entraîne souvent une amélioration de la qualité de l'air, alors qu'un hiver plus froid que d'habitude, entraînant une consommation accrue de combustibles fossiles pour le chauffage ou le transport, peut la détériorer. Les **indicateurs de pression** peuvent aussi inclure des mesures de changements dans l'efficacité d'utilisation des ressources, ou du rapport pollution / production. Si on inclut le patrimoine bâti (y compris les infrastructures urbaines) dans la définition de « l'environnement », des indicateurs quant à leur usage abusif, à leur entretien déficient ou à leur démolition sont alors des indicateurs de pression.

Comme exemples d'**indicateurs de réaction,** on trouve le recyclage des déchets, la réurbanisation et l'usage des transports collectifs. Des indicateurs de réaction, quantifiables, sont souvent difficiles à déterminer. La plupart du temps, il y a un éventail assez large de politiques pour faire face à un enjeu spécifique : par exemple, l'amélioration de la qualité de l'air peut se faire par la réglementation de la pollution à la source, ou encore par tout un ensemble de mesures relatives au transport, comme des combustibles plus propres, la création de rues piétonnes, etc. Beaucoup de ces réactions sont difficiles à quantifier directement, mais leurs impacts peuvent se manifester souvent à travers des indicateurs complémentaires d'état ou de pression.

Dans le domaine urbain et métropolitain, par exemple, des indicateurs spécifiques de réaction mesurant l'amélioration de la qualité de vie ou encore la consolidation ou la revitalisation des quartiers, peuvent être difficiles à déterminer ou à quantifier, mais des indicateurs de changement d'**état** ou de **pression** pourraient mesurer indirectement les effets des choix de transport ou de l'activité commerciale sur cette qualité de vie. Donnons comme exemples l'évolution du nombre de personnes par véhicule moteur aux heures de pointe, les coûts comparatifs du transport individuel et du transport collectif, l'évolution de la dimension des lots à bâtir, la distribution spatiale des commerces de grande surface.

Les dépenses pour la protection de l'environnement ou l'aménagement peuvent fournir à la fois des indicateurs de **réaction** aux pressions sur les milieux naturels et bâtis et des indicateurs de **pression** sur les activités des secteurs économiques. On devrait interpréter avec prudence des indicateurs qui s'appuient uniquement sur les dépenses pour l'environnement, ou sur la multiplication des règlements. En effet, la croissance des dépenses peut indiquer que la qualité du milieu s'améliore, puisqu'on y consacre plus de fonds, ou, au contraire, qu'il faut dépenser plus pour en maintenir la qualité parce que les pressions sous-jacentes sont à la hausse. De même, une réglementation accrue peut n'être que le signe d'une exaspération face à un problème et ne pas être sa solution, étant plus ou moins appliquée ou sans effet.

D'autres indicateurs sont à cheval sur la frontière entre indicateurs de **pression** et indicateurs de **réaction**; c'est souvent le cas des *prix*. Dans une économie de marché, l'évolution des prix peut fournir des indicateurs indirects de progrès dans une direction donnée. On ne peut toutefois en tirer directement des interprétations isolées. Par exemple, si le prix d'une ressource non renouvelable est à la hausse, cela peut vouloir dire que les stocks s'amenuisent, ou encore que la demande est à la hausse pour des stocks donnés, ce qui peut signifier, dans les deux cas, que la ressource n'est probablement pas exploitée d'une façon durable. Mais, tout autant, cela peut vouloir dire que les stocks sont mieux exploités, par exemple à la suite de hausses de prix conçues délibérément pour réduire la demande, ou à la suite de l'imposition de quotas qui limitent aussi délibérément l'exploitation de la ressource pour promouvoir la durabilité.

Dans le domaine du logement, le délabrement peut être un *indicateur d'état*, le taux d'inoccupation des logements un *indicateur de pression* et le loyer, les dépenses ou les subventions pour l'entretien des *indicateurs de réaction*. Idéalement, on a besoin des trois types pour cerner la problématique, faute de quoi on risque de démolir les logements délabrés, comme on l'a déjà fait, quand le taux d'inoccupation est bas et que les loyers sont élevés, ce qui ne fera qu'empirer le sort des mal-logés, alors que l'augmentation du stock de logement aurait pu entraîner une baisse des loyers, ou des dépenses accrues pour l'entretien des logements existants. Dans le secteur commercial, on peut aussi voir l'importance de relier des indicateurs sur les habitudes de consommation ou de déplacement, les taux d'inoccupation des locaux, la désaffectation de certaines concentrations commerciales et la réduction des clientèles résidantes à proximité, avant de choisir le remède approprié, et, une fois celui-ci retenu, de vérifier si l'on obtient les résultats escomptés.

L'enchaînement **état – pression – réaction** est utile comme outil pour la construction d'indicateurs ou la détermination de leur pertinence, puisqu'il permet une *mini-modélisation* des phénomènes en cause. La tradition « *un problème à la fois* » d'élaboration de politiques peut se satisfaire de la solution « *un indicateur à la fois* », mais une vue plus systémique doit envisager que chaque problème peut exiger plusieurs politiques, tout comme chaque politique doit souvent servir à résoudre plusieurs problèmes. La détermination d'indicateurs variés, mesurant plusieurs facettes d'une même problématique, sous les thèmes généraux d'état, de pression et de réaction, permet tout au moins d'en assurer un examen et une exposition moins univoque.

1.7. DES INDICATEURS URBAINS ET MÉTROPOLITAINS POUR LE GRAND MONTRÉAL

Si les indicateurs doivent mesurer, entre autres, l'atteinte de certaines orientations, l'examen de ces dernières peut aider à définir les premiers. Revoyons de plus près les orientations en aménagement du gouvernement du Québec dans leurs intentions générales.

1.7.1. Privilégier la consolidation des zones urbaines existantes

La consolidation pourrait être mesurée par des indicateurs d'**état** relatifs à la densité, à la diversité, à la variété, à la mixité, etc., soit des indicateurs d'une meilleure intégration et d'une meilleure stabilité sociale, pouvant assurer la « consolidation ». Par exemple :

- – la diversité des types de logements, par unité géographique et à travers le temps, comme indicateur de consolidation environnementale ;
- – la variété des commerces, par unité géographique et à travers le temps, comme indicateur de consolidation économique ;
- – la variété des entreprises, des emplois et des revenus, par unité géographique et dans le temps, comme indicateur de consolidation et d'équité sociales.

Des indicateurs de **pression** sur la « consolidation » se retrouveraient dans les comportements des ménages (par exemple choix modaux de transport qui sont plus ou moins favorables à la « consolidation »), ou des entreprises (localisations récentes en milieux multifonctionnels ou unifonctionnels). Des indicateurs de **réaction** sur la « consolidation » pourraient se retrouver dans les investissements publics ou privés dans les milieux « à consolider » *vs* les autres, ou dans des réglementations qui peuvent y contribuer.

1.7.2 Limiter l'urbanisation en périphérie de ces zones urbaines existantes

Tel qu'il a été souligné plus haut, la difficulté de mesurer la réalisation d'une telle orientation vient surtout de la difficulté à délimiter ces *secteurs qui disposent déjà des infrastructures et services requis*». Un indicateur devrait tenter de choisir une ou des infrastructures ou un ou des services de base qui permettent de trancher nettement entre les territoires dont on favorise l'urbanisation ou la réurbanisation et ceux où on veut la limiter.

Un indicateur d'**état** valable pourrait se limiter, par exemple, au transport en commun : tous les territoires urbanisés et non desservis par le transport en commun seraient considérés comme porteurs de non-durabilité, puisque contribuant directement à certaines formes d'exclusion sociale et d'usage abusif de l'automobile. Ou encore la fréquence de desserte par transport en commun serait un indicateur de la viabilité ou de la non-viabilité relative des divers secteurs géographiques. Ce qui conduit, d'une façon plus large, à l'élaboration possible d'un indicateur général de desserte par transport en commun, combinant divers indices comme la fréquence, la distance du lieu d'embarquement, la variété des dessertes, les horaires de pointe et hors pointe, les coûts d'utilisation, etc.

Du côté de l'utilisation du sol, on pourrait rechercher un indicateur de monofonctionnalité résidentielle (dont les paramètres précis sont à définir, tenant compte du mélange de divers types de bâtiments résidentiels) qui pourrait mesurer l'*urbanisation indésirable*, d'une façon un peu plus opérationnelle que le concept d'étalement urbain, incluant telles choses que les règlements d'urbanisme qui défavorisent la mixité des fonctions et des types de bâtiments. On peut aussi envisager un indicateur qui mesure la quantité de sol réurbanisé par comparaison à la quantité de sol urbanisé pour la première fois (comme disent si bien les étasuniens, *brownfields* par opposition à *greenfields*).

Un indicateur de **pression** complémentaire possible serait le nombre de déplacements par personne par mode pour diverses distances, particulièrement les distances courtes vers des équipements ou des services de proximité : les déplacements à pied ou en cycles non motorisés, relativement faciles en deçà de certaines distances dans les quartiers traditionnels, sont de plus en plus remplacés par des déplacements en voiture, particulièrement en périphérie, déplacements beaucoup plus coûteux en termes environnementaux et, souvent, en termes d'infrastructures locales et nationales.

L'énoncé ne mentionne pas la destruction, par l'*urbanisation inutile ou indésirable*, de paysages ou d'autres éléments patrimoniaux semblables. Il vaudrait sans doute la peine de trouver un indicateur de pression en ce sens.

Un indicateur de **réaction** pourrait être plus directement relié aux investissements publics pour les équipements et les infrastructures (particulièrement ceux qui ne sont pas payés à même les taxes locales) mentionnés dans l'énoncé.

1.7.3. Renforcer les pôles d'activités existants

À première vue, il pourrait s'agir plus ou moins de la même chose que de la « consolidation » déjà mentionnée. En tout cas, les deux groupes d'indicateurs devront être clairement reliés les uns aux autres. Mais l'insistance étant sur les « pôles », on a à se demander si on a, d'une part, une définition, et, d'autre part, une délimitation des dits pôles. Ou si on est à la recherche des indicateurs qui peuvent mesurer la polarisation du territoire et l'évolution de cette polarisation entre pôles existants et nouveaux.

Des indicateurs d'**état** pourraient s'appuyer sur certains types d'équipements (comme les cégeps ou les hôpitaux) ou de services (comme les grandes surfaces) retenus comme les plus représentatifs de la polarisation à l'échelle de la région métropolitaine. Des indicateurs de **pression** mesureraient les investissements privés et publics qui se font à l'intérieur et à l'extérieur des pôles ainsi définis, d'une période à une autre. Des indicateurs de **réaction** pourraient s'appuyer sur l'évolution des déplacements vers les principales destinations et sur la relocalisation de certains types d'entreprises à proximité ou non des pôles ainsi définis.

1.7.4. Revitaliser le centre-ville

Des indicateurs d'**état** peuvent se retrouver dans l'achalandage des commerces, le taux d'occupation des bureaux ou des hôtels, le nombre de résidants, etc. Des indicateurs de **pression** pourraient mesurer l'évolution des investissements dans le centre-ville par rapport à l'évolution des investissements à l'extérieur de celui-ci. Des indicateurs de **réaction** pourraient mesurer les investissements privés et publics et le ratio des uns sur les autres, dans les domaines prioritaires de revitalisation (à déterminer).

1.7.5. Revitaliser les quartiers anciens

Des indicateurs d'**état** pourraient mesurer, par unités géographiques classées par âge moyen des logements (ce qui pallie la difficulté de définir les « quartiers anciens »), l'état d'entretien des bâtiments existants et la quantité de terrains à l'abandon. Des indicateurs de **pression** mesureraient, comparativement, les types de ménages et leur demande possible en logement, pour les mêmes catégories d'unités géographiques. Des indicateurs de **réaction** prendraient en compte les investissements dans les infrastructures, les équipements et les logements (privés et publics, et ratio privé / public) pour la restauration, la rénovation et la réurbanisation, pour mêmes catégories d'unités géographiques.

1.7.6. Améliorer la qualité de vie au centre de l'agglomération

Des indicateurs d'**état** pourraient prendre en compte les espaces verts (taille, accessibilité, affectations, voire utilisation), la qualité des paysages naturels et bâtis, l'accès aux rives non polluées, etc. Des indicateurs de **pression** prendraient en compte la fréquentation de ces types d'aménités en ville centre et en périphéries proche et éloignée. Des indicateurs de **réaction** pourraient, ici aussi, être reliés aux investissements et aux frais d'entretien publics.

1.8. INDICATEURS RELATIFS AUX CHOIX MODAUX ET À LA RÉURBANISATION

Les choix de modes de transport pour les déplacements courts doivent être analysés de près car la marche et le cyclisme sont les modes de déplacement qui exercent le moins de pression sur l'environnement (milieu bâti tout autant que milieu naturel). Les déplacements courts comprennent, au-delà des déplacements pour le travail, les déplacements entre le domicile et les commerces de proximité ou les lieux de loisir. Le mode retenu pour les déplacements courts conduit à un indicateur de **réaction** à un milieu plus ou moins « consolidé ». Cet indicateur pourrait donc permettre de préciser le sens qu'on donne à une politique de « consolidation ». Par ailleurs, le choix accru de la marche, du cyclisme ou même du transport en commun comme modes de transport, peut être tout autant un indicateur de réaction de la population à d'autres aspects environnementaux (prise de conscience des méfaits de l'automobile, par exemple). À l'inverse, une augmentation de l'usage de l'automobile pour des trajets de courte distance serait un indicateur de **pression** sur l'environnement.

L'indicateur pourrait s'énoncer ainsi : « Le nombre de déplacements annuels par personne par mode de transport pour des déplacements de moins de 1,5 km, de 1,5 à 3 km, de 3 à 8 km. »

La réutilisation des bâtiments ou des terrains à l'abandon ou en friche, peut être un indicateur de **pression** réduite sur le milieu naturel. Ce peut être aussi un indicateur de **réaction** favorable à la viabilité, à la vitalité et à la « consolidation » des milieux bâtis. Ce peut encore être un indicateur de pression réduite en termes de moindre demande de transport et donc d'environnement.

Les indicateurs à développer devraient, si possible, tenir compte des bénéfices pour le milieu bâti (d'une façon générale, de sa « consolidation ») provenant soit du départ de l'usage antérieur, soit de l'arrivée du nouvel usage, soit des deux. Les investissements privés et publics pour la réurbanisation, de même que la proportion des uns par rapport aux autres, ajouteraient à ces indicateurs des indicateurs de réaction de la part des divers acteurs.

Parallèlement à ces indicateurs de réurbanisation, des indicateurs de restauration du stock de logements existant amèneraient des éléments supplémentaires d'évaluation des politiques de « consolidation », surtout si, là aussi, on peut calculer le rapport des investissements privé / public. Pour le logement, un élément additionnel de ces indicateurs pourrait être le rapport entre les logements restaurés et les logements en mauvais état.

1.9. CONCLUSION

Nous croyons avoir démontré l'importance et la pertinence d'inclure des indicateurs de l'étalement urbain dans un ensemble d'indicateurs, pour un éventuel observatoire métropolitain de la région de Montréal. Ces indicateurs permettraient aussi de mesurer l'évolution du développement durable en indiquant la trajectoire que suivent la région et ses composantes en termes d'économie, d'aménagement du territoire, d'équité sociale et d'écologie urbaine. Les indicateurs en question permettraient de dépasser les limites de la mesure de l'*étalement démographique* (ce qu'on veut souvent dire quand on l'associe à l'image du « trou de beigne »), qui ne permet pas de tirer de conclusions très précises sur cette trajectoire, puisqu'il faut lui associer des mesures de densité, d'utilisation du sol, de répartition spatiale des infrastructures et des équipements de divers ordres et en faire l'interprétation, rendue difficile par le découpage assez arbitraire des limites des municipalités locales et régionales.

Nous avons envisagé de nombreux indicateurs qui permettraient de mesurer l'atteinte des orientations gouvernementales pour la grande région de Montréal. Toutefois, quelque désirables qu'ils soient, la plupart de ces indicateurs mesureraient, avec beaucoup de difficultés pour obtenir les données de base, des orientations très spécifiques, que ne partagent pas nécessairement toutes les régions urbaines du Canada et des États-Unis d'Amérique. Les indicateurs suggérés auraient peu d'utilité pour le positionnement (*benchmarking*) de la métropole vis-à-vis de ses semblables.

En nous servant de la distinction entre indicateurs d'état, de pression et de réaction, déjà utilisée en Grande-Bretagne, nous avons passé en revue les orientations d'aménagement du gouvernement québécois pour la grande région de Montréal et examiné de plus près deux domaines d'activité. L'indicateur de réaction concernant le choix du mode de transport pour les déplacements courts serait relativement facile à obtenir, en ajoutant une ou deux questions aux enquêtes origine / destination, dont on connaît par ailleurs l'importance dans la détermination des politiques de transport. Comme il existe tout un réseau canadien et étasunien de régions urbaines qui font des enquêtes de même nature, avec des questionnaires relativement semblables, le positionnement (*benchmarking*) serait relativement facile à réaliser.

L'indicateur de réurbanisation / urbanisation (*brownfields / greenfields*) est beaucoup plus difficile à construire pour la région métropolitaine de Montréal[3], mais nous croyons avoir démontré qu'il est faisable et qu'il serait extrêmement utile et performant si l'élaboration de politiques métropolitaines qui respectent le *développement durable*, c'est-à-dire tout à la fois le développement économique, l'équité sociale et l'environnement, était véritablement recherchée.

RÉFÉRENCES BIBLIOGRAPHIQUES

BARCELO, Michel, H.C. CAMPBELL et A. DENNIS (1971). *Information for Urban Affairs in Canada*. Ottawa, Canadian Council for Urban and Regional Research.

BARCELO, Michel, François CHARBONNEAU et Pierre HAMEL (1990). *Option préférable d'aménagement et étalement urbain, 1978-1988, dans la région de Montréal*, Montréal, Faculté de l'aménagement, Université de Montréal.

BARCELO, Michel (1993). «L'étalement urbain, mieux le définir», dans Y. BUSSIÈRE et A. BONNAFOUS, *Transport et étalement urbain : les enjeux*, Programme Rhône-Alpes.

BARCELO, Michel, François CHARBONNEAU et Pierre HAMEL (1994). «L'étalement urbain dans la région montréalaise : politiques et tendances, 499-537», *La métropole canadienne en mutation : questions de politique urbaine*, vol. II, Toronto, Urban Institute of Canada.

BARCELO, Michel (1998). *Costing Urban Sprawl in Canada National Center for the Revitalization of Central Cities*, Nouvelle-Orléans, University of New Orléans.

BUSSIÈRE, Yves (1993). «L'étalement urbain à Montréal : un diagnostic», dans Y. BUSSIÈRE et A. BONNAFOUS, *Transport et étalement urbain : les enjeux*, Programme Rhône-Alpes.

---

3. Il est assez surprenant de constater que le ministère des Affaires municipales n'exige pas des municipalités locales et régionales de meilleures données (informatisées) sur leurs opérations relatives aux permis de construire, aux changements d'usage, aux permis de rénovation, etc.

ENVIRONMENT CANADA (1991). *The State of Canada's Environment*, Ottawa.

EWING, Reid (1997). « Is Los Angeles-Style Sprawl Desirable ? », *Journal of the American Planning Association*, vol. 63, n° 1, hiver, p. 107-126.

FRISKEN, Frances (1994). « L'évolution des métropoles, un défi pour les gouvernements », *La métropole canadienne en mutation : questions de politique urbaine*, vol. I, Toronto, Urban Institute of Canada.

GENDRON, François (1984). Option d'aménagement de la région métropolitaine de Montréal, Gouvernement du Québec.

GORDON, Peter et Harry W. RICHARDSON (1997). « Are Compact Cities a Desirable Planning Goal ? », *Journal of the American Planning Association*, vol. 63, n° 1, hiver, p. 95-106.

GOUVERNEMENT DU QUÉBEC (1994). Les orientations du gouvernement en matière d'aménagement. Pour un aménagement concerté du territoire, Québec.

GOUVERNEMENT DU QUÉBEC (1996). Les orientations du gouvernement en matière d'aménagement du territoire, Québec.

GROUPE DE TRAVAIL SUR MONTRÉAL ET SA RÉGION (1993). *Montréal une ville-région*, Montréal.

GTA REPORT (1996). *Greater Toronto Area*, Toronto, Queen's Printer for Ontario.

INSTITUT DE LA STATISTIQUE DU QUÉBEC (BSQ) (1996). « Pespectives démographiques – Québec et régions 1991-2041 et MRC 1991-2016 », Québec.

LANGLOIS, Claude (1993). « Montréal, de villes de banlieue à mégabanlieue », dans Y. BUSSIÈRE et A. BONNAFOUS, *Transport et étalement urbain : les enjeux*, Programme Rhône-Alpes.

MARTIN, Fernand (1993). « Les régions métropolitaines du Québec : des rapports à repenser », dans Y. BUSSIÈRE et A. BONNAFOUS, *Transport et étalement urbain : les enjeux*, Programme Rhône-Alpes.

MINISTÈRE DES TRANSPORTS DU QUÉBEC (1995). *Vers un plan de transport pour la région de Montréal ; Phase 1 : Choisir diagnostic et orientations*, Gouvernement du Québec.

MINISTRE DE LA MÉTROPOLE (21 février 1997). *Les Ministres Trudel et Ménard annoncent les grandes orientations gouvernementales pour la Métropole*, Cabinet du Ministre d'État à la Métropole.

REGIONAL MUNICIPALITY OF OTTAWA-CARLETON (RMOC). (1996). *Regional Plan Review : Proposed Regional Development Strategy*, Planning and Property Commissioner et Environment and Transportation Commissioner.

REGIONAL PLAN ASSOCIATION (1996). « A region at risk: The third regional plan for the New York–New Jersey–Connecticut Metropolitan area », USA.

STATISTIQUE CANADA (1997). *Recensement du Canada 1996*, 93-357-XPB, Ottawa.

STEVENSON, DON (1993). « La lutte contre l'étalement urbain : le cas de la région de Toronto », dans Y. BUSSIÈRE et A. BONNAFOUS, *Transport et étalement urbain : les enjeux*, Programme Rhône-Alpes.

2

La gestion environnementale des terrains contaminés en milieu urbain
L'approche basée sur les risques

Lorraine Rouisse
Jean-Pierre Trépanier
Directeur – Analyse de risques
SANEXEN Services environnementaux inc.

Ces dernières années, le secteur centre des villes a été délaissé au profit de la banlieue. On veut aujourd'hui favoriser le retour à la ville par l'intermédiaire du redéveloppement des sites disponibles. La valeur des terrains en milieu urbain favorise en effet le redéveloppement de ces terrains, dans la mesure toutefois où ce redéveloppement n'entraîne pas lui-même des coûts prohibitifs.

Parmi les sites disponibles se trouvent nombre d'anciens terrains industriels dont les sols sont souvent contaminés à la suite des activités qui y ont eu cours pendant plusieurs décennies. Le redéveloppement de ces sites permet de redonner vie et beauté à des secteurs qui actuellement sont non seulement peu attrayants, mais parfois également peu sécuritaires. Dans le cas de terrains contaminés, toutefois, le redéveloppement pose le problème de la gestion environnementale de la contamination.

2.1. L'APPROCHE TRADITIONNELLE : LES CRITÈRES DE QUALITÉ DES SOLS

L'approche traditionnelle de gestion pour de tels terrains est basée sur l'application de critères génériques de qualité des sols, c'est-à-dire des concentrations limites considérées comme acceptables par les autorités gouvernementales. Le tableau 2.1 montre quelques exemples de telles concentrations limites. Les valeurs qui y apparaissent correspondent aux valeurs limites réglementaires édictées par le Règlement sur la protection et la réhabilitation des terrains, promulgué par le gouvernement du Québec en vertu de la Loi sur la qualité de l'environnement, en 2002. Selon l'approche de gestion par critères génériques en cours au Québec, tous les sols d'un terrain contaminé qui excèdent ces valeurs doivent être excavés et disposés dans un site d'élimination prévu à cet effet.

Tableau 2.1
Exemples de valeurs limites réglementaires pour la qualité des sols en vigueur au Québec, selon l'usage prévu du terrain (Règlement sur la protection et la réhabilitation des terrains, LRQ, c. Q-2)

Contaminant	Critère d'usage résidentiel (mg / kg)	Critère d'usage commercial ou industriel (mg / kg)
Métaux lourds		
Arsenic	30	50
Cadmium	5	20
Chrome	250	800
Cuivre	100	500
Mercure	2	10
Nickel	100	500
Plomb	500	1 000
Composés organiques		
Benzène	0,5	5
Benzo[a]pyrène	1	10
Biphényles polychlorés (BPC)	1	10
Pentachlorophénol	0,5	5
Tétrachloroéthylène	5	50

Ces critères sont dits « génériques » du fait que, pour un même type d'usage, les valeurs sont les mêmes pour tous les terrains contaminés. Cette approche ne tient donc pas compte des particularités du site au-delà du type d'usage (résidentiel, commercial, industriel ou institutionnel) prévu après réhabilitation.

L'application des valeurs limites pose parfois des problèmes pratiques considérables. Du fait que la contamination des terrains implique souvent des volumes importants de sols, les coûts associés à l'excavation et à la disposition de ces sols peuvent s'avérer prohibitifs, au point de dépasser la valeur du terrain. En plus des coûts, l'excavation peut également poser des problèmes techniques importants. Ce peut être le cas, par exemple, lorsqu'il s'agit d'excaver sous les fondations d'un bâtiment ayant une valeur patrimoniale importante et que l'excavation compromet la stabilité des fondations.

Il existe par ailleurs des cas où les technologies disponibles ne permettent pas toujours l'atteinte des critères génériques. Par exemple, une contamination datant de plusieurs années et impliquant des contaminants liquides peut avoir eu pour effet de contaminer des couches profondes de sol ainsi que l'eau souterraine. Dans certains cas, la contamination peut atteindre des couches de roc fracturé sous le niveau de la nappe phréatique. De tels cas posent des difficultés techniques importantes lorsque vient le temps de décontaminer jusqu'à l'atteinte des valeurs limites réglementaires.

2.2. L'APPROCHE BASÉE SUR LES RISQUES

Afin de tenir compte des contraintes liées à l'application des critères génériques, la réglementation québécoise en matière de terrains contaminés prévoit une approche alternative. Il s'agit de la gestion basée sur les risques. Inscrite dans la Politique de protection des sols et de réhabilitation des terrains contaminés du ministère de l'Environnement du Québec (MENV) depuis 1998, l'approche de gestion basée sur les risques est désormais explicitement intégrée dans le contexte légal et réglementaire. La Loi sur la qualité de l'environnement prévoit en effet que le plan de réhabilitation d'un terrain contaminé peut permettre de laisser en place des contaminants en concentrations excédant les valeurs limites réglementaires, à la condition d'être accompagné d'une évaluation des risques.

2.3. UNE COMPARAISON DES DEUX APPROCHES

La figure 2.1 résume les deux modes de gestion environnementale prévue par la législation québécoise en matière de terrains contaminés. L'approche traditionnelle par critères génériques a comme avantage d'être simple à concevoir : il s'agit d'excaver et de disposer de façon sécuritaire tous les sols dont les concentrations excèdent les valeurs limites applicables selon l'usage prévu du terrain. En pratique, toutefois, cette approche peut poser divers problèmes significatifs. En plus des difficultés déjà mentionnées précédemment, l'application de cette approche suppose une estimation adéquate des volumes de sols effectivement contaminés au-delà des critères. Les caractérisations environnementales étant basées sur des échantillonnages, l'estimation initiale des volumes de sols

Figure 2.1
Options de gestion environnementale des cas de contamination des terrains selon la réglementation en vigueur au Québec

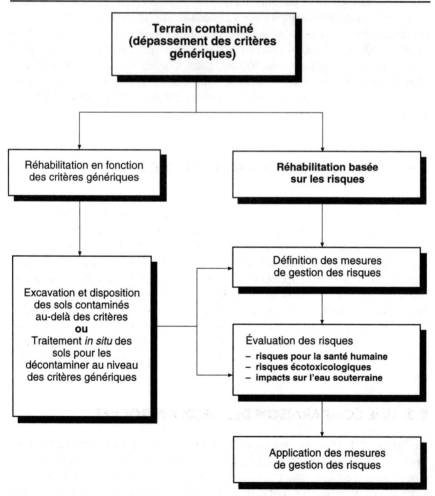

Source : Rouisse et Trépanier (2001).

comporte parfois une marge d'erreur importante. Il n'est pas rare que le volume final des sols excavés soit nettement supérieur au volume initialement prévu, ce qui entraîne des augmentations proportionnelles des coûts de réhabilitation.

Malgré ces difficultés, l'approche de gestion par critères est encore largement utilisée, non seulement est-elle simple à appliquer en principe, mais elle a également l'avantage de jouir d'une perception positive : les sols dits « contaminés » étant excavés et disposés de façon sécuritaire, le public a généralement l'impression qu'il n'y a plus de contamination présente sur le terrain. La législation en vigueur au Québec tend d'ailleurs à perpétuer cette perception, puisque la notion de « contamination » du terrain se définit, au sens réglementaire, en fonction même des critères. En d'autres termes, un terrain est considéré comme contaminé si une ou plusieurs substances s'y trouvent en concentrations excédant les critères. Du fait de cette absence présumée de contamination à la suite des travaux de réhabilitation, le public a la perception que le terrain est sécuritaire.

L'approche de gestion basée sur les risques implique une première étape consistant à *évaluer* les risques liés à la contamination du terrain. Selon les lignes directrices en vigueur au Québec, les évaluations de risques pour les terrains contaminés doivent obligatoirement considérer trois éléments distincts :

- les risques pour la santé humaine (risques toxicologiques) ;

- les risques pour la faune et la flore (risques écotoxicologiques) ;

- les impacts possibles de la contamination des sols sur la qualité des eaux souterraines.

La démarche d'évaluation des risques se distingue de l'application des critères en ce qu'il s'agit d'une démarche à caractère scientifique, visant à estimer les risques réels liés à la contamination plutôt que de définir la contamination par la simple comparaison avec des valeurs pré-établies. L'évaluation des risques implique essentiellement une étape de caractérisation toxicologique des contaminants, une estimation de l'exposition des personnes ou des organismes vivants à ces contaminants, puis une estimation des risques basée sur la comparaison des niveaux d'exposition estimés avec les niveaux sécuritaires définis à l'étape de la caractérisation toxicologique.

L'objectif principal de l'évaluation des risques consiste à définir les mesures de gestion du risque permettant de réduire ceux-ci à des niveaux considérés comme « acceptables », selon les lignes directrices en vigueur. Cela se fait par un processus itératif d'évaluation et d'analyse des risques liés d'abord à l'état initial du terrain, puis à l'état « aménagé » selon diverses options. Les mesures de gestion du risque peuvent inclure toute mesure visant à réduire l'exposition des personnes ou des organismes vivants (risques écotoxicologiques) aux contaminants. De telles mesures peuvent prévoir l'excavation et la disposition de volumes de sols ciblés, mais également le recouvrement des sols afin de limiter, voire d'éliminer, tout contact entre la contamination et les futurs utilisateurs du terrain.

L'analyse et la gestion des risques présentent divers avantages par rapport à l'application des critères génériques. Parmi ces avantages, on peut noter :

- la démonstration, dans certains cas, de l'absence de risques, ce qui évite de faire des dépenses « inutiles » pour ramener les niveaux de contamination aux critères génériques ;

- une meilleure connaissance de la localisation et de l'ampleur des problèmes réels que présente le terrain pour la santé humaine et l'environnement ;

- une meilleure évaluation des niveaux de décontamination réellement requis ;

- la possibilité de comparer diverses mesures d'intervention en termes de coûts et d'efficacité des résultats ;

- la possibilité de réhabiliter des terrains où l'application des critères génériques est techniquement impossible sur la base des technologies disponibles.

Concrètement, l'approche par analyse de risques permet une meilleure définition et une estimation du potentiel de risque pour la santé humaine et l'environnement plus rigoureuse que l'approche par critères génériques (Guay et Barbeau, 2002). Malgré cela, la raison principale de son utilisation de plus en plus généralisée est sans aucun doute liée à la réduction importante des coûts de réhabilitation qui y sont associés. Ainsi, pour les organismes publics responsables de la gestion environnementale, un objectif important de la gestion basée sur les risques est de permettre une allocation optimale de ressources limitées (Trépanier et al., 2002).

Un autre avantage majeur de cette approche est de permettre la réhabilitation de terrains qui, autrement, resteraient contaminés et inutilisés, les coûts de réhabilitation dépassant la valeur potentielle du terrain. Au Québec comme ailleurs, plusieurs cas de réhabilitation basée sur la gestion des risques ont ainsi permis la réutilisation de sites contaminés à diverses fins : pistes cyclables, terrains de golf, parcs urbains, développements résidentiels ou commerciaux, etc. Dans certains cas, les plans de réhabilitation ont permis de réutiliser les sols contaminés pour aménager des écrans visuels ou sonores, permettant du même coup de résoudre, à des coûts raisonnables, des problèmes liés à d'autres facteurs que la contamination.

Du fait qu'elle permette de réhabiliter des terrains qui, autrement, resteraient inutilisés, la gestion basée sur les risques présente un intérêt évident pour le gestionnaire public. Sans cette option, de nombreux sites contaminés demeureraient orphelins, sous la responsabilité de l'État, dont les ressources sont limitées.

De la même manière, la réduction des coûts de décontamination constitue également un avantage économique majeur pour les propriétaires de terrains contaminés, qu'ils soient privés ou publics.

2.4. UNE PERCEPTION DE LA GESTION BASÉE SUR LES RISQUES

Malgré ces avantages importants, la gestion basée sur les risques n'est pas toujours bien perçue. Au Québec comme ailleurs, cette approche est considérée comme une justification à laisser en place des sols contaminés. Au terme de la réhabilitation du terrain, celui-ci est donc encore perçu comme contaminé, même si sa réutilisation est possible sous réserve de restrictions d'usage définies par le plan de réhabilitation. Dans la législation québécoise, cette perception est soutenue par l'obligation qui est faite au propriétaire d'un tel terrain de déposer au registre foncier un avis de contamination. Cet avis demeure associé au terrain en cause jusqu'à une éventuelle décontamination conforme aux critères génériques.

2.5. RÉHABILITATION DES TERRAINS ET CONTAMINATION RÉSIDUELLE

Dans la pratique, les deux approches de gestion environnementale des terrains contaminés ont pour effet, dans la presque totalité des cas, de laisser en place des contaminants. Les niveaux admis et, dans le cas de la gestion basée sur les risques, les conditions physiques associées à cette contamination peuvent varier, mais dans les deux cas, des contaminants demeurent en place. Afin de s'en convaincre, il suffit de comparer les valeurs des critères avec les concentrations « bruit de fond » des contaminants dans le sol. De manière générale, les concentrations admises, même en milieu résidentiel, sont nettement supérieures aux concentrations « naturelles » de ces substances. À titre d'exemple, le tableau 2.2 compare les concentrations bruit de fond (telles qu'elles sont estimées par le ministère de l'Environnement du Québec) aux critères d'usage résidentiel pour les contaminants déjà retenus au tableau 2.1. Comme l'indique cette comparaison, les critères d'usage résidentiel sont nettement plus élevés que les concentrations bruit de fond, ce qui signifie clairement que l'application stricte de ces critères permet de laisser en place des concentrations de contaminants bien au-delà de ce qui serait naturellement présent dans un sol non contaminé (jusqu'à 35 000 fois plus pour les exemples fournis au tableau 2.2).

Tableau 2.2
**Comparaison des concentrations bruit de fond
de certains contaminants avec les valeurs limites réglementaires
pour un usage résidentiel, en vigueur au Québec**

Contaminant	Concentration bruit de fond* (mg / kg)	Critère d'usage résidentiel (mg / kg)	Ratio critère / bruit de fond
Métaux lourds			
Arsenic	6	30	5
Cadmium	1,5	5	3,3
Chrome	85	250	2,9
Cuivre	40	100	2,5
Mercure	0,18	2	11
Nickel	50	100	2
Plomb	50	500	10
Composés organiques			
Benzène	0,000 047	0,5	10 638
Benzo[a]pyrène	0,810	1	1,2
Biphényles polychlorés (BPC)	0,000 32	1	3 125
Pentachlorophénol	< 0,000 014	0,5	35 714
Tétrachloroéthylène	0,000 87	5	5 747

* Les concentrations bruit de fond sont les valeurs applicables aux Basses-Terres du Saint-Laurent, telles qu'indiquées dans la Politique de protection des sols et de réhabilitation des terrains contaminés (MENV, 1998) pour les métaux à l'exception du mercure. Pour les composés organiques et le mercure, les valeurs sont celles proposées par OMEE (1993) pour un environnement de type « parc » en milieu urbain.

Source : Élaboré à partir de MENV (1998) et OMEE (1993).

2.5.1. Les critères génériques sont-ils plus sécuritaires que l'analyse de risques ?

La perception voulant qu'un terrain réhabilité en fonction des critères génériques ne soit plus contaminé ne se vérifie donc pas d'un point de vue scientifique. Ce constat peut nous amener à nous demander si la perception selon laquelle ces terrains sont désormais «sécuritaires» est réellement exacte. En effet, le public perçoit souvent les terrains réhabilités en fonction des critères comme étant plus sécuritaires que ceux réhabilités sur la base des risques. Il est facile de vérifier cette perception en soumettant à la procédure d'évaluation des risques les valeurs actuelles des critères génériques, puis de comparer les risques ainsi estimés aux niveaux de risques considérés comme «acceptables» ou «négligeables» par les autorités gouvernementales.

L'évaluation des risques liés à la contamination d'un terrain requiert normalement de considérer toutes les voies d'exposition potentielles. Cela inclut notamment l'ingestion directe de sol et de poussières intérieures contaminées, l'inhalation d'air extérieur et intérieur contaminé, l'absorption cutanée, l'ingestion d'eau potable contaminée ou de produits de potagers locaux contaminés s'il y a lieu, etc. Pour fins de simplification, nous n'estimerons ici que la dose liée à la voie d'exposition généralement la plus importante dans les cas de terrains contaminés en milieu urbain, soit l'ingestion directe de sol ; nous devons cependant garder à l'esprit que l'exposition totale des personnes est vraisemblablement supérieure aux estimations ainsi produites puisqu'elle devrait également inclure les autres voies d'exposition.

Afin d'estimer l'exposition par ingestion de sol de manière conforme aux lignes directrices en vigueur au Québec (MSSS, 2002), nous devons estimer les doses potentielles selon l'équation suivante :

$$D_s = \frac{C_s \times QI_s}{P}$$

où
D_s : dose par ingestion de sol (mg / kg / jour) ;
C_s : concentration du contaminant dans le sol (mg / kg) ;
QI_s : quantité de sol ingérée par jour (kg / jour) ;
P : poids corporel (kg).

Cette équation doit être appliquée pour chacun des cinq groupes d'âge définis dans les lignes directrices du MSSS (2002). Pour ce faire, les valeurs de taux d'ingestion de sol et de poids corporel sont définies comme suit dans MSSS (2002) (tableau 2.3) :

Tableau 2.3
Taux d'ingestion de sol et poids corporel, selon le groupe d'âge

Groupe d'âge	Poids corporel (kg)	Taux d'ingestion de sol (mg/jour)
De 0 à 6 mois	8,2	20
> 6 mois à 4 ans	16,5	150
> 4 ans à 11 ans	32,9	35
> 11 ans à 19 ans	59,7	20
> 19 ans à 70 ans	70,7	20

Source : Rouisse et Trépanier (2000).

Les doses d'exposition ainsi estimées peuvent être comparées aux doses définies comme « sécuritaires » pour les divers contaminants. Ces doses sécuritaires sont de deux types, selon le contaminant :

– une dose de référence, soit la dose présumée ne pas provoquer de réponse toxique pour des effets chroniques autres que le cancer, et ce, même pour une exposition de longue durée ;

– une dose correspondant à un risque additionnel de cancer considéré comme « négligeable » ou « acceptable » ; pour ce type d'effets, aucune dose autre que zéro n'est considérée comme sans risque et il est donc nécessaire de définir un niveau de risque acceptable. Selon les lignes directrices en vigueur au Québec (MSSS, 2002), le niveau de risque considéré comme négligeable ou acceptable est de 1 cas additionnel de cancer pour 1 000 000 d'individus qui seraient exposés à vie.

Pour les contaminants non cancérigènes, le risque étant évalué en fonction d'une dose présumée sécuritaire, il importe de considérer la dose d'exposition totale, incluant non seulement la dose provenant de l'exposition particulière à l'étude (ici la contamination du sol), mais également la dose bruit de fond, c'est-à-dire l'exposition de la population générale provenant de toutes sources autres que la contamination à l'étude (alimentation, cosmétiques, etc.). Comme l'exposition bruit de fond peut varier selon le mode de vie, des valeurs distinctes sont calculées pour le bruit de fond « type » et pour un bruit de fond « maximal », applicable aux individus dont le mode de vie les expose à des doses plus importantes (p. ex., personnes pratiquant le tabagisme ou la pêche sportive, etc.). Les doses d'exposition bruit de fond utilisées pour cette estimation sont indiquées au tableau 2.3.

Pour ce qui est du risque lié aux substances cancérigènes, il n'est pas requis de considérer l'exposition bruit de fond puisqu'on cherche à estimer un risque additionnel de cancer, c'est-à-dire le risque additionnel lié à l'exposition à l'étude, qui s'ajoute au risque de cancer déjà présent dans la population générale. Ce risque additionnel est cependant estimé en tenant compte de l'exposition cumulée durant toute la durée de vie.

Il est d'usage en évaluation des risques d'exprimer ces risques sous la forme d'indices de risques, définis comme le ratio du niveau d'exposition estimé sur le niveau d'exposition sécuritaire. Pour les effets chroniques autres que le cancer, les indices de risques sont donc calculés comme le ratio de la dose estimée sur la dose de référence, tandis que pour le risque de cancer, l'indice de risque est calculé en divisant la dose estimée à vie par la dose correspondant à un niveau de risque additionnel de cancer de 1 cas pour 1 000 000 million d'individus. Dans les deux cas, la valeur de l'indice de risque traduit dans quelle mesure l'exposition représente un risque : un indice de risque supérieur à 1 indique la présence d'un risque, tandis qu'une valeur inférieure à 1 correspond à un niveau d'exposition considéré comme sécuritaire. Dans le présent cas, la notion d'indice de risque indique directement dans quelle mesure un critère générique peut être trop «permissif». Ainsi, un indice de 2,0 indiquerait que la concentration dans le sol pour laquelle on a évalué le risque serait deux fois trop élevée pour assurer la protection adéquate de la santé.

Les indices de risques calculés pour l'ingestion de sol contaminé au niveau des critères d'usage résidentiel en vigueur au Québec sont indiqués au tableau 2.4 pour les contaminants sélectionnés précédemment. Les sols contaminés au niveau des valeurs limites réglementaires en vigueur au Québec ne sont pas exempts de risques. Les valeurs d'indices de risque excèdent 1,0 pour 6 des 12 contaminants retenus comme exemples, soit l'arsenic, le cuivre, le nickel, le plomb, le benzo[a]pyrène et les biphényles polychlorés. Il faut aussi rappeler que ces valeurs d'indices de risques ne tiennent compte que de l'ingestion directe de sol et que les valeurs réelles d'indices de risques seraient donc encore plus élevées si l'analyse avait considéré l'ensemble des voies d'exposition.

En examinant plus attentivement les résultats du tableau 2.4, on remarque que les contaminants ayant obtenu des indices de risques supérieurs à 1 sont tous des contaminants cancérigènes, à l'exception du cuivre et du nickel. Pour ces deux métaux, les valeurs estimées d'indices de risques sont principalement attribuables à l'exposition bruit de fond et non à la contamination des sols. Pour le cuivre, les indices de risques liés à l'exposition bruit de fond varient de 1,08 à 3,72, selon

Tableau 2.4
**Doses d'exposition bruit de fond, moyennes et maximales,
pour divers contaminants non cancérigènes, selon le groupe d'âge**

	Exposition bruit de fond « type »				
Contaminant	Dose bruit de fond (mg / kg / jour)				
	De 0 à 6 mois	> 6 mois à 4 ans	> 4 ans à 11 ans	> 11 ans à 19 ans	> 19 ans
Cadmium[1]	4,52E-4	6,46E-4	5,15E-4	2,93E-4	2,12E-4
Chrome[2]	7,07E-4	1,36E-3	8,18E-4	4,76E-4	3,60E-4
Cuivre[3]	3,59E-2	6,55E-2	4,77E-2	2,83E-2	2,15E-2
Mercure[4]	1,04E-4	1,68E-4	1,34E-4	7,8E-5	7,00E-5
Nickel[5]	2,25E-2	1,63E-2	1,02E-2	5,71E-3	4,49E-3
Tétrachloroéthylène[6]	1,34E-3	2,48E-3	2,48E-3	1,93E-3	1,67E-3

	Exposition bruit de fond « maximale »				
Contaminant	Dose bruit de fond (mg / kg / jour)				
	De 0 à 6 mois	> 6 mois à 4 ans	> 4 ans à 11 ans	> 11 ans à 19 ans	> 19 ans
Cadmium[1]	6,29E-4	6,48E-4	5,15E-4	3,59E-4	2,65E-4
Chrome[2]	1,60E-3	1,50E-3	8,64E-4	5,73E-4	4,43E-4
Cuivre[3]	7,44E-2	6,55E-2	4,77E-2	2,83E-2	2,15E-2
Mercure[4]	1,46E-4	1,69E-4	1,35E-4	7,90E-5	7,20E-5
Nickel[5]	2,30E-2	1,66E-2	1,03E-2	6,04E-3	4,69E-3
Tétrachloroéthylène[6]	1,45E-3	2,66E-3	2,67E-3	2,09E-3	1,81E-3

[1] : Environnement Canada et Santé Canada, 1994a. [2] : Environnement Canada et Santé Canada, 1994b. [3] : CCME, 1997. [4] : Health Canada, 1998 [5] : Environnement Canada et Santé Canada, 1994c. [6] : Environnement Canada et Santé Canada, 1993.

le groupe d'âge, alors qu'ils varient de 1,08 à 3,73 si on tient compte des sols contaminés. Dans le cas du nickel, les indices de risques liés exclusivement au bruit de fond varient de 0,22 à 1,15, alors qu'ils atteignent 1,16 si on considère l'apport additionnel du sol contaminé. Ces résultats suggèrent que, d'un point de vue strictement toxicologique, aucune exposition additionnelle en excès du bruit de fond ne devrait avoir lieu. Cette conclusion entraînerait des contraintes sévères quant aux valeurs de concentrations limites acceptables dans le sol.

Pour les contaminants cancérigènes, les indices de risques calculés à partir de l'ingestion de sol seulement indiquent que les valeurs actuelles

Tableau 2.5

Indices de risques correspondant aux valeurs limites réglementaires (usage résidentiel – Québec) pour divers contaminants

Contaminant	$IR_{BF\ type}$	$IR_{BF\ maximal}$	IR_{cancer}
Arsenic	N.A.	N.A.	368
Cadmium	0,69	0,69	N.A.
Chrome	0,003	0,003	N.A.
Cuivre	3,32	3,73	N.A.
Mercure	0,03	0,03	N.A.
Nickel	1,14	1,16	N.A.
Plomb	N.A.	N.A.	35
Benzène	N.A.	N.A.	0,023
Benzo[a]pyrène	N.A.	N.A.	6,0
Biphényles polychlorés (BPC)	N.A.	N.A.	1,6
Pentachlorophénol	N.A.	N.A.	0,049
Tétrachloroéthylène	0,25	0,27	N.A.

$IR_{BF\ moyen}$: indice de risque correspondant à l'exposition bruit de fond type
$IR_{BF\ maximal}$: indice de risque correspondant à l'exposition bruit de fond maximale
IR_{cancer} : indice pour le risque de cancer
N.A. : non applicable

Note : pour les contaminants non cancérigènes, la valeur d'indice de risque indiquée correspond au groupe d'âge pour lequel la valeur estimée est la plus élevée.

de critères sont nettement supérieures à ce qui permettrait, selon les procédures d'estimation de risques en cours, de respecter l'objectif d'un risque « acceptable » de 1 cas sur un million (tableau 2.5). Dans le cas de l'arsenic, l'indice de risque atteint 368, ce qui implique que la partie du critère excédant la concentration bruit de fond (soit 24 mg / kg) est 368 fois trop élevée. En pratique, cela implique donc que le critère devrait être fixé à la valeur de la concentration bruit de fond.

Ces résultats démontrent clairement qu'il est inexact de croire que le respect des critères d'usage est automatiquement plus sécuritaire que la réhabilitation d'un terrain sur la base de l'analyse de risques. Dans la pratique, la plupart des terrains contaminés en milieu urbain présentent des dépassements de critères pour plusieurs contaminants. La probabilité qu'au moins un d'entre eux constitue une source de risque significative est donc relativement élevée. Il en résulte que le terrain peut ne pas répondre aux critères en cours en matière de risques. Au contraire, lors de l'application de la démarche basée sur les risques, les mesures de gestion de la contamination doivent être définies en fonction même de ces risques et surtout sur la base d'une démonstration claire en ce sens. Cette démarche assure donc davantage le caractère sécuritaire du plan de réhabilitation.

2.6. CONCLUSION

La gestion environnementale des terrains contaminés représente un élément important à considérer dans le redéveloppement potentiel des anciens terrains industriels en milieu urbain. Les incitations et les contraintes économiques liées à ces terrains sont évidemment des facteurs clés du redéveloppement, mais les risques pour la santé des futurs utilisateurs et pour l'environnement doivent également être pris en compte.

L'approche traditionnelle de gestion des terrains contaminés basée sur les critères de qualité des sols présente un avantage évident de simplicité d'utilisation. Elle comporte toutefois aussi des inconvénients significatifs en termes de coûts et parfois de faisabilité technique. Ces contraintes peuvent souvent remettre en question la rentabilité d'un projet de réhabilitation de terrain, ce qui constitue une entrave au redéveloppement des milieux urbains.

La gestion basée sur les risques offre une solution de remplacement intéressante à maints égards. Elle est souvent beaucoup plus économique, ce qui rend possible la réhabilitation de terrains qui, autrement, resteraient contaminés. Cette approche est toutefois souvent perçue comme moins sécuritaire du fait qu'une contamination résiduelle demeure en place. La présente communication a démontré que cette perception n'était pas fondée. Au contraire, l'application des valeurs limites (critères), généralement perçue comme sécuritaire, peut, dans certains cas, s'avérer moins sécuritaire qu'une gestion basée sur les risques.

RÉFÉRENCES BIBLIOGRAPHIQUES

CCME (1997). *Recommandations canadiennes pour la qualité des sols concernant le cuivre : Environnement et santé humaine*, Winnipeg, MN, Sous-comité sur les critères de qualité environnementale pour les lieux contaminés.

ENVIRONNEMENT CANADA ET SANTÉ CANADA (1993). *Tétrachloroéthylène. Liste des substances d'intérêt prioritaire, Rapport d'évaluation*, Ottawa, Loi canadienne sur la protection de l'environnement.

ENVIRONNEMENT CANADA ET SANTÉ CANADA (1994a). *Cadmium et ses composés. Liste des substances d'intérêt prioritaire, Rapport d'évaluation*, Ottawa, Loi canadienne sur la protection de l'environnement.

ENVIRONNEMENT CANADA ET SANTÉ CANADA (1994b). *Le chrome et ses composés. Liste des substances d'intérêt prioritaire, Rapport d'évaluation*, Ottawa, Loi canadienne sur la protection de l'environnement.

ENVIRONNEMENT CANADA ET SANTÉ CANADA (1994c). *Le nickel et ses composés. Liste des substances d'intérêt prioritaire, Rapport d'évaluation*, Ottawa, Loi canadienne sur la protection de l'environnement.

GOUVERNEMENT DU QUÉBEC (2003a). *Loi sur la qualité de l'environnement* (LRQ, chapitre Q-2), Éditeur officiel du Québec.

GOUVERNEMENT DU QUÉBEC (2003b). *Règlement sur la protection et la réhabilitation des terrains* (LRQ, c. Q-2, a.31, 31.69, 109.1 et 124.1), Éditeur officiel du Québec.

GUAY, C. et S. BARBEAU (2002). Contaminated Sites Redevelopment Using the Risk Assessment / Risk Management Approach : The Montreal Experience, dans G.I. SUNAHARA *et al.* (dir.), *Environmental Analysis of Contaminated Sites*, John Wiley and Sons.

HEALTH CANADA (1998). *Summary : Persistent Environmental Contaminants and the Great Lakes Basin Population : An Exposure Assessment*, Ottawa, Environmental Health Directorate.

INTEGRATED RISK INFORMATION SYSTEM–IRIS (2003). (base de données accessible à http ://www.epa.gov/iris/index.html).

MINISTÈRE DE LA SANTÉ ET DES SERVICES SOCIAUX– MSSS (2002). *Principes directeurs d'évaluation du risque toxicologique pour la santé humaine de nature environnementale*, coll. «Orientations et Interventions», n° 6, Québec.

MINISTÈRE DE L'ENVIRONNEMENT DU QUÉBEC–MENV (1998). *Politique de protection des sols et de réhabilitation des terrains contaminés*, Les Publications du Québec.

ONTARIO MINISTRY OF THE ENVIRONMENTAL ENERGY – OMEE (1993). *Ontario Typical Range of Chemical Parameters in Soil, Vegetation, Moss bags and Snow*. Phytoxicology section Standards Development Branch, Toronto.

TRÉPANIER, J.P. *et al.* (2002). «Risk-based remediation approach : Critical review and implications», dans G.I. SUNAHARA *et al.* (dir.), *Environmental Analysis of Contaminated Sites*, John Wiley and Sons.

3

Variations sur la forêt urbaine métropolitaine

Gilles Sénécal
Diane Saint-Laurent
INRS-Urbanisation, Culture et Société
Université du Québec à Trois-Rivières

Dans le débat actuel sur la forêt québécoise, alors qu'est mise en doute la gestion de la forêt soumise au contrôle de l'industrie forestière, il est tentant de prétendre que la forêt urbaine puisse représenter une solution de remplacement. Les villes n'offrent-elles pas un potentiel de conservation de fragments représentatifs des écosystèmes forestiers régionaux, d'espèces ligneuses négligées par l'industrie, voire de paysages verts susceptibles d'être valorisés ? L'avenir de la forêt serait-il urbain ? L'idée est audacieuse, mais doit être précisée et nuancée. On a tellement répété, en effet, que l'étalement urbain s'était traduit par un gaspillage de ressources et la disparition de milieux naturels, qu'il semble incongru de prétendre que les villes disposent d'un avantage comparatif particulièrement intéressant vis-à-vis des forêts soumises aux aléas de l'industrie. L'érosion de la forêt urbaine se réalise en effet dans le contexte d'un développement urbain continu qui, faut-il le rappeler, se manifeste de manière particulièrement aiguë au pourtour des sites réputés pour la qualité environnementale ou paysagère. Il est donc paradoxal de constater que des surfaces boisées, parfois des bois de grande qualité, subsistent à l'intérieur des aires métropolitaines, hors du contrôle de l'industrie forestière, tout en étant soumises aux pressions constantes du développement urbain. Ainsi, le milieu urbain valorise et menace à la fois des sites désormais recherchés pour la qualité du paysage et la proximité de la nature qu'ils procurent aux résidants.

De par les caractéristiques inhérentes aux milieux urbains, notamment lorsqu'il y a une certaine densité, la forêt urbaine doit faire l'objet d'interventions contrôlées allant dans le sens de la conservation et de l'accessibilité d'espaces naturels à la population des villes. Elle répond alors à des fonctions récréatives et esthétiques qui peuvent aussi justifier le maintien d'un certain capital nature. Des aires de conservation, des grands parcs nature, des réserves écologiques ainsi que des sites de divers statuts de conservation, suivant le cadre législatif et réglementaire existant, sont déjà présents dans l'espace métropolitain montréalais. Ils ne représentent pas cependant une proportion significative du territoire de l'agglomération. On sait que, dans la région métropolitaine de Montréal, les aires protégées ne représentent que 4,3 % du territoire alors que le gouvernement québécois entend protéger, dans un proche avenir, 8 % du territoire et ainsi atteindre le seuil proposé par l'Union internationale pour la conservation de la nature (UICN) (Gouvernement du Québec, 2001). Il faut convenir, en outre, que les aires protégées ne sont pas reliées entre elles et ne forment ainsi pas un système intégré et interconnecté. Pour parvenir à une telle situation, il faudrait compléter le réseau avec des espaces naturels et boisés actuellement non protégés, en considérant des sites de toutes natures comme les friches végétales et les bois de la frange agricole, qui peuvent receler une grande valeur écologique permettraient d'expérimenter des nouvelles approches en aménagement écologique et en urbanisme végétal. De tels ensembles boisés constituent, même s'ils ont subi diverses perturbations, des terres fertiles pour redynamiser la succession végétale (Lajeunesse *et al.*, 1986). Des fragments résiduels d'anciennes forêts, encastrés dans un milieu urbain dense, ne dépassant pas les 10 hectares par exemple, peuvent aussi constituer des ensembles significatifs, avec des espèces tels que l'érable à sucre (*Acer sacharrinum*), l'hêtre à grandes feuilles (*Fagus grandifolia*) ou le chêne rouge (*Quercus rubra*), pour les parties ayant subi peu ou pas de perturbations, alors que dans les parties plus affectées, on voit plutôt apparaître des espèces héliophyles comme le peuplier deltoïdes (*Populus deltoides*) et le vinaigrier (*Rhus typhina*) (Saint-Laurent et Gagnon, 1999).

Aborder la forêt urbaine consiste donc à s'interroger sur la valeur et la fonction des ensembles qui ne correspondent pas, par leur forme et leur composition, aux principes classiques de l'écologie végétale en matière de conservation. Ceux-ci tiennent pour l'essentiel à l'identification d'écosystèmes particuliers et à l'intérêt soulevé par le caractère exceptionnel de la flore ou de la faune recensés, ainsi qu'à la présence d'espèces rares (Burel et Baudry, 2000, p. 60). En fait, les spécialistes de l'écologie végétale ont eu tendance à recourir à des critères très sélectifs : la rareté, la biodiversité, la capacité de support suffisante en termes de superficie, la représentativité. Mais cette conception de la conservation commence à être tenue pour dépassée et elle est même qualifiée de statique (*ibid.,*). En écologie du paysage, par exemple, on s'intéresse de plus en plus à la dynamique végétale en condition de fragmentation (*ibid.*). On cherche ainsi à révéler la dynamique des espèces, en posant les questions de la distribution végétale et de la recolonisation des sites, pour déboucher sur une typologie des différents fragments de la mosaïque qui sont organisés en taches, en réseaux et en corridors (*id.*, p. 70-72). On comprend que la relation entre les taches se fasse suivant le principe de la connectivité (*id.*, p. 77) et que chacune des parcelles devienne un élément d'un système de relations. Les petits fragments hétérogènes sur le plan écologique font ainsi partie de la forêt urbaine métropolitaine, même qu'ils assurent en quelque sorte la fonction relationnelle ou la connectivité, tout en lui conférant sa masse critique. Cette mise en réseau de la forêt urbaine, à l'échelle de l'agglomération, incluant les milieux urbains denses comme la frange urbaine, lui confère son caractère métropolitain. Mais comme tous les fragments de cette forêt urbaine métropolitaine ne sont pas de valeur égale et que tous n'ont pas à être conservés, il importe de s'interroger sur leurs caractéristiques intrinsèques et d'envisager une typologie des différents fragments. La question ici est de savoir s'il est possible de considérer la forêt urbaine comme un tout signifiant, ayant une raison écologique et une fonction paysagère qui justifieraient une stratégie d'aménagement la prenant pour cible. Dans le cadre de cet article, nous allons justement tenter de comprendre les différentes fonctions de la forêt urbaine en ouvrant une discussion sur les raisons de la conservation de différents fragments qui la composent, et ce, en tentant de la concevoir comme un ensemble intégré, en fait comme un vaste écosystème, sachant que tous les fragments ne méritent pas une égale attention, mais que l'ensemble est plus que la somme de ses parties.

3.1. LES PARTICULARITÉS DE LA FORÊT URBAINE MÉTROPOLITAINE

Dans la région métropolitaine de Montréal, il subsiste une forêt urbaine formée à l'échelle de l'agglomération, reconnaissable du haut des airs et constituée de taches de toutes tailles encastrées dans les zones bâties. Il faut d'abord rappeler qu'elle occupe environ 13 % du territoire, et ce, en incluant toutes les surfaces possédant un couvert boisé significatif, soit les forêts naturelles, les bois reliques ou agroforestiers, les friches arborées, les plantations, les haies qui, toutes formes confondues, renvoient à une multiplicité d'usages (aires protégées, parcs, campus institutionnels, espaces libres, etc.) et d'affectations du sol (Sénécal *et al.*, 2001, p. 312). Une analyse des variations de l'indice de végétation démontre par ailleurs combien la forêt urbaine est un écosystème vulnérable, puisque près de 12 % des surfaces boisées ont disparu de 1986 à 2001 (*ibid.*), attestant ainsi que le processus de fragmentation se poursuit. Des études de cas ont aussi montré que ces surfaces boisées sont peu valorisées par les évaluations produites en écologie végétale, notamment parce qu'elles sont de petite taille et qu'elles comprennent un grand nombre d'espèces non indigènes (Saint-Laurent et Sénécal, 2001 ; Sénécal, 1997). Ces travaux montrent enfin qu'il existe une relation entre la demande sociale de conservation et la mise en place d'interventions ou de programmes prenant en compte la multitude de fragments de toutes tailles, de différents statuts et insérés dans des contextes urbains diversifiés (Sénécal et Saint-Laurent, 1999 ; Saint-Laurent, 2000 ; Saint-Laurent et Sénécal, 2001). Cette nouvelle demande sociale pour la nature en ville, qui s'est exprimée lors de la consultation *ad hoc* sur les aires protégées en milieu urbain et périurbain (Gouvernement du Québec, 2001), est une invitation à repenser la structure même de la forêt urbaine métropolitaine. La forêt urbaine est structurée autour des grands pôles ou taches que sont, toujours pour la région de Montréal, les parcs nature de la Ville de Montréal et les sommets protégés des Montérégiennes, auxquels s'ajoutent les bois agroforestiers. Des fragments plus petits forment des corridors discontinus entre les pôles et permettent ainsi de constituer une ceinture boisée à l'échelle métropolitaine (Boivin, Sénécal et Hamel, 2002). Ils produisent des paysages urbains souvent ordinaires, avec une composition végétale reflétant les multiples perturbations dont ils ont été l'objet. En raison de sa structure fragmentée, de la structure en pointillé des corridors et de sa composition hétérogène, la forêt urbaine métropolitaine apparaît toutefois comme un ensemble décousu dont le repérage n'est pas aisé (Bastin et Thomas, 1999 ; Lizet, Wolf et Célicia, 1999 ; Young et Jarvis, 2003).

La question posée du potentiel écologique de la forêt urbaine métropolitaine renvoie à la conception de la nature en ville. La démarche habituelle est de s'en tenir à une observation par site, ne cherchant à préserver que les sites exceptionnels pour leur composition végétale et leur ressemblance aux grands ensembles forestiers naturels. L'autre conception de la nature en ville, qui est défendue dans cet article, est de considérer l'ensemble des surfaces boisées comme un tout à l'échelle de l'agglomération. Ce faisant, on voudra situer de tels petits espaces verts non pas comme des espaces isolés au milieu des aires urbanisées, mais plutôt comme faisant partie d'un ensemble plus large, soit la trame verte de l'agglomération. Dans cette optique, on s'inspire de la théorie des îles urbaines, elle-même dérivée de la théorie des îles biogéographiques, pour comprendre la dynamique des échanges entre de tels petits espaces verts plus ou moins isolés. Certes, la métaphore de l'île apporte une représentation utile de la répartition du vert dans la ville.

Son application au fait urbain contribue ainsi à une meilleure compréhension de la nature en ville. Comme en milieu urbain, il est en effet exceptionnel de bénéficier de grandes surfaces ou de larges corridors boisés, il semble normal de vouloir mettre à profit un large éventail d'espaces disponibles pour l'aménagement d'espaces verts en ville. En particulier si ces espaces verts sont en phase de renaturalisation avancée et qu'ils peuvent contenir une réelle diversité floristique.

La question de la dimension des espaces verts a ainsi préoccupé les chercheurs : la diversité biologique varie-t-elle selon la taille des sites (Coles, 1981 ; Higgs et Usher, 1980) ? Si la préservation de grands ensembles naturels a indubitablement des effets positifs sur la conservation de la diversité biologique, il n'est pas certain que cette fonction de conservation des espèces soit assurée avec efficacité dans les espaces verts de petite taille. Certes, la diminution progressive du nombre d'espaces verts risque d'entraîner une diminution de la diversité biologique. On peut penser qu'il existe une plus grande richesse biologique dans un seul grand ensemble que dans une multitude de petits espaces de même superficie. Ces petits espaces isolés seraient donc susceptibles de s'appauvrir en espèces, tant animales que végétales et risqueraient de connaître conséquemment une diminution de leur diversité biologique. Ce phénomène s'explique notamment par la perte d'habitats, mais aussi par l'insularisation et la dégradation des conditions abiotiques dans les écosystèmes insularisés.

L'articulation de la forêt urbaine métropolitaine tient, comme il est mentionné précédemment, d'une conception générale qui regroupe des ensembles très différents les uns des autres, non seulement les grands bois, mais également les friches et les espaces libres. Dans la région de Montréal, plusieurs études se sont d'ailleurs intéressées à la composition floristique des friches et des espaces libres en milieu urbain ainsi qu'à la provenance des espèces observées (Bouthillier, 1987 ; Vincent et Lachaîne, 1986 ; Vincent et Bergeron, 1985 ; Sénécal et Saint-Laurent, 1993). Plusieurs des espèces recensées sont représentatives de la végétation synantrophique caractérisée par un nombre élevé d'espèces introduites qui proviennent essentiellement d'Europe ou d'Eurasie (Vincent et Lachaîne, 1986 ; Bouthillier, 1986). Ces ensembles végétaux présentent d'ailleurs une importante diversité floristique. Par exemple, les relevés de végétation effectués par Vincent et Lachaîne (1986) contiennent 226 espèces, localisées surtout dans des aires de stationnement ou en bordure des rues et des ruelles. Il faut dire que ces espèces sont en grande majorité des plantes fourragères ou ornementales. Bouthillier (1987) a identifié 129 espèces recensées dans des aires de stationnement du centre-ville. Les deux tiers sont des espèces introduites appartenant surtout aux familles des composées et des graminées. De même, Vincent et Bergeron (1985) ont recensé quelques 136 espèces dans une quarantaine de lots vacants. Ce sont des plantes communes des milieux ouverts. Enfin, l'étude de Sénécal et Saint-Laurent (1993) a porté sur la végétation de 12 petits terrains vacants répartis autour de l'axe de la rue Saint-Laurent dans le centre-ville. Ils ont recensé 75 taxons composés d'un fort contingent de plantes fourragères, dont plusieurs graminées et composées. Cette végétation rudérale se distingue ainsi par une flore riche regroupée en diverses familles botaniques (Lizet, Wolf et Célicia, 1999). Ces espèces semblent très bien s'adapter aux conditions particulières des milieux urbains. Elles colonisent des sites caractérisés par des conditions peu favorables à la croissance des plantes (sols minces et pauvres, présence de contaminants, coupes sévères, piétinement, compactage du sol, etc.). Malgré toutes ces perturbations, elles réussissent à coloniser spontanément les petits espaces urbains.

Les arbres qui poussent sur ces sites difficiles sont habituellement associés au stade de succession végétale secondaire dominé surtout par des espèces de pleine lumière (héliophyle) comme les bouleaux (*Betula spp.*) ou les peupliers (*Populus deltoides* principalement) et qui ne sont pas considérées comme des espèces forestières ou dites « nobles ». Ils se caractérisent également par une faible représentation floristique en espèces indigènes qui constituent habituellement les plantes des sous-bois des forêts matures, comme les trientales (*Triantalis spp.*), les aralies (*Aralia spp.*) ou les claytonies (*Claytonia spp.*). Ils comprennent plutôt nombre d'espèces rudérales ou « introduites », comme les silènes (*Silene spp.*) ou les matricaires (*Matricaria spp.*). Ces plantes rudérales ont néanmoins la particularité de s'adapter facilement aux conditions édaphiques ou écologiques difficiles mentionnées précédemment et qui limitent dans bien des cas l'installation des espèces indigènes plus fragiles ou plus exigeantes sur le plan écologique. Ce sont d'ailleurs les espèces rudérales qui dominent généralement les sites ouverts de milieux urbains (Sukopp et *al.*, 1995 ; Gilbert, 1989).

Par-delà les tentatives des pouvoirs publics d'identifier et de conserver des surfaces boisées jugées exceptionnelles, se pose l'épineux problème de cerner les raisons de conserver la plupart des sites jugés non exceptionnels, pour ne pas dire ordinaires et, par le fait même, de les soustraire, du moins en partie, du développement urbain. Les raisons « classiques » de la conservation de la forêt, normalement utilisées en écologie végétale, s'adaptent mal en effet à la réalité urbaine. On se rappelle, par exemple, que des ensembles boisés localisés au pourtour du parc du Mont-Royal, à Montréal, n'ont pu être préservés faute d'avoir obtenu une évaluation le justifiant de spécialistes de l'écologie végétale

(Sénécal, 1997). À plus forte raison, les fragments de petite taille, envahis d'espèces non indigènes et ne comportant souvent pas d'éléments patrimoniaux, ont été jugés sans intérêt et ainsi disqualifiés (Saint-Laurent et Sénécal, 2001). Par ailleurs, les bois agroforestiers n'ont pas toujours été associés à la problématique de conservation, notamment parce qu'ils appartiennent au milieu agricole et qu'ils sont intégrés à une fonction économique stratégique qui les exclut des usages et des raisons propres à la conservation (Sénécal et Gaudreau, 1994). Tant et si bien que le concept de forêt urbaine métropolitaine se rapporte davantage à un projet d'aménagement fédérateur d'espaces de plusieurs types et d'interventions à finalités diverses. Il est proposé non pas dans l'optique de maintenir l'intégrité de l'ensemble et ainsi de conserver chacune des parcelles, mais afin de déterminer des statuts et des outils d'aménagement par lesquels les fragments, les taches et les corridors seront mis en système et encadrés dans une structure organisationnelle de gestion. L'approche de la forêt urbaine métropolitaine possède tout de même une résonance scientifique, alors que sont soulevés les enjeux de la densité du couvert végétal, de la richesse floristique, de la connectivité et, de fait, de son possible bilan favorable eu égard au captage du carbone. Raisons et fonctions écologiques, paysagères, environnementales participent alors à rendre compte d'une conception sociale de la nature en ville et à renouveler les moyens d'interventions en aménagement écologique et en urbanisme végétal.

3.2. LES RAISONS ÉCOLOGIQUES

On assiste ainsi depuis une vingtaine d'années à l'essor d'un domaine d'étude qui porte son intérêt pour la végétation urbaine, propulsant la thématique de la conservation des aires boisées reliques dans le champ de disciplines comme l'écologie végétale et l'écologie du paysage, prenant pour cible principale les derniers vestiges de forêts naturelles disposés par fragments au milieu des espaces urbanisés (Gilbert, 1989 ; Beavis, 1993 ; Sukopp et al., 1995 ; Bastin et Thomas, 1999). Est aussi considérée la végétation spontanée qui colonise des espaces libres en ville, dont certains prennent la forme de petits espaces boisés en devenir (Sukopp et Hejny, 1990). Deux aspects majeurs caractérisent la végétation urbaine, soit la superficie réduite des espaces verts, que ce soient des parcs, des lots vacants ou des jardins et leur relatif isolement entre eux. C'est pourquoi certains auteurs ont voulu s'inspirer de la théorie des îles biogéographiques, en comparant ces petits espaces libres à des « îles urbaines ». « [...] Urban open spaces are similar to ocean islands, in that they are isolated from other vegetation covered areas » (Sukopp et Werner, 1982,

p. 17). Ces îles de végétation urbaine, séparées les unes des autres, finissent par reproduire des associations végétales ou des groupements floristiques, formant ainsi une sorte de « contingence floristique » reproductible d'un espace à l'autre. Il y a néanmoins des limites à la portée générale de cette théorie. La théorie des îles biogéographiques était envisagée, au début des années 1980, avec prudence (Higgs et Usher, 1980 ; Simberloff et Abele,1982), notamment dans la perspective de son application dans le cadre de stratégies de conservation et d'aménagement d'espaces naturels ou de refuges. Simberloff et Abele (1982) mentionnent que son applicabilité dans le cadre des pratiques de conservation n'est peut-être pas démontrée « [...] that refuges should always consist of the largest possible single area can be incorrect under a variety of biologically feasible conditions » (*id.*, p. 285). Cette théorie permettrait toutefois de mieux saisir la dynamique écologique des petits espaces libres dispersés à l'échelle de l'agglomération. De tels espaces isolés sont essentiellement colonisés par des espèces identifiées comme des *wind-borned species*, dont les graines peuvent être transportés sur de longues distances par le vent (Sukopp et Werner, 1982). Comme dans la théorie des îles biogéographiques (MacArthur et Wilson, 1967), les îles urbaines forment des archipels de verdure. Chacun des sites profite, même en étant éloigné des autres, de l'apport des graines transportées par le vent ou par les oiseaux granivores, ce qui a pour effet d'accroître la diversité floristique. C'est pourquoi le mode de dispersion des espèces est au centre des préoccupations de recherche et que la création de réseaux verts et de corridors verts s'avère un enjeu important (Burel et Baudry, 2000 ; Clergeau et Désiré, 1999 ; Nose, 1993). Il faut spécifier toutefois que des auteurs, soulevant un certain nombre de problèmes relevant de la théorie des îles biogéographiques, préfèrent les concepts de tache et de corridor (Burel et Beaudry, 2000). Ceux-ci permettraient de mieux saisir les processus clés de la dynamique biologique et de la structure des populations.

Les emprises des chemins de fer et de transport électrique ou les autres couloirs qui traversent la ville peuvent jouer un rôle important dans la dissémination et l'immigration des espèces (Sukopp et Werner, 1982). Parlant des corridors, Saunders et ses collaborateurs (1991, p. 23) mentionnent « [...] we believed to provide benefits such as enhanced biotic movement ». En fait, les corridors forment une sorte de lieu de transmission (de connectivité) entre les espaces proches ou adjacents. Et les corridors favoriseraient une augmentation de la richesse des espèces en raison du transport et de l'immigration (Nose, 1993). Ils constituent également, en raison des connexions entre les habitats adjacents, des aires d'échanges génétiques entre les espèces et assurent le maintien des processus naturels des populations (Burel et Baudry, 2000 ; Clergeau et Désiré, 1999 ; Nose, 1993, Smith *et al.*, 1993).

Par ailleurs, les corridors verts peuvent être le site de tentatives de restauration des habitats naturels et des aires favorables à la mise en place des processus écologiques, qui favoriseraient l'apparition de nouvelles espèces animales et végétales, tout en assurant leur maintien à long terme (Smith *et al.*, 1993). Enfin, les corridors verts en milieu urbain servent non seulement de lieu de transport des espèces mais aussi à la recolonisation des espaces perturbés qui sont fréquents en ville (*id.*). En marge du concept de corridor vert, celui de métapopulation est utile pour comprendre la relation entre la végétation et l'environnement urbain et saisir les effets de la fragmentation sur la structure des populations ainsi que sur l'évolution de la succession végétale (Hanski et Gilpin, 1997 ; Burel et Baudry, 2000).

Cette végétation des « îles urbaines » possède des caractéristiques et renvoie à des processus qui lui sont propres (Gilbert, 1989 ; Sukopp et Hejny, 1990 ; Sukopp *et al.*, 1995). Ce sont des « biocénoses urbaines » qui fonctionnent comme des écosystèmes naturels mais subissant plus largement les perturbations de la ville (pollution, contamination, vandalisme, etc.). Ces perturbations favorisent entre autres choses l'installation de plantes rudérales ou « synanthropiques » qui semblent mieux s'adapter aux conditions difficiles des milieux urbains. Les conditions de lumière qu'entraînent les nombreuses ouvertures du couvert végétal favorisent quant à elles la dominance d'espèces héliophyles, comme les bouleaux ou les peupliers. Ces espaces boisés se caractérisent aussi par une certaine diversité floristique, une régénération et une dynamique successionnelle induites en quelque sorte par les perturbations multiples de ces milieux. En réalité, il faut considérer ces bois urbains comme des écosystèmes instables ou fragiles, pour lesquels on doit reconnaître une entité écologique spécifique. On ne peut pas, en effet, leur attribuer la même valeur écologique que les grands ensembles forestiers ou les forêts matures. C'est pourquoi il serait inopportun de les analyser sous le même angle que ces derniers en leur appliquant les mêmes méthodes et les mêmes approches, dont les relevés phytosociologiques qui s'adaptent mal à la végétation urbaine. Il faut par ailleurs les voir comme des espaces qui présentent un potentiel écologique. Ils participent par exemple à la diversité floristique dans la ville et constituent des habitats propices à la faune urbaine. Ils peuvent en effet servir de refuges pour plusieurs espèces d'oiseaux et de petits mammifères. Ils constituent également des sites privilégiés pour favoriser les échanges biologiques et génétiques aidant à maintenir une certaine diversité biologique.

Si l'application de la théorie des îles biogéographiques au milieu urbain pose un certain nombre de problèmes, tant pratiques que méthodologiques, évoqués précédemment (Sukopp et Hejny, 1990), ainsi que des problèmes d'ordre épistémologique, notamment celui d'établir les justifications scientifiques de la conservation (Shrader-Frechette, 1990). Elle permet néanmoins une avancée dans la conception de la forêt urbaine, puisque cela signifie le dépassement de la conception classique de la conservation qui ne s'applique qu'à une nature restée intacte et pure. De même, elle vient élargir les approches en aménagement et en urbanisme végétal qui se limitent habituellement aux espaces publics comme les parcs aménagés et les jardins. La théorie des îles urbaines s'applique aux sites marginaux, perturbés et, disons-le, tout simplement urbains qu'occupe la nature dans la ville. Elle rejoint ainsi toutes les approches de la nature en ville qui considèrent les surfaces boisées non pas comme des cas isolés, mais comme faisant partie d'un vaste ensemble intégré, interconnecté et sans cesse en évolution.

3.3. LES FONCTIONS PAYSAGÈRES

Les raisons écologiques de la forêt urbaine métropolitaine trouvent finalement leur aboutissement dans un ensemble d'interventions ou d'actions menées et justifiées au nom d'objectifs paysagers. Le concept de paysage alimente ainsi le corps des arguments en faveur de l'action publique en matière d'aménagement et de conservation (Candau et Le Floch, 2002). Ces raisons sont mentionnées pour justifier la présence de la nature dans la ville, alors que la perte de la nature sauvage est sans cesse invoquée et que son remplacement par une nature « renaturée » est parfois déploré mais souvent jugé nécessaire (Younès, 1999). Ainsi, on vient à proposer une approche sociale de la nature dans une perspective que certains qualifient d'écocritique, qui emprunte son vocabulaire à la sociologie urbaine et à l'aménagement (Bennett et Teague, 1999). La nature y apparaît alors comme un fait social construit à travers des interventions, qu'elles soient aménagistes et urbanistiques, ou de type revendicatif, notamment autour des controverses environnementales, ou encore de type programmatique par l'entremise des programmes publics de gestion de la nature. Elle serait révélée à travers des paysages culturels, parfois des hauts lieux, souvent des lieux ordinaires, toujours diversifiés et organisés comme une mosaïque d'espaces diversifiés, vécus et appropriés (Groth et Bressi, 1997). Ces paysages restent néanmoins empreints des composantes du milieu biophysique, disposées en interface avec les formes retravaillées, reflets des perceptions individuelles ainsi que des conceptions globales qu'engendre l'idée de nature (Berque, 1995). Ils prennent les couleurs de paysages vernaculaires, qu'ils soient écologiques (Hough, 1989), architecturaux ou urbanistiques (Jackson, 1997).

Une certaine conception paysagère de la forêt urbaine métropolitaine prend ainsi corps et se prolonge dans les interventions en aménagement et en urbanisme. Elle s'appuie sur le sentiment d'urgence attisé par les pertes de surfaces boisées observées au fil des ans. Ce sentiment est aussi amplifié par le fait que la forêt urbaine n'a fait l'objet, du moins en ce qui concerne le cas montréalais, d'aucune protection à l'échelle métropolitaine. À l'échelle du temps, la forêt urbaine témoigne d'une dynamique spatiale, faite de grandes pertes et de petits gains, car soumise aux pressions d'urbanisation d'une part, mais aussi à l'action de la reprise végétale sur les sites libérés, d'autre part. Son évolution est d'autant plus marquée que le premier objectif des administrations municipales n'est pas de protéger ces petits espaces verts compris comme des sites marginaux. Il existe peu d'instruments d'urbanisme au Québec pour agir sur de telles surfaces boisées qui ne sont pas destinées à devenir des parcs ni des aires naturelles. Quant aux bois agroforestiers, ils jouissent d'une protection indirecte alors qu'ils sont compris dans la zone agricole permanente. Ils sont à l'abri du développement urbain, à moins de dérogation ou de révision des limites de la zone, mais soumis aux aléas de leur propriétaire. Certains de ces bois urbains non protégés ou agroforestiers agissent pourtant comme des grandes îles de l'archipel de verdure.

La mixité fonctionnelle des espaces visés et le partage des responsabilités entre des propriétaires différents apparaissent, entre autres choses, parmi les défis que les administrations publiques ne sont pas parvenues à surmonter. Le défi est d'autant plus grand que la demande sociale, révélée notamment par le nombre de controverses affectant la forêt urbaine métropolitaine, appelle à des solutions innovatrices et adaptées au contexte particulier de chacun des sites.

Alors que la friche et le petit bois deviennent des enjeux urbains environnementaux, les finalités culturelles et paysagères remplacent les raisons écologiques. Les notions de l'écologie ainsi que les normes et les critères qui s'y rattachent ne semblent plus offrir la même pertinence et la même consistance. Les représentations de la nature qui sont dévoilées avec le concept de forêt urbaine métropolitaine s'apparentent alors à un récit postmoderne : l'idée de nature devient incertaine et les valeurs qui permettent de la défendre semblent tout à coup bien relatives (Scriven, 1997). On s'éloigne alors de la conception normée de la nature sur laquelle se fondaient les démarches de conservation. Faisant en sorte qu'il est difficile d'établir des critères « objectifs » sur lesquels s'appuyer pour conserver une surface boisée en milieu urbain et que les réponses formulées pour ce faire ne sont jamais définitives. Dès lors, deux approches rivalisent dans l'évaluation et la formulation des mesures touchant la forêt urbaine, cela dit en excluant la méthode de la *tabula rasa* prélude à la minéralisation totale du site. La première envisage de conserver les sites les plus représentatifs, afin de les soustraire du développement urbain et, le cas échéant, de les rendre accessibles à un large public d'usagers. Elle considère généralement les aires protégées comme des lieux clos, coupés de la réalité urbaine qui l'entoure. La seconde cherche plutôt à saisir l'interface ville–nature et, par conséquent, à comprendre les dynamiques et les processus écologiques qui en découlent. Les deux approches procèdent d'une manière différente : l'une s'appuie essentiellement sur une conception monumentale de la végétation pour rechercher la conservation intégrale d'ensembles végétaux homogènes et ayant atteint un niveau de maturité propre aux stades avancés de la succession végétale ; l'autre justifie aussi la conservation du bois urbain par des raisons écologiques, notamment la connectivité et le maintien des processus naturels, mais se montre plus ouverte à comprendre les raisons sociales et culturelles de la présence de la nature en ville. Cette dernière approche se prolonge d'ailleurs dans les justifications paysagères. Entre les deux approches, un éventail de solutions mitoyennes demeure possible.

Sur le plan pratique, des modèles d'aménagement peuvent être envisagés afin d'intervenir à l'échelle de la forêt urbaine métropolitaine. Des exemples de protection de grands ensembles paysagers, reprenant le concept de parc aérien discontinu, multiusages et de tenures diversifiées, ont même été proposés dans le cadre de la consultation entreprise par le gouvernement du Québec sur les aires protégées en milieu urbain et périurbain : les parcs naturels régionaux en France et la gestion du littoral californien font partie de ces solutions qui réunissent les éléments nécessaires à constituer un système d'espaces libres et naturels, dans lequel les sites naturels agissent comme pôles structurants d'un ensemble géré de manière décentralisée, « en vertu de solutions négociées et innovatrices » (Gouvernement du Québec, 2001, p. 35-37).

3.4. AUTRE RAISON, AUTRE FONCTION : LE CAPTAGE DE CARBONE

La conservation de la forêt urbaine métropolitaine peut aussi se justifier dans le contexte de la problématique des changements climatiques, par la fonction de captage de carbone. Le geste de conserver prend ainsi une nouvelle signification à la jonction des raisons écologiques et économiques. Il s'inscrit dans le droit fil du protocole de Kyoto qui, signé en 1997, institue les crédits d'émission de gaz à effet de serre (GES), en échange de la conservation et de l'accroissement de la superficie des forêts. Celles-ci sont d'ailleurs reconnues comme des puits de carbone. La discussion sur l'application de l'accord au Canada a ainsi porté sur la prise en compte des puits de carbone que représentent les forêts dans le décompte des émissions. Dans ce contexte, la forêt urbaine peut-elle, en tenant compte de ses particularités quant aux modes de tenure et de gestion, représenter un potentiel à cet égard ?

On reconnaît dans la littérature scientifique que les forêts participent au cycle mondial du carbone. Les forêts agiraient, en effet, comme des puits du carbone avant d'atteindre une certaine maturité et de devenir des sources de carbone. Les coupes, les feux et le boisement affectent aussi le bilan. La séquestration de carbone fait en sorte que les forêts contribuent globalement à en réduire l'ampleur ainsi que les effets appréhendés du réchauffement climatique (Thompson, 1989 ; Nillson et Schopfhauser, 1995 ; Cannel et Milne, 1999). Le rôle des forêts dans le cycle mondial du carbone, notamment sur des temps longs, est déterminé en fonction de l'identification des grands bassins de carbone et de leur transformation dans le temps (Dewar, 1991 ; IPCC, 2000). Soit dit en passant, des méthodologies permettent de calculer le captage du carbone par la forêt actuelle, même sur une base annuelle (Pussinen *et al.*, 1997 ; Ohashim *et al.*, 1999 ; MacLaren, 1999 ; Valentini *et al.*, 2000).

La modélisation du cycle du carbone des forêts (Schimel, 1995) prend en compte les différentes sources et les absorptions ainsi que les transformations subies par les différents milieux. De même, le mode de gestion influe sur le bilan : une forêt aménagée a un meilleur rendement qu'une forêt mature ayant une épaisse litière. On sait aussi que la structure et l'âge de la forêt, les espèces végétales, la litière et la nature des sols participent à déterminer s'il s'agit d'une source ou d'un puits de carbone. D'ailleurs, les dernières études du groupe CarboEurope démontrent qu'ont été négligés les litières et les sols forestiers qui contiennent des quantités appréciables de carbone, de l'ordre de trois à quatre fois plus que les arbres (Valentini *et al.*, 2000). Il existe aussi des variations selon les différents types de forêt et en fonction des zones climatiques. Il faut également tenir compte du fait que toutes les espèces ne possèdent pas la même capacité d'absorption du carbone (Ohashim *et al.*, 1999 ; Schulze *et al.*, 1999). Des estimations du bilan de carbone de la forêt sont ainsi faites malgré le taux d'erreur relativement élevé des méthodes de calcul (Schimel, 1995 ; Cannel *et al.*, 1999 ; Schulze *et al.*, 1999). Des méthodologies de monitorage sont aussi connues (MacDicken, 1997).

Un système de comptabilisation du carbone a été établi de façon à vérifier l'absorption du carbone par types de terres, dont les forêts, les terres agricoles, les prairies, etc., en application avec l'article 3.3. du Protocole de Kyoto, sous la conduite de l'Intergovernmental Panel on

Climate Change (IPCC, 2000). Les stocks sont comparés aux flux nets de carbone libéré par les forêts, c'est-à-dire que l'on cherche à mesurer la différence entre les sources et les puits. On s'interroge sur les quantités nécessaires pour équilibrer le bilan et on parle alors de « puits manquants » (Schimel, 1995). Une gestion durable des forêts a aussi pour effet d'améliorer la capacité des forêts à agir comme des puits de carbone, notamment par la conservation, la remise en état et la protection vis-à-vis des incendies. Des pays ont ainsi élaboré leur propre approche de calcul, comme l'Allemagne (WBCU, 1998), les États-Unis (NACP, 2001), ou encore la Grande-Bretagne qui a mené certainement l'expérience de monitorage la plus avancée en ce domaine (Salway, 1999). Celui-ci débuta avec un inventaire de l'utilisation du sol et des transformations de la forêt, conduit en accord avec les paramètres de l'IPCC afin d'estimer les réservoirs de carbone en tenant compte de la structure des forêts, des espèces, de leur stratification, des types de litières et de sols, de leur âge et de leur mode de gestion (Cannel et al., 1999 ; Milne et al., 2000). L'état de la forêt ainsi établi, il serait alors possible de prévoir et de déterminer les options de rééquilibrage du bilan de carbone et de déployer les stratégies d'aménagement forestier en conséquence (Schlamadinger et al., 2001). Le Canada a amorcé une réflexion en ce sens (Gouvernement du Canada, 1998), suivie de celle du plan d'action québécois sur le changement climatique qui prévoit accroître le captage de carbone par la forêt (Gouvernement du Québec, 2000).

Par contre, le rôle de la forêt urbaine dans le cycle du carbone est mal connu. Peu d'expériences sont menées et rares sont les études qui traitent spécifiquement de la contribution de la forêt urbaine en la matière. Parmi les expériences connues, le Baltimore Ecosystem Study entend mesurer les échanges, les concentrations et les flux du CO_2 et de différents polluants et ainsi d'évaluer son rendement. Les travaux du Chicago Urban Forest Ecosystem sont davantage connus (McPherson, 1994 ; Nowak, 1998) et ils visent à déterminer la structure des ensembles végétaux (espèces, taille, localisation, etc.) en fonction de l'utilisation du sol, permettant par la suite de mesurer avec plus de précision le rapport puits – source de carbone et même de fixer des crédits de carbone dans une perspective d'échanges (Chicago Climate Exchange, 2002). Plus précisément, on arrive à estimer le stockage de carbone par la forêt de Chicago à 5,6 millions de tonnes (McPherson, 1994). D'autres tentatives ont été faites afin de mesurer le captage de forêts urbaines. Celle de Milwaukee, au Wisconsin, absorberait 1 512,3 tonnes de carbone par année ; celle d'Austin, au Texas, 5 196,3 tonnes alors que son potentiel pourrait atteindre 9 071,8 tonnes si l'on améliorait le couvert des surfaces déjà boisées (chiffres cités par Hudson, 2000). Il faut dire, par ailleurs, que les caractéristiques de la forêt urbaine font en sorte qu'elle est peut-être plus efficace à capter le carbone, toutes proportions gardées, que les forêts naturelles ou issues du reboisement forestier, puisqu'elles seraient aménagées, mieux entretenues et les litières y seraient plus minces. Comme on est à même de le constater, les expériences conduites dans les villes américaines permettent d'illustrer les processus écologiques de la forêt urbaine ainsi que son organisation à l'échelle de l'agglomération. On rejoint l'approche des îles urbaines formant une vaste trame verte, disposées en taches et en corridors, qui participent d'un tout et contribuent au captage du carbone.

La stratégie de captage des GES de la forêt urbaine s'appuie sur des raisons économiques et environnementales ainsi qu'indirectement sur des raisons écologiques car offrant une justification supplémentaire à sa conservation. Cette remarque s'applique de la même façon à l'ensemble des surfaces boisées, de toutes natures et de formes diverses, qui offrent alors un potentiel nouveau.

3.5. CONCLUSION

L'idée de forêt urbaine métropolitaine avait émergé dès les années 1960 dans la région de Montréal, essentiellement autour du projet d'établir des équipements récréatifs de plein air (Sénécal *et al.*, 2001). Il est plutôt récent de se référer à la forêt urbaine comme à un écosystème et d'invoquer des motifs écologiques pour en défendre la conservation. Les approches environnementales et paysagères, auxquelles cet article fait référence, participent à redéfinir la conception même de la nature en ville ainsi qu'à renouveler les moyens d'interventions en aménagement écologique et en urbanisme végétal. D'ailleurs, la discussion sur le potentiel de la forêt urbaine dans le bilan du carbone apporte un nouvel argument en faveur d'interventions qui la prennent pour cible. Il n'empêche que de grands projets urbains à résonance environnementale, qui ont jonché l'histoire de la métropole depuis plus de 30 ans, ont tous connu des échecs plus ou moins retentissants. Il suffit de rappeler l'échec du projet Archipel ainsi que les tentatives inachevées d'implantation du réseau vert de même que du Grand Montréal Bleu (Sénécal, 1998 ; Saint-Laurent, 2002). L'exemple récent de la stratégie québécoise sur les aires protégées, avancée par le gouvernement du Québec en 2001, est éclairant à cet égard. Celle-ci avait misé sur la spécificité du milieu urbain et péri-urbain. Le rapport du groupe *ad hoc* de travail, regroupant des spécialistes et des intervenants du milieu, a introduit l'approche des systèmes d'espaces verts ainsi que des réseaux, en se référant à des considérations paysagères (Gouvernement du Québec, 2001). Une telle suggestion s'est heurtée à beaucoup de réticences. Certes, des initiatives furent prises. Le gouvernement du Québec a adopté une loi sur la conservation du patrimoine naturel dans laquelle il crée le statut de paysage humanisé. La Ville de Montréal a préparé une politique sur les grands terrains boisés de valeur écologique et s'apprête à créer huit éco-territoires sur son territoire (Ville de Montréal, 2004). Aucun organisme public n'a accepté, cependant, de reprendre à son compte l'idée d'une stratégie métropolitaine de conservation et d'adopter l'approche réseau. Après avoir envisagé de créer un fonds vert dédié à l'acquisition de sites (Cardinal, 2002), puis déposé un règlement de contrôle intérimaire sur une trentaine de bois jugés exceptionnels, pour le retirer par la suite, le gouvernement du Québec n'a toujours pas fait connaître ses orientations en ce domaine. Il faut donc conclure que l'idée d'une forêt urbaine métropolitaine est toujours en plan.

Remerciements

Gilles Sénécal est redevable au Conseil de recherche en sciences humaines du Canada pour son soutien financier. Diane Saint-Laurent souligne la contribution du Fonds institutionnel de recherche de l'UQTR.

RÉFÉRENCES BIBLIOGRAPHIQUES

BASTIN, L. et C.D. THOMAS (1999). « The distribution of plant species in urban vegetation fragment », *Landscape Ecology*, vol. 14, p. 493-507.

BEAVIS, M.A. (1993). *Sustainable Uses of Urban Open Space : A Guide to the literature*, Winnipeg, Institute of Urban Studies, Issues in Urban Sustainability, n° 2, p. 1-36.

BENNETT, M. et D.W. TEAGUE (1999). *The Nature of Cities, Ecocriticism and Urban Environments*, Tucson, University of Arizona Press.

BERQUE, A. (1995). *Cinq propositions pour une théorie du paysage*, Paris, Champ Vallon.

BOIVIN, J., G. SÉNÉCAL et P.J. HAMEL (2002). *Évolution des surfaces boisées et des espaces verts dans la région métropolitaine de Montréal*, Rapport, Montréal, Ministère des Affaires municipales et de la Métropole.

BOUTHILLIER, A. (1987). *Étude de la flore des aires de stationnement du centre-ville est de Montréal*. Mémoire de maîtrise, Montréal, Université du Québec à Montréal.

BUREL, F. et J. BAUDRY (2000). *Écologie du paysage, Concepts, méthodes et applications*, Paris, Éditions Ted et Doc.

CANDAU, J. et S. LE FLOCH (2002). «Le paysage comme catégorie d'action publique?», *Natures, Sciences Sociétés*, vol. 10, n° 2, p. 59-65.

CANNEL, M.G.R., R. MILNE *et al.* (1999). «National inventories of terrestrial carbon sources and sinks, the UK experience», *Climatic Change*, vol. 42, p. 505-530.

CARDINAL, F. (2002). «Le Montréal bleu se concrétise», *Le Devoir*, 31 octobre, p. A8.

CHICAGO CLIMATE EXCHANGE (2002). (http ://www.chicagoclimatex.com/).

CLERGEAU, P. et G. DÉSIRÉ (1999). «Biodiversité, paysage et aménagement. Du corridor à la zone de connexion biologique», *Mappemonde*, vol. 55, n° 3, p. 19-23.

COLES, B.J. (1981). «Colonizing abilities, island size, and the number of species on archipelagos», *American Naturalist*, n° 11, p. 629-638.

DEWAR, R.C. (1991). «Analytical model of carbon storage in the trees, soils, and wood products of managed forests», *Tree Physiology*, vol. 8, p. 239-258.

GERMAN ADVISORY COUNCIL ON GLOBAL CHANGE – WBGU (1998). *The Accounting of Biological Sinks and Sources Under the Kyoto Protocol – A Step Forwards or Backwards for Global Environmental Protection?*, Bremerhaven, Allemagne.

GILBERT, O.L. (1989). *The Ecology of Urban Habitats*, Londres, Chapman & Hall.

GOUVERNEMENT DU CANADA (1998). *Table de concertation nationale sur les puits de carbone*, Document de base, Ottawa.

GOUVERNEMENT DU QUÉBEC (2000). *Plan d'action québécois 2000-2002 sur les changements climatiques*, Québec, Ministère de l'Environnement.

GOUVERNEMENT DU QUÉBEC (2001). *Stratégie québécoise sur les aires protégées, Groupe de travail ad hoc sur le milieu urbain et périurbain*, Rapport final, Montréal, Environnement Québec et Communauté urbaine de Montréal.

GROTH, P. et T.W. BRESSI (1997). *Understanding Ordinary Landscapes*, New Haven et Londres, Yale University Press.

HANSKI, I.A. et M.E. GILPIN (1997). *Metapopulation Biology : Ecology, Genetics and Evolution*, San Diego, Academic Press.

HARRIS, L.D. (1985). «Conservation corridors. A highway system for wildlife», ENFO Florida Conservation Foundation Academic Press, *Winter Park*, vol. 11, p. 1-10.

HIGGS, A.J. et M.B. USHER (1980). «Should nature reserves be large or small?», *Nature*, vol. 285, p. 568-569.

HOUGH, M. (1989). *City Form and Natural Process, Towards a New Urban Vernacular*, Londres et New York, Routledge.

HUDSON, M. (2000). *Les besoins d'une nature urbaine*, Rapport de recherche, Evergreen (http ://www.evergreen.ca./fr/cg/toolshed/gw2000-5.html#further).

IPCC (2000). «Land use, land-use change, and forestry», dans R.T. Watson, I.R. Noble, B. Bolin, N.H. Ravindranath, D.J. Verardo et D.J. Dokken (dir.), *A Special Report of the Intergovernmental Panel on Climate Change*, Cambridge University Press.

JACKSON, J.B. (1997). « The future of the Vernacular », dans P. Groth et T.W. Bressi, *Understanding Ordinary Landscapes*, New Haven et Londres, Yale University Press, p. 145-154.

LAJEUNESSE, D.G. *et al.* (1986). « Development and Application of an Ecosystem », *Environmental Management*, vol. 19, n° 4, p. 481-491.

LIZET, B., A.E. WOLF et J. CÉLICIA (dir.) (1999). *Sauvages dans la ville. De l'inventaire naturaliste à l'écologie urbaine*, Paris, Muséum d'Histoire naturelle.

MACARTHUR, R.H. et E.O. WILSON (1967). *The Theory of Island Biogeography*, Princeton, Princeton University Press.

MACDICKEN, K. (1997). *A Guide to Monitoring Carbon Storage in Forestry and Agroforestry Projects*, Arlington, VA, Winrock International.

MACLAREN, J.P. (1999). *Carbon Accounting Methodologies – A Comparison of Real-time, Tonne-years, and One-off Stock Change Approaches*. Manuscrit non publié, Christchurch, Nouvelle-Zélande.

MCPHERSON, G. (1994). « Energy saving potential of trees of Chicago », *General Technical Report NE-186*, Radnor, PA, U.S. Dept. of Agriculture Forest Service, North-eastern Forest Experiment Station, p. 95-114.

MILNE, R., K. HARGREAVES et M. MURRAY (2000). « Carbon stocks and sinks in forestry for the U. K. greenhouse gas inventory », *Biothecnol. Agron. Soc. Environ.*, vol. 4, p. 290-293.

NILLSON, S. et W. SCHOPFHAUSER (1995). « The carbon-sequestration potential of a global afforestation program », *Climatic Change*, vol. 30, p. 267–293.

NORTH AMERICAN CARBON PROGRAM PLAN – NACP (2001). A Report of the Committee of the U.S. Carbon Cycle Science Steering Group.

NOSE, R.F. (1993). *Wildlife Corridors. Ecology Greenways*, Minneapolis, University of Minnesota Press, p. 43-68.

NOWAK, D.J. (1998). *Urban Forest Structure : The States of Chicago's Urban Forest* (http ://www.na.fs.fed.us/spfo/eab/pubs/chicago_ash/chic_ash.htm).

OHASHIM, M., K. GYIKUSEN et A. SAITO (1999). « Measurement of carbon dioxide evolution from Japanese cedar (*Cryptomeria japonica* D. Don) in forest floor using an open-flow chamber method », *Forest Ecology Management*, vol. 123, p. 105-115.

PUSSINEN, A. *et al.* (1997). « Contribution of the forest sector in carbon sequestration in Finland », *Biomass and Bioenergy*, vol. 13, p. 377-387.

SAINT-LAURENT, D. (2000). « Approches biogéographiques de la nature en ville – Parcs, espaces verts et friches », *Cahiers de Géographie du Québec*, vol. 44, p. 121-166.

SAINT-LAURENT, D. (2002). « Le Grand Montréal Bleu. Projets urbains et recomposition des paysages riverains », dans G. SÉNÉCAL, J. MALÉZIEUX et C. MANZAGOL (dir.), *Grands projets urbains et requalification*, Sainte-Foy et Paris, Presses de l'Université du Québec et Publications de la Sorbonne, p. 187-199.

SAINT-LAURENT, D. et D. GAGNON (1999). *Étude environnementale et écologique du Boisé des Pères, Secteur Est de l'île de Montréal*, Montréal, Québec, Rapport remis au ministère de l'Environnement du Québec.

SAINT-LAURENT, D. et G. SÉNÉCAL (2001). « Una natura in tensione : i boschi urbani di Montréal (Canada) », dans P. FAGGI et A. TURCO (dir.), *Conflitti Ambientali : Genesi, Sviluppo, Gestione*, Unicopli, Milano, p. 269-286.

SALWAY, A.G. (1999). *UK Greenhouse gas Inventory*, Rapport, AEA Technology Center.

SAUNDERS, D.A., R.J. HOBBS et C.R. MARGULES (1991). « Biological consequences of ecosystem fragmentation : A review », *Conservation Biology*, vol. 5, p. 18-32.

SCHIMEL, D.S. (1995). « Terrestrial ecosystems and the carbon cycle », *Global Change Biology*, vol. 1, p. 77-91.

SCHLAMADINGER, B. *et al.* (2001). *Carbon Sinks and Biomass Energy Production : A Study of Linkages, Options and Implications*, Climate Strategies, Londres, International Network for Climate Policy Analysis.

SCHULZE, E.-D. *et al.* (1999). « Productivity of forests in the Euro Siberian boreal region and their potential to act as a carbon sink : A synthesis of existing knowledge and original data », *Global Change Biology*, vol. 5, p. 703–722.

SCRIVEN, T. (1997). *Wrongness, Wisdom and Wilderness*, Albany, State University of New York Press.

SÉNÉCAL, G. (1997). « Les marches de la montagne ; l'appropriation sociale de la nature et le bois de Brébeuf à Montréal », *Annales de la recherche urbaine*, n° 74, p. 75-84.

SÉNÉCAL, G. (1998). « Montréal vert, Montréal bleu », dans C. MANZAGOL et C. BRYANT (dir.), *Montréal 2001, Visages et défis d'une métropole*, Montréal, Presses de l'Université de Montréal, p. 283-294.

SÉNÉCAL, G. et D. SAINT-LAURENT (1993). *Relevés de végétation de douze espaces libres de la Ville de Montréal*, Rapport interne, Montréal, INRS-Urbanisation.

SÉNÉCAL, G. et D. SAINT-LAURENT (1999). « Espaces libres et enjeux sociaux de la nature en ville. Deux récits du développement urbain à Montréal », *Recherches sociographiques*, vol. 40, n° 1, p. 33-54.

SÉNÉCAL, G. et M. GAUDREAU (1994). « Les mécanismes de production de la forme urbaine et la conservation des espaces agricoles et naturels : le cas de Laval », *Cahiers de Géographie du Québec*, vol. 38, n° 105, p. 301-326.

SÉNÉCAL, G., P.J. HAMEL et J. BOIVIN (2001). « Aménager la métropole nature : retour sur les efforts passés de planification dans la région de Montréal et essai d'évaluation de la situation actuelle des banlieues », *Géocarrefour – Revue de Géographie de Lyon*, vol. 76, n° 4, p. 303-319.

SHRADER-FRECHETTE, K.S. et E.D. McCOY (1913). *Method in Ecology : Strategies for Conservation*, Cambridge, Cambridge University Press.

SIMBERLOFF, D. et L.G. ABELE (1982). «Refuge design and island biogeographic theory : Effects of fragmentation», *The American Naturalist*, vol. 120, n° 1, p. 41-50.

SMITH, T.M. *et al.* (1993). «The Global terrestrial carbon cycle», *Water Air Soil Pollution*, vol. 70, p. 19-37.

SUKOPP, H. et P. WERNER (1982). «Nature in cities : A report and review of studies and experiments concerning ecology, wildlife and nature conservation in urban and suburban areas», *Nature and Environment Series 28*, Council of Europe.

SUKOPP, H. et S. HEJNY (1990). *Urban Ecology, Plants and Plant Communities in Urban Environments*, The Hague, Pays-Bas, SPB Academic Publishing.

SUKOPP, H., M. NUMATA et A. HUBER (dir.) (1995). *Urban Ecology as the Basis of Urban Planning*, The Hague, Pays-Bas, SPB Academic Publishing.

THOMPSON, D.A. (1989). *The Storage on Carbon in Trees and Timber*, Forestry Research Division, Research Information Note 160.

VALENTINI, R.H. *et al.* (2000). *Accounting for Carbon Sinks in the Biosphere, European Perspective*, Jena, Allemagne, CARBOEUROPE.

VILLE DE MONTRÉAL (2004). *Avant-projet de protection et de mise en valeur des milieux naturels*, Division des parcs et des espaces verts, Service du développement culturel et de la qualité du milieu de vie.

VINCENT, G. et R. LACHAÎNE (1986). «Analyse de la flore synanthropique de Montréal», *Bulletin de la SAJIB*, vol. 10, n° 4, p. 28-39.

VINCENT, G. et Y. BERGERON (1985). «Weed synecology and dynamics in urban environment», *Urban Ecology* vol. 9, p. 161-171.

YOUNÈS, C. (1999). «Avant-propos», *Ville contre-nature*, Paris, Éditions La Découverte, p. 5-8.

YOUNG, C. et P.J. JARVIS (2003). «Assessing the structural heterogeneity of urban areas : An example from the Black Country (UK)», *Urban Ecosystems*, vol. 5, p. 49-69.

4

Gouvernance et crise environnementale
Retour sur le sinistre du verglas au Québec en 1998[1]

Florence Paulhiac
INRS-Urbanisation, Culture et Société – Montréal
Maison des Sciences de l'Homme d'Aquitaine – Bordeaux

Une catastrophe naturelle touchant un établissement humain est un facteur important de perturbations sociales, économiques et politiques. Elle révèle généralement la fragilité des hommes face à la nature, d'une part, et leur dépendance envers les infrastructures dites essentielles (voies de communication et réseaux d'approvisionnement), d'autre part. Plus spécifiquement, les sinistres naturels nous incitent à nous interroger sur les modalités d'aménagements urbain et paysager ainsi que sur la planification du développement des établissements humains. Ils remettent également en question l'état de préparation des individus et des groupes face à de telles situations.

La culture, les pratiques et les politiques de gestion de crise et de situation d'urgence sont peu développées au sein des gouvernements occidentaux, en dehors d'une culture de crise liée aux conflits armés internationaux, au terrorisme ou encore aux risques technologiques majeurs comme les catastrophes nucléaires. Cette conception des situations d'urgence, largement issue de la Deuxième Guerre mondiale et de la guerre froide, démontre un certain archaïsme des pratiques et des outils de gestion à notre disposition. Dans cet article, nous nous intéresserons à la gouverne des crises et définirons des modalités de

---

1. Ce texte n'a pas été présenté lors du Colloque mais il a été ajouté au matériel disponible parce qu'il apporte un complément très utile à la perspective exposée dans le premier thème.

gestion adaptée aux situations de catastrophe naturelle. Celles-ci font face aux difficultés d'une intervention concertée et efficace des pouvoirs publics et de la société civile permettant un retour à la normale rapide et une aide adaptée aux sinistrés. Intervention concertée et gestion efficace correspondent à la définition actuelle de la gouvernance politique.

4.1. LE CONTRAT DE GOUVERNANCE : ASSURER L'EFFICACITÉ ET LA STABILITÉ DU SYSTÈME DE GOUVERNANCE

Le processus de gestion d'un sinistre est généralement prévu par un gouvernement au sein d'un système de *sécurité civile*. Il se déroule théoriquement en quatre phases : la prévention (connaissance des risques et des menaces ; connaissance du degré de vulnérabilité, etc.), la préparation (organisation de l'intervention des divers acteurs), l'intervention (maintien des fonctions essentielles et retour à la normale rapide) et enfin le rétablissement (maintien de l'opérationnalité du système)[2]. Le contrat de gouvernance[3] définit spécifiquement les principes, les stratégies, le rôle et les relations entre les principaux acteurs-ressources pour gérer une situation de crise ou d'urgence, et ce, au cours des quatre phases successives de gestion du sinistre. Ce contrat suppose l'existence et le fonctionnement d'un système de gouvernance souple permettant la coopération de divers acteurs publics, privés et civils. Or, si la concertation est difficilement réalisable en temps normal, elle l'est encore plus en cas de crise. La difficulté de penser un système de « bonne » gouvernance dans de telles situations tient à la nature même de ce type de gestion. Le contrat de gouvernance est censé se réaliser le moins souvent possible tout en étant le plus efficace et le plus rapide pour assurer

---

2. Les deux premières phases débutent bien avant les événements en question. Au Québec et dans la plupart des pays occidentaux, elles sont prévues et prises en charge par plusieurs secteurs ou ministères. Cependant, elles restent marginales dans l'ensemble des structures et des administrations gouvernementales tout comme au niveau local, dans les municipalités, ou encore au sein de la société civile. De plus, lorsque des outils de prévention ou d'atténuation des risques existent, les pratiques mises sur pied sont largement sectorielles et parcellaires.

3. Le contrat de gouvernance est l'ensemble des règles formelles et informelles permettant la mise en œuvre d'un système de gouverne alternatif et adapté à l'ensemble des contraintes (naturelles, sociales, économiques et politiques) de la crise. Il repose sur l'identification d'axes et de modalités d'intervention, de manières de faire – c'est-à-dire de se mobiliser et de travailler ensemble – selon des stratégies définies collectivement, des principes d'action clairs et connus de tous les acteurs concernés.

le retour à la normale. Le contrat doit donc être connu et diffusé largement dans l'organisation gouvernementale. Il s'agit de développer une culture organisationnelle propre aux situations d'urgence. Cependant, ce contrat doit être suffisamment proche de la culture dominante du système public national et local pour être efficace.

Dans les sociétés occidentales, la thématique de la sécurité civile devrait systématiquement relever de l'autorité et de la gouverne politique sur un territoire donné, et ce, au nom de l'intérêt général et de la protection des personnes et des biens. Des programmes politiques officiels explicites doivent en assurer la réalisation. La sécurité civile se distingue de la sécurité publique au sens large et de l'organisation policière notamment. Son organisation doit être considérée comme un enjeu important du bon fonctionnement des sociétés contemporaines qui ne peut être soustrait au débat public et au contrôle démocratique.

Il n'existe pas au Québec de contrat de gouvernance spécifique et adapté de ce type. Le sinistre du verglas de janvier 1998 a démontré que le gouvernement et les services administratifs ont effectivement une capacité et les moyens nécessaires pour intervenir de façon significative, en appui à la population, en cas d'urgence. Cependant, la réussite des interventions doit plus à l'acharnement et à la mobilisation sans précédent des individus qu'aux instruments juridiques et au cadre de gestion existants (Latouche, 1999). Les recommandations qui suivront l'évaluation de l'intervention des pouvoirs publics dans ce cas précis tenteront de définir les principes et les conditions d'un contrat de gouvernance efficace en temps de crise.

4.2. LA CRISE ENVIRONNEMENTALE DU VERGLAS AU QUÉBEC : UN SINISTRE NATUREL ET TECHNOLOGIQUE

Une crise tel le sinistre du verglas comporte trois phases : la tempête en elle-même, l'installation dans la durée et l'après-crise. Nous présenterons dans cette section les deux premières phases : nous nous intéresserons tout d'abord au phénomène climatique et à son ampleur, en soulignant le caractère exceptionnel de ces pluies verglaçantes de janvier 1998 ; nous aborderons ensuite leurs impacts économiques, sociaux et environnementaux soulignant ainsi l'ampleur des perturbations induites par le sinistre climatique dans la société québécoise.

Figure 4.1
La région touchée par le verglas de janvier 1998

Source : *Le journal du Barreau*, volume 33, numéro 6, 1er avril 2001.

Le caractère exceptionnel du sinistre réside tout d'abord dans la conjonction des facteurs climatologiques ayant entraîné une telle tempête[4] et dans l'ampleur des précipitations en termes d'accumulation au sol et de superficie territoriale touchée. Il réside ensuite dans les impacts de ces pluies sur les installations et les infrastructures dites « essentielles » à savoir en premier lieu le réseau de lignes électriques d'Hydro-Québec.

Le phénomène climatique, la tempête en elle-même, correspond à la formation de trois systèmes de pluies verglaçantes dans un laps de temps très court, d'importance supérieure à la normale, et ce, sur un territoire de 40 000 km^2. Du 5 au 9 janvier 1998, le sud du Québec a été touché par les pluies verglaçantes. Des vents du nord-est ont alimenté

---

4. Les pluies de janvier 1998 sont attribuables à deux phénomènes climatologiques exceptionnels. Tout d'abord, la création d'une masse d'air chaud et humide plus importante que lors des hivers précédents sous l'effet des changements climatiques désignés sous le nom d'El Niño et l'arrêt de sa dérive normale d'ouest en est au-dessus du Labrador et de Terre-Neuve durant quelques jours. Ensuite la présence d'un système stationnaire de haute pression.

en air froid ces zones favorisant la formation de glace au sol et l'accumulation de glace sur toutes les surfaces aériennes (arbres, réseaux de transports et de distribution d'électricité). On relève une accumulation de glace de plus de 100 mm parfois en Montérégie et en Estrie, au sud et à l'ouest de Montréal. Cette région a été surnommée le *triangle noir* au vu de l'ampleur des précipitations qui s'y sont abattues. Cependant, le verglas a également touché l'Outaouais, les régions de Chaudière-Appalaches, de Lanaudière et des Laurentides ainsi que le Centre-du-Québec. Au total, 600 municipalités ont reçu plus de 20 mm de verglas (soit 42,1 % de la totalité des municipalités du Québec) dont environ 500 municipalités de moins de 10 000 habitants. Au total, 4,8 millions de Québécois ont été « touchés », soit 66,9 % de la population totale.

Dès le 6 janvier, ces événements climatiques ont engendré un sinistre technologique avec la chute des premières lignes aériennes de transport électrique (effondrement des pylônes en acier, des lignes et des portiques en bois dès le deuxième jour de tempête). Ces premiers incidents ont été suivis d'arrêts massifs et prolongés des approvisionnements en électricité entraînant un dysfonctionnement majeur des organisations sociales et économiques des régions touchées (Montréal et la Montérégie, notamment). Le sinistre technologique peut être illustré par un rappel de l'évolution du nombre d'abonnés privés d'électricité : le 6 janvier, 700 000 abonnés d'Hydro-Québec sont privés d'électricité ; le lendemain, le chiffre tombe à 500 000, mais le 8 janvier, il dépasse le million pour atteindre 1,4 million le 9 janvier, soit environ 3,5 millions de personnes, presque la moitié de la population du Québec. C'est un record dans l'histoire de la province. La durée des pannes a été en moyenne de deux jours pour la moitié des sinistrés, mais elle a atteint un mois pour certains ménages, un autre record. Rappelons que la perte d'énergie électrique en cette période de l'année signifie, pour un grand nombre de foyers chauffés à l'électricité[5], la nécessité de trouver un chauffage d'appoint, avec les risques d'incendie inhérents et une perte importante d'efficacité. Soulignons que le centre-ville de Montréal a été plongé dans un *black out* de presque une semaine, paralysant la vie économique et sociale de la métropole.

Les incidents en rapport avec ce premier type d'infrastructures ont entraîné dans leur sillage des incidents graves dans le fonctionnement d'autres infrastructures dites « essentielles », affectant alors la sécurité et la qualité de la vie d'une majorité de la population québécoise. Cette

---

5. Même dans le cas de chauffage à eau chaude ou à air chaud utilisant le mazout ou le gaz comme combustibles, l'absence de pompes alimentées à l'électricité réduit considérablement l'efficacité de ces systèmes alternatifs.

seconde phase du sinistre correspond à « l'installation dans la durée ». Pour une grande partie des sinistrés a alors débuté une phase de recherche d'hébergement, d'organisation de la cohabitation et de mise en place de nouvelles conditions de vie.

Cette tempête et le sinistre induit ont révélé la dépendance de la société envers les réseaux de transport et de distribution électrique. Mais ces infrastructures essentielles recouvrent aussi les réseaux de communication et d'information. Leurs dysfonctionnements ont donc eu des impacts multiples sur les différentes facettes de la vie de la société québécoise.

4.3. LES IMPACTS SOCIOÉCONOMIQUES, ENVIRONNEMENTAUX ET TECHNOLOGIQUES DU SINISTRE

L'installation dans la durée du sinistre technologique a généré un ensemble de dommages importants affectant en premier lieu les déplacements des personnes et des biens et les conditions d'habitation. Dès les premières précipitations, de nombreuses routes ainsi que les ponts menant à l'île de Montréal ont été fermés dans la métropole montréalaise et en région. Les liaisons ferroviaires et aériennes ont également été interrompues ainsi que les liaisons maritimes du Saint-Laurent vers Trois-Rivières à cause de l'affaiblissement des lignes à haute tension. Ces perturbations des voies de communication ont duré jusqu'à une semaine dans certains cas.

À Montréal tout comme en région, les pannes électriques ont mis plusieurs milliers de foyers dans une situation dangereuse en plein hiver. En effet, ce type de pannes a entraîné l'arrêt des chauffages et des moyens de conserver et de cuire les aliments. Les fonctions domestiques de base ne pouvant plus être assurées, la vie et la santé des personnes ont donc été soumises à des conditions difficiles nécessitant l'ouverture de centres d'hébergement pour les populations. Les importantes interruptions dans la distribution de l'électricité ont entraîné une précarisation des conditions de vie sociales et économiques perturbant la distribution en eau potable dans la région montréalaise et la bonne marche des services bancaires, sociaux et publics, le fonctionnement des centres hospitaliers et de soins, l'approvisionnement en pétrole et même l'exploitation des centres de services et d'hébergement pour sinistrés. Ces conditions de vie exceptionnelles sont à l'origine de plusieurs décès, 30 au total entre le 6 janvier et le 17 mars sur l'ensemble du territoire concerné (dont 18 en Montérégie et 5 à Montréal)[6]. Outre ces cas extrêmes, le sinistre technologique a eu des effets dommageables sur diverses facettes de la société québécoise.

Une première série d'impacts concerne l'environnement, la flore et la faune, et ce, en ville comme en région. Ces pluies ont causé des dommages énormes sur des espèces végétales et des essences arboricoles détruisant également certaines espèces rares ou menacées dans des zones écologiques ainsi qu'une partie de la faune terrestre et aviaire. L'impact écologique le plus visible mais également le plus important a concerné les arbres (le bouleau gris notamment). Mais le territoire touché par le verglas englobe également des zones d'activité agricole en région. Ainsi, le sinistre a entraîné des destructions et des dysfonctionnements majeurs dans la production forestière (érable et bouleau jaune), les récoltes fruitières (pommes), les cultures en serre, les pépinières et l'élevage (porcin et bovin)[7].

Une deuxième série d'impacts porte sur les atteintes aux bâtiments publics et résidentiels. Les bâtiments publics ont relativement peu souffert du verglas dans la région montréalaise. Ce sont les municipalités de région qui semblent avoir été les plus affectées avec une facture s'élevant à 125 millions de dollars. En revanche, de nombreux bâtiments résidentiels ont été affectés par le verglas (toitures endommagées, infiltration d'eau, rupture de canalisation, etc.). Les dommages se traduisent par une facture d'environ 300 millions de dollars.

Les impacts sur le travail et le déroulement des activités économiques ont été particulièrement étudiés au vu des conditions exceptionnelles créées par le verglas. Environ 2 300 000 journées de travail ont été perdues, affectant un demi-million d'employés. En moyenne, les employés concernés ont perdu cinq jours de travail ; 60 % de la population du Québec et de ses travailleurs ont été touchés ; 30 000 commerces ont été obligés de fermer leurs portes dont plus de 10 000 pendant une période de 12 jours et plus. Au total les fermetures de commerces et d'entreprises ainsi que l'arrêt des activités agricoles et de services ont entraîné une diminution du PIB du Québec estimé à 1,9 % au cours du mois de janvier ; notons également que l'impact sur les finances publiques a été important du fait de la chute des activités économiques, de la

---

6. Le plus souvent, les causes de ces décès sont liées à des intoxications au CO et à des brûlures. On constate également une hausse de la mortalité, des maladies, des malaises et des traumatismes durant ce mois dans les régions touchées par le sinistre.

7. Les conséquences directes ont été des pertes d'actifs et des diminutions de revenus importantes pour les agriculteurs.

diminution des revenus autonomes des sociétés d'État et des dépenses de fonctionnement non prévues (749 millions de dollars pour l'aide aux sinistrés et les mesures d'urgence)[8]. Hormis les activités agricoles, les secteurs les plus touchés ont été ceux de l'industrie électrique, bien entendu, mais aussi le secteur manufacturier et les industries de biens.

Le retour à la normale, ou «l'après-sinistre», pour les résidants comme pour les activités économiques, s'est fait progressivement et de façon variable, selon les régions et les secteurs. Néanmoins, le renversement de la tendance sur le plan économique a débuté dès le mois de février. Ainsi, les impacts au niveau macroéconomique n'ont pas été durables et l'économie québécoise s'est relativement vite rétablie.

4.4. UNE GESTION DE CRISE DÉFICIENTE

Par décret du 28 janvier 1998, le gouvernement du Québec créait la Commission d'enquête sur la tempête du verglas (commission technique et scientifique présidée par M. Roger Nicolet)[9]. La source principale pour notre analyse est constituée des rapports de cette commission scientifique plus familièrement appelée «commission Nicolet».

Au niveau du gouvernement provincial, le ministère de la Sécurité publique a pour mission de «s'assurer de la protection de la population contre le crime et les menaces à sa sécurité» (Ministère de la Sécurité publique, 1998, p. 11)[10]. Il est également en charge de l'élaboration de la politique de prévention des sinistres et des mesures d'urgence pour le gouvernement depuis 1988. Il assure sa mise en œuvre et la coordination de son exécution. Sur les plans organisationnel et structurel, un système

---

8. On constate aussi une perte des revenus autonomes du gouvernement provincial de 75 millions de dollars (bilan consolidé) et une chute des revenus autonomes de sociétés d'État de 107 millions de dollars dont 90 millions pour Hydro-Québec, soit au total un impact de 1,6 milliard de dollars dont 1,23 milliard remboursables par le gouvernement fédéral.

9. Le mandat de la commission consistait à mesurer les impacts et les conséquences humaines, sociales, économiques et financières du sinistre. Elle a mené une évaluation des interventions des différents acteurs présents. Son travail s'est appuyé sur des audiences publiques et des rapports de scientifiques. L'ensemble de ces recommandations vise à assurer le bon fonctionnement des activités sociales et économiques, de les améliorer le cas échéant afin de mieux préparer le Québec à affronter de tels événements. Ces rapports constituent une source importante de notre recherche. Cependant, ils ont été complétés par des rapports de recherche universitaire, certains ayant servi pour les rapports finaux de la commission Nicolet.

10. Ce ministère est dirigé par un sous-ministre. Pour l'année 1997-1998, ses effectifs étaient de 9 419 personnes et son budget de 664,2 millions de dollars, soit 15 % du budget du gouvernement.

pyramidal à trois niveaux a été mis en place pour assurer la répartition des responsabilités et des compétences de ce ministère aux différents échelons territoriaux.

Au sein de ce ministère, la Direction générale de la sécurité et de la prévention s'occupe spécifiquement des activités liées à la sécurité civile au Québec[11]. Une de ses entités administratives, la Direction de la sécurité civile, est responsable de la planification des mesures d'urgence et de la gestion des sinistres pour le gouvernement. Elle gère un budget équivalent à 0,68 % du budget du ministère de la Sécurité publique. La Direction supervise également les exercices de planification des MRC, des municipalités et de tout organisme impliqué dans ce domaine, au moyen de cinq directions régionales. Une direction régionale du ministère préside alors un comité régional de sécurité civile, composé des responsables régionaux des ministères, de représentants des MRC et des municipalités ainsi que des entreprises locales, si cela est nécessaire. Théoriquement, la Direction de la sécurité civile assure donc un leadership dans le domaine de la protection et de la sécurité civile et exerce ses prérogatives avant, pendant et après les sinistres.

Le Comité de sécurité civile du Québec, quant à lui, conseille directement le gouvernement et assure la coordination interministérielle en matière de planification de la sécurité civile (préparation de plan d'urgence et élaboration de stratégies de prévention concertés, priorisation des actions, concentration des ressources et définition des normes de sécurité, notamment). Il a été créé en 1988 par une décision du Conseil des ministres (Décision du 24 février 1988). Il est composé des sous-ministres des ministères pouvant être mobilisés et impliqués en cas de sinistre. Il vise à coordonner l'ensemble des actions des différents ministères et organismes participant à la planification de la sécurité civile et agissant aux différents paliers territoriaux. Les ressources de ces institutions et organismes allouées à ce domaine d'action se retrouvent au sein de l'Organisation de la sécurité civile du Québec. Lors d'un sinistre, cette dernière a pour objectif de coordonner et de faciliter les prises de décision dans les différents ministères et les organismes gouvernementaux provinciaux, régionaux et locaux[12].

---

11. Cette direction est dirigée par un sous-ministre associé. Elle possède des effectifs de 469 personnes et gère un budget de 103,5 millions de dollars soit 16 % du budget du ministère.

12. Elle intervient notamment en appui aux municipalités et, en cas de sinistre, coordonne les actions de ses différents membres sur le terrain. Cette organisation prend alors le nom d'Organisation régionale de sécurité civile pour la période du sinistre.

Dans la philosophie du système de sécurité civile québécois, la planification de la sécurité civile et de la gestion d'urgence relève au premier chef de l'autorité locale. Les municipalités sont les acteurs clés de la gestion avant, pendant et après la crise[13]. Elles sont considérées comme l'autorité la plus compétente pour *prévenir*, mais également pour *intervenir* car elles sont les plus proches des événements et des citoyens concernés. Par conséquent, elles ont une meilleure connaissance du terrain sur lequel se déroule le sinistre. Elles sont donc censées prendre les initiatives pertinentes pour assurer la protection des personnes et des biens.

En ce qui a trait à la planification de la sécurité civile, la responsabilité revient au conseil municipal. Toutefois. les municipalités peuvent également former un comité de sécurité civile, municipal ou intermunicipal, pour l'élaboration d'un plan d'intervention, la signature d'un protocole d'entente au besoin et la mise en place d'une organisation municipale (ou intermunicipale) de sécurité civile. Pendant une crise ou un sinistre, elles doivent déployer un système organisé de sécurité civile à l'aide de ce plan d'intervention et de cette structure. Enfin, après le sinistre, elles ont la responsabilité d'acheminer les demandes d'aide financière des citoyens au gouvernement provincial et d'assurer un suivi approprié du sinistre en question. Cependant, toute municipalité touchée peut faire appel à l'aide et aux ressources du gouvernement, tout en conservant l'entière responsabilité de la mise en œuvre des mesures d'urgence. En cas de sinistre majeur, le Comité régional de sécurité civile et l'Organisation régionale de sécurité civile peuvent assurer le conseil, la concertation et la planification ainsi que la coordination régionale et intermunicipale des interventions nécessaires[14].

La commission Nicolet a souligné que la préparation est globalement faible dans l'ensemble des institutions gouvernementales et des diverses composantes de la société civile. Or cette préparation sous-tend et révèle la capacité des organisations à intervenir et à parer aux sinistres. Elle conditionne les moyens d'un retour à la normale rapide et efficace. Elle est donc primordiale. La commission a également relevé que ces lacunes

---

13. À l'échelon régional, les MRC ou les communautés urbaines peuvent également intervenir. Cependant, elles ne sont pas citées comme des acteurs ressources essentiels dans ce système. Les MRC peuvent être mandatées par une municipalité pour planifier les moyens de prévention de sécurité civile sur son territoire, par exemple. Une communauté urbaine peut, quant à elle, engager des dépenses sans appel d'offres en cas de crise et exercer des pouvoirs identiques à ceux d'une municipalité avec son accord et celui du ministère des Affaires municipales.

14. Ce sont les services déconcentrés du Comité de sécurité civile et de l'Organisation de sécurité civile du Québec.

sont liées essentiellement aux manques de ressources financières, de formation du personnel, de coordination et de mise à jour des approches de sécurité. La prévention, constituée des mesures de prévention et des mesures d'atténuation des risques, ne fait l'objet ni d'un mandat clair ni d'un budget précis au sein du ministère de la Sécurité publique. De plus, l'insuffisance de ses ressources limite sa présence en région et son action de conseil auprès des municipalités. Enfin, il n'existe pas de plan de mesures d'urgence d'ensemble propre à la Direction de la sécurité civile pas plus que de plan d'urgence à l'échelle du Québec. Ainsi, en cas de sinistre, le rôle et la fonction de la direction sont loin d'être clairement définis. On note également un manque d'informations concernant les régions et leurs ressources, le degré de vulnérabilité des territoires et des populations, etc.

Au niveau municipal, cette thématique de la prévention en matière de sécurité civile se limite généralement aux cas de risques « connus » (les inondations principalement). Le paradoxe du système de sécurité civile québécois réside dans la dichotomie entre la philosophie du système et la faiblesse de l'obligation juridique. En effet, si les municipalités sont présentées comme les acteurs clés, la planification de la sécurité civile n'est pas obligatoire à ce palier de gouvernement. Plus particulièrement, on notera que si la majorité des municipalités possèdent un plan d'action en cas d'urgence, elles ont aussi en commun un faible degré de préparation réelle. L'état de préparation est en fait directement proportionnel à la taille de la municipalité. Les municipalités de plus de 10 000 habitants possèdent toutes un plan mais seulement 64 % des municipalités de moins de 10 000 en ont un (87 % pour celles de 5 000 à 10 000 habitants ; 82 % pour celles de 2 000 à 5000 et 57 % pour celles de moins de 2 000 habitants). En outre, l'existence d'un plan n'est en aucun cas un gage de préparation effective à un sinistre éventuel. Les lacunes de ces plans résident essentiellement dans les contenus, à savoir l'évaluation des risques, l'adéquation des mesures, les révisions de ces plans ainsi que l'existence ou non de simulations[15].

Ce manque de préparation hypothèque logiquement les phases suivantes de gestion d'un sinistre, à savoir l'intervention au moment de la crise et le rétablissement ou retour à la normale. Dans la section suivante, nous exposerons le déroulement de ces deux phases lors du sinistre du verglas de janvier 1998 et nous soulignerons les dysfonctionnements du système de gouvernance lors du sinistre.

---

15. Notons également qu'il n'existe qu'un seul cas de plan intermunicipal au niveau d'une MRC (MRC de Sainte-Thérèse de Blainville, et ce, depuis 1995).

4.5. DYSFONCTIONNEMENTS ET LACUNES DU SYSTÈME DE GOUVERNANCE

La gestion de ce sinistre démontre un écart important entre les outils à la disposition et les mesures effectives prises par les pouvoirs publics. La *distanciation* par rapport à l'arsenal juridique et législatif existant s'explique en partie par une mauvaise évaluation de la nature du sinistre dans les premiers jours (évaluation tardive de l'ampleur et de la durabilité du sinistre, et ce, notamment pour le sinistre technologique). Ce n'est que le 9 janvier que la Direction de la sécurité civile opère *une transition d'une gestion de sinistre normal à une gestion de sinistre exceptionnel*. Cependant, cette distanciation relève essentiellement d'un manque de préparation générale des organismes concernés ainsi que de la désuétude de certains outils. Notons que cette distanciation avait déjà été dénotée lors du sinistre du Saguenay deux ans auparavant.

Cet écart entre le modèle et la pratique remet en question par conséquent la pertinence du système actuel de gouvernance en temps de crise et la loi de 1979 qui l'organise. La Loi sur la protection des personnes et des biens fonde en effet l'action des pouvoirs publics dans une situation de crise. Elle prévoit notamment la possibilité pour le Premier ministre ou le gouvernement de promulguer un décret d'état d'urgence sur l'ensemble ou une partie du territoire de la province en cas de crise. Un sinistre est défini comme suit : « Un événement grave, réel ou attendu prochainement, causé par un incendie, un accident, une explosion, un phénomène naturel ou une défaillance technique, découlant d'une intervention humaine ou non, qui, par son ampleur, cause ou est susceptible de causer la mort de personnes, une atteinte à leur sécurité ou à leur intégrité physique ou des dommages étendus aux biens. » (LRQ, c P-38.1, art. 1). Par ailleurs, l'article 16 de la loi stipule que : « En cas de sinistre, le gouvernement peut, s'il l'estime nécessaire, décréter l'état d'urgence dans l'ensemble ou une partie du Québec pour une période qu'il indique mais qui ne peut excéder trente jours. Le ministre peut aussi, en pareil cas, exercer ce pouvoir pour une seule période n'excédant pas deux jours. » (*ibid*, art. 16) Or il n'y a pas eu reconnaissance officielle du sinistre par le gouvernement et, par conséquent, aucun état d'urgence déclaré.

Hormis sa responsabilité face à la sécurité civile ainsi qu'à l'intérêt général, le gouvernement est également le seul actionnaire de la société d'État Hydro-Québec. Cette responsabilité et l'importance du sinistre auraient certainement dû entraîner la mise en œuvre d'un plan d'actions plus conséquent et mieux coordonné. Le refus de l'importance du sinistre et les mesures de remplacement mises en œuvre ont révélé une incertitude et une certaine ignorance des façons de faire et de réagir voire de planifier dans ce type de situation de la part de l'ensemble des pouvoirs publics. Elles ont souligné également plusieurs types de lacunes au sein de l'appareil politico-administratif québécois. Symboliquement et concrètement, cette distanciation et ce refus de l'état d'urgence ont été lourds de conséquences. En refusant la déclaration de l'état d'urgence, le gouvernement a renoncé à certaines ressources et pouvoirs mobilisables dans un tel cas. Tout d'abord, il a évité de définir les limites du territoire touché et une durée à la situation de crise. Or ceci aurait permis une mobilisation organisée et planifiée des interventions et des ressources. La décision du gouvernement a entraîné *également la mise à l'écart du système officiel de sécurité civile*. Ce système propose des outils relativement «éloignés» des pratiques traditionnelles de gestion publique québécoise. De plus, ils ne bénéficient pas d'une grande crédibilité auprès du personnel politique. Par conséquent, ils ne sont pas facilement adoptés par le gouvernement.

Cette mise à l'écart a essentiellement concerné le Comité de sécurité civile du Québec. Il a été remplacé par une structure *ad hoc*, à l'œuvre à partir du 11 janvier, le *Comité interministériel de coordination*, composé de 14 ministres et présidé par le vice-premier ministre[16]. Il a été secondé par un secrétariat interministériel pour les tâches administratives. Cette *pratique de substitution* avait déjà prévalu lors du sinistre du Saguenay. Les pouvoirs publics ont relativisé depuis plusieurs années l'importance et le rôle du Comité de sécurité civile du Québec. Sa composition avait été modifiée avant le sinistre du verglas, les sous-ministres étant remplacés par des adjoints ministériels ou par les coordinateurs des mesures d'urgence des ministères. Cette nouvelle structure devait permettre aux responsables politiques de jouer un rôle plus important dans la gestion des situations de crise. Selon eux, la responsabilité centrale de cette gestion devait être confiée à une seule autorité publique, soit directement, soit par délégation. En janvier 1998, le Comité interministériel a reçu des compétences conséquentes[17]. Son rôle décisionnel a consisté à définir directement les interventions jugées appropriées à partir des propositions émanant des quatre comités régionaux mis en place dans les régions touchées par le verglas. Ce volet politique de la gestion de la crise n'a pas été arrimé au volet plus administratif mis sur pied par le ministère de la Sécurité publique.

---

16. Le vice-premier ministre était aussi le ministre de l'Économie et des Finances. On comprend sa présence est celle du ministre de l'Économie et des Finances car ce sinistre risquait en effet de coûter très cher au gouvernement.

17. Plus importantes d'ailleurs que pour celui mis en place lors du sinistre du Saguenay.

Dans le même esprit, *la coordination régionale et intermunicipale a été sous-utilisée.* Théoriquement le gouvernement aurait pu assumer au niveau régional la coordination de ses interventions et venir en appui aux municipalités en difficulté par l'intermédiaire du ministère de la Sécurité publique. Or cette coordination régionale a été inexistante, les ressources étant transférées directement aux municipalités. De plus, la Direction de la sécurité civile a mis sur pied une stratégie d'intervention largement sectorialisée et fonctionnelle (stratégie dite des fronts). Elle a agi selon les besoins locaux et a fait intervenir au coup par coup des experts des différents ministères responsables des domaines concernés. Elle n'a donc pas agi de façon intersectorielle ni selon une géographie d'ensemble. Les Organisations régionales de sécurité civile sont devenues alors de simples auxiliaires de la gestion de crise. Elles ont été parfois totalement contournées par ces mesures. De plus, ce manque de coordination s'est ressenti lourdement au niveau des municipalités. Elles considèrent s'être débrouillées seules.

Le plan initial n'a donc pas été suivi, *une gestion de type aléatoire* ayant prévalu. Cette distanciation s'explique en partie par l'écart important entre les pratiques proposées par le système de sécurité civile et celles des différents acteurs publics. Ces constats rendent pertinente et nécessaire une révision du cadre d'intervention des pouvoirs publics pour de telles circonstances. Le sinistre du verglas de janvier 1998 devrait être l'occasion de restructurer le système de gouvernance actuel afin de prévoir des modalités de gestion adaptées et efficaces dans l'avenir. Ce travail représente en fait *une quatrième phase à la gestion d'un sinistre, celle de l'apprentissage.*

4.6. APPRENTISSAGE ET PRINCIPES D'UN CONTRAT DE GOUVERNANCE EN SITUATION D'URGENCE

Quels enseignements pouvons-nous tirer des actions menées durant ces trois phases par les autorités publiques ? Le premier point sur lequel fonder cet apprentissage est le paradoxe du système actuel de gouvernance québécois. La gestion du sinistre telle qu'elle a été menée a démontré, d'une part, la dépendance et la fragilité des infrastructures et des organisations sociales et, d'autre part, une capacité insoupçonnée de la société québécoise à s'auto-organiser et à répondre à une situation inattendue et grave. Les interventions des décideurs ont relevé plus d'une mobilisation des individus au sein des institutions et des organismes que des règles et des outils juridiques et législatifs existants. Cette mobilisation acharnée est née de l'urgence, alimentée par la solidarité et l'ingéniosité des citoyens et des élus locaux, notamment. Le système de gouvernance de crise avant sinistre n'est pas adapté ni efficient pour de telles situations. Par conséquent, il n'a pas été exploité et doit désormais être revu en profondeur[18]. Cette refonte est considérée comme urgente; nous en présenterons ici les principes majeurs, à savoir les bases d'un contrat de gouvernance en temps de crise.

Les principes proposés soulignent la place primordiale à accorder à la sécurité civile au sein de l'organisation gouvernementale. Elle suppose cependant la mise en œuvre de modalités de gestion souples et d'un système à géométrie variable. Une gestion « normalisée » des situations d'urgence devrait permettre une meilleure utilisation des ressources disponibles au sein des différents ministères. Pour ce faire, la réforme doit créer **un système et un mode de gestion qui ne soient pas trop éloignés des pratiques habituelles** de gestion publique québécoise. Il s'agit de réduire l'écart entre un mode de gestion habituel et un mode de gestion des sinistres et des crises. Cette gestion de crise doit faire appel à des modes simplifiés de prise de décision ainsi qu'à la possibilité d'une réponse graduée aux différentes phases et facettes d'un sinistre. De tels mécanismes supposent une définition préalable et claire des processus, des mécanismes décisionnels, des responsabilités des différents pouvoirs publics ainsi que des mécanismes de contrôle assurant des contre-pouvoirs efficaces et la démocratisation du système de sécurité civile.

L'objectif principal de la réforme serait d'élaborer une culture et une politique de sécurité civile. Ce sont là les bases essentielles d'un système apte à gérer des situations telles que celle de janvier 1998. L'établissement d'une culture de sécurité civile est bien entendu un objectif à long terme. Cette culture permettrait la diffusion de nouvelles valeurs, ces valeurs induisant à leur tour de nouveaux comportements dans la société. **Une culture de sécurité civile est synonyme de refus de la fatalité et de la gestion au coup par coup.** Cette culture est pour le moment inexistante et le gouvernement québécois n'a jamais fait de la sécurité civile une de ses priorités. Or on peut légitimement penser que c'est son rôle d'encourager et de permettre l'émergence de nouvelles pratiques dans ce domaine. Cette composante politique suggère la prise en compte de cette thématique par les gouvernements successifs et les différents partis politiques. Elle doit être débattue publiquement et (ré)évaluée régulièrement.

---

18. Le ministère de la Sécurité publique évalue également les réformes possibles du système de sécurité civile.

Rappelons les faiblesses de l'approche actuelle en matière de sécurité civile diffusée par le gouvernement et le ministère de la Sécurité publique, faiblesses mises en lumière par le sinistre du verglas. La première lacune majeure réside dans l'absence de reconnaissance politique des modes de fonctionnement proposés en matière de gestion de crise. Les approches mises sur pied ne constituent pas une politique gouvernementale validée par le Conseil des ministres. Il n'y a pas d'appui clair ni d'engagement de la part du gouvernement dans ce domaine. Des documents produits par le ministère de la Sécurité publique de 1991 à 1994 présentent les responsabilités et les compétences de ces différents paliers de gouvernement. Cependant, ces documents ne sont ni réglementaires ni législatifs. Ce ne sont donc pas des procédures qui y sont définies, mais des intentions et des recommandations. Par conséquent, **l'arrimage entre administration et politique est inexistant**. De même, il n'y pas d'imputabilité précise *a posteriori* ni de mécanismes de contrôle prévus par le ministère de la Sécurité publique. En matière de sécurité civile en effet, le partage des rôles et des responsabilités reste imprécis, et ce, notamment entre les ministères.

Le système de gouvernance doit permettre **une gestion plus efficace et une plus grande transparence dans les procédures et les méthodes de travail** des pouvoirs publics. Cet objectif implique tout d'abord une réforme juridique importante. Celle-ci est centrale pour la production d'un contrat de gouvernance explicite et solide. La réorganisation du système de sécurité civile passe par la production d'un cadre législatif nouveau et d'un appareil réglementaire afférents, complets et solides. Leur élaboration et leur mise en œuvre devront être assurées de façon rigoureuse. Ce principe nécessite un virage de la part de l'État québécois. Certains observateurs notent en effet un certain laxisme en matière de réglementation et de structuration des cadres juridiques provinciaux. Ces outils législatifs permettront d'assurer et de reconnaître la dimension politique de la sécurité civile. Les autres textes législatifs devant alors répondre au principe de conformité envers ce cadre juridique[19]. Il est primordial que la gestion de crise ne passe plus par des dérogations à la règle de droit commun ou la délégation de pouvoirs exorbitants. Ces mesures doivent demeurer exceptionnelles. Le contrat de gouvernance doit fonder le système de sécurité civile en visant une « normalisation » et une intégration des pratiques de gestion de crise.

---

19. Cet encadrement est considéré par la commission Nicolet comme la première étape vers l'établissement d'une charte de la sécurité civile.

La réforme à envisager suppose de revoir également l'organisation centrale du gouvernement et les relations entre celle-ci et les acteurs locaux. Cette réforme a pour objectif de parvenir à **une meilleure coopération entre gouvernement et administrations locales et à une meilleure mobilisation des ressources.** L'ensemble des principes à mettre en œuvre suggère d'abord une plus grande intégration horizontale entre les différents secteurs et les ministères. Lors d'un sinistre tel que celui de janvier 1998, la responsabilité de l'État est directement interpellée ainsi que celle du gouvernement. L'implication des institutions supérieures de l'État (Premier ministre et Conseil des ministres) et des organismes d'appui (Bureau du Premier ministre, secrétariat général, etc.) sont essentiels. Un système de sécurité civile efficace implique un positionnement clair de la part de l'organe politique et administratif supérieur, à savoir le Conseil exécutif. La commission Nicolet a envisagé à cet effet la création d'un comité de sécurité civile du Québec pour assurer l'encadrement du système.

Cependant, l'organisation de la sécurité civile doit être soutenue par des programmes gouvernementaux explicites et par un appareil ministériel fort afin d'assurer l'efficacité d'une bonne gouvernance en temps de crise. Ce principe doit assurer la légitimité et les ressources de la politique à mettre sur pied. Or la place actuelle de la sécurité civile au sein du gouvernement est limitée, tant en termes d'effectif que de budget. Elle se trouve relativement marginalisée au sein même du ministère auquel elle appartient. Cette réorganisation ministérielle doit reconnaître la distinction entre la sécurité civile et la sécurité publique. Ce sont deux composantes distinctes du ministère de la Sécurité publique. Une solution plausible et intéressante consisterait à confirmer le rattachement de la sécurité civile au sein du ministère actuel de la Sécurité publique tout en réformant son organisation et ses méthodes de travail. Il serait alors pertinent de la doter d'une direction administrative autonome et d'une loi constitutive propre pour lui assurer une entière autonomie par rapport aux questions d'ordre public. La réforme pourrait envisager de transformer la Direction de la sécurité civile en Direction générale au même titre que la Sûreté du Québec, voire de créer un ministère bicéphale. Le ministère chargé de la sécurité civile doit être un ministère compétent, pourvu en ressources, capable de produire des programmes et de planifier la gestion de crises.

Le portrait du système de gouvernance actuel a souligné l'approche sectorielle sous-tendant la sécurité civile, approche doublée d'une étanchéité traditionnelle entre les différents secteurs et intervenants. Il existe donc une forte inertie entre les ministères et un isolement de la direction de la sécurité civile au sein du gouvernement. Cette forte centralisation de l'appareil gouvernemental, le fonctionnement vertical des différents ministères ainsi que le manque d'organisation sur une base territoriale vont à l'encontre du type d'action et de coordination à mettre en œuvre lors d'un sinistre.

L'intégration horizontale des interventions est cruciale lors d'un sinistre afin de permettre la coopération entre secteurs. Ce type d'organisation de la gestion prévue initialement s'éloigne des pratiques habituelles des pouvoirs publics. Ainsi, il est simplement rejeté par ces derniers. Lors d'une crise, le réflexe de la société civile et des acteurs politiques est de se tourner vers le Premier ministre en cas de problèmes. Il s'agit d'arrimer désormais l'organisation traditionnelle du gouvernement et une méthode de travail territorialisée et intersectorielle.

Cette coordination devrait se réaliser tout d'abord entre ministères[20], puis entre les administrations et le gouvernement et enfin entre les pouvoirs publics et la société civile. L'ancrage de la politique et du système de gouvernance au territoire est primordial. Cette réforme doit également tenir compte des éléments et des points forts du système actuel. Ainsi, les municipalités restent les acteurs clés du système et du contrat de gouvernance qui devrait prévaloir en situation d'urgence du fait de leur proximité avec le «terrain». Il est primordial de prévoir et de définir explicitement, *a priori*, l'intervention d'ONG, d'entreprises ou de bénévoles à titre de ressources externes. Cette question de la concertation et de la coordination est cruciale, mais elle reste délicate au sein d'un appareil public québécois centralisé.

L'ensemble de ces principes doit permettre d'alimenter une réflexion en profondeur sur la mise en œuvre d'un système de sécurité civile. Ce système implique des changements majeurs de l'appareil politique et gouvernemental québécois. Cependant, il requiert essentiellement une volonté explicite d'agir en ce sens. En effet, ce système doit se concrétiser dans des programmes gouvernementaux et non se limiter à des mesures générales. Certains volets seront à développer avec une attention toute particulière pour assurer le bon fonctionnement et l'équité des interventions ; nous pensons ici à l'aide financière aux sinistrés, au maintien des télécommunications et à l'autonomie de la société face aux infrastructures essentielles. L'élaboration, la réalisation et l'évaluation de ces programmes impliquent l'existence de ressources humaines spécialisées, d'un personnel éclairé, voire de «professionnels» de la gestion de crise et de la sécurité civile.

---

20. On soulignera ici l'intérêt d'envisager un rapprochement entre le ministère chargé de la sécurité civile et l'administration des régions et de l'aménagement du territoire, par exemple.

RÉFÉRENCES BIBLIOGRAPHIQUES

ANDREW, C. et M. GOLDSMITH (1998). « Introduction : The theme of local governance », *International Political Science Review*, vol. 19, n° 2, p. 99-100.

BAGNASCO, A. et P. LE GALÈS (dir.) (1997). *Villes en Europe*, Paris, La Découverte.

HENRY, I.P. et J.L. PARAMIO-SALCINS (1999). *Sport and the Analysis of Symbolic Regime*, UAR.

KOOIMAN, J. (dir.) (1993). *Modern Governance*, Londres, Sage.

LATOUCHE, D. (1999). *Information et communication en période de sinistre*, Montréal, INRS-Urbanisation, Culture et Ville, n° 99-5.

LE GALÈS, P. (1997). « Du gouvernement des villes à la gouvernance urbaine », *Revue française des Sciences politiques*, vol. 45, n° 1, p. 57-95.

MARCOU, G. *et al.* (1996). *Le gouvernement des villes et les relations contractuelles entre collectivités publiques*, Rapport, Programme : Gouvernement urbain : contrats et conventions, PIR-Villes, CNRS.

MINISTÈRE DE LA SÉCURITÉ PUBLIQUE (1998). *Rapport annuel 1996-1997*, Québec, Les publications du Québec.

NEWMAN, P. et A.THOMLEY (1996). *Urban Planning in Europe*, London, Routledge.

OLIVER-SMITH, A. et S.M. HOFFMAN (dir.) (1999). *The Angry Earth : Disaster in Anthropological Perspective*, Routledge, Library Binding.

ORUN, A. (1995). *City-Building in America*, San Francisco, Westview Press.

QUARANTELLI, E.L. (dir.) (1978). *Disaster : Theory and Research*, Beverly Hills, Sage.

QUARANTELLI, E.L. (dir.) (1998). *What is a Disaster ?*, Berverly Hills, Sage.

RHODES, R.A.W. (1997). « The new governance : Governing without a government », *Political Studies*, vol. 44, n° 4, p. 19-30.

SASSEN, S. (1994). *Cities in a World Economy*, Thousand Oaks, Pine Forge Press.

STOKER, G. (1998). « Cinq propositions pour une théorie de la gouvernance », *Revue internationale des sciences sociales*, n° 155, p. 19-30.

STONE, C. (1989). *Regimes Politics : Governing Atlanta, 1946-1988*, Lawrence, University Press of Kansas.

Les études d'impact environnemental

5

Les études d'impact sur l'environnement
De la technicité à l'axiologie

Pierre-Yves Guay
Professeur, Département d'études urbaines et touristiques,
École des sciences de la gestion,
Université du Québec à Montréal

L'acuité inégalée de la crise environnementale met chaque jour en lumière les effets pervers et les limites de l'obsession productiviste. À contre-pied, le paradigme du développement viable presse les acteurs sociaux de convenir d'une nouvelle éthique socioenvironnementale, susceptible de tempérer notre culte de la croissance maximale de la production matérielle, par la prise de conscience de l'absolue nécessité et de l'évidente opportunité d'assurer la pérennité de l'environnement naturel et humain. La vague notion de qualité de vie, longtemps mise au rancart des idéologies métaphysiques, naïves et surannées, retrouve ainsi progressivement sa noblesse et son actualité.

En aménagement du territoire et en urbanisme, ceci nous rappelle un principe fondamental, mais longtemps oublié : la conception et l'évaluation de tout projet d'aménagement doivent ultimement se fonder sur sa contribution à l'amélioration de la qualité de vie de son milieu d'accueil. De prime abord, cet énoncé ne semble qu'une triviale lapalissade. Pourtant, il est légitime d'y percevoir l'amorce d'une véritable métamorphose de l'attitude comptable conventionnelle qui, de façon aussi compulsive que réductrice, se borne à l'estimation de la stricte performance financière et technique d'un projet. En conséquence, l'évaluation des projets d'aménagement aspire aujourd'hui à établir leur acceptabilité socioenvironnementale, en considérant non seulement les aspects techniques et financiers, mais aussi les impacts et les risques biophysiques, urbanistiques, esthétiques, économiques, culturels et sociaux.

Les études d'impact sur l'environnement (EIE) sont donc à la mode. Les professionnels ès territoires de tout acabit se disputent âprement ce champ d'expertise porteur d'avenir, alors que le marché de la controverse environnementale se nourrit des EIE réclamées à grands cris par les protagonistes, le promoteur qui désire esquiver un débat, convaincre, dérouter ou calmer les opposants à son projet, ou bien les opposants qui souhaiteront y trouver matière à alimenter ou à confirmer leur argumentation. Toute cette agitation est éminemment saine. Elle témoigne, à sa manière, de l'émergence et de l'institutionnalisation progressive de pratiques sociales de négociation environnementale sur des risques et des enjeux qui ne concernent plus que l'État et les promoteurs, mais interpellent aussi les experts scientifiques et les acteurs qui se sentent concernés, au sein de la société civile, par le mal-développement. Bref, cette agitation témoigne de la prise de conscience des perturbations environnementales générées par les activités de production et de consommation, ainsi que d'une volonté éclairée de gérer ces activités humaines plutôt que la dynamique des systèmes naturels.

Depuis plus de trois décennies, de nombreux gouvernements ont ainsi adopté, souvent à leur corps défendant, des législations réclamées par leurs citoyens et contraignant les promoteurs privés et publics de grands équipements industriels, énergétiques et de transport, à réaliser préalablement une EIE portant sur les milieux naturels et habités. Le coup d'envoi fut donné aux États-Unis, en 1969, par l'adoption du National Environmental Policy Act, qui a depuis lors donné lieu à la réalisation d'environ 20 000 EIE La France institutionnalisa aussi la pratique de l'EIE en 1976, avec la Loi relative à la protection de la nature. Le Canada créa à la même époque le Bureau fédéral d'examen des évaluations environnementales et le Québec institua à son tour, en 1978, le Bureau d'audiences publiques sur l'environnement (BAPE). En 1980, le Règlement sur l'évaluation et l'examen des impacts sur l'environnement assujettissait plusieurs projets d'infrastructures à la réalisation d'une étude d'impact comportant l'information du public par le BAPE. Depuis lors, plus de 355 projets importants furent soumis à cette procédure et plus de 110 ont fait l'objet d'enquêtes et d'audiences publiques exigées par les citoyens. Les projets visés concernaient surtout des routes, des postes et des lignes de transport d'électricité, des lieux d'élimination des déchets et certains projets industriels lourds. Pour leur part, de nombreuses municipalités tentent d'inclure, dans leurs règlements d'urbanisme, des exigences d'évaluation environnementale pour différents types d'aménagement.

En somme, bien qu'il s'agisse d'une activité relativement récente, l'évaluation des risques environnementaux et de leurs incidences est en pleine effervescence et suscite beaucoup d'espoirs de toutes sortes. Bien entendu, tout cela ne sera que chimérique si les méthodes employées par les EIE, ainsi que les procédures d'évaluation dans lesquelles elles s'inscrivent, ne sont pas à la hauteur des objectifs poursuivis.

5.1. L'OBJECTIF ET LA DÉMARCHE DE L'ÉTUDE D'IMPACT SUR L'ENVIRONNEMENT

L'EIE est un exercice extrêmement ambitieux. Son objet est la prévision et l'optimisation des modifications à la qualité de vie qu'un projet d'équipement ou d'infrastructure serait susceptible d'engendrer au sein du milieu d'accueil. Elle doit ainsi bonifier les décisions relatives à la planification de projets d'aménagement ou d'équipement, non seulement à la phase de la conception, mais surtout à celles de l'évaluation des solutions de remplacement et de la sélection de l'option préférentielle, le cas échéant, afin de maximiser l'acceptabilité socioenvironnementale du projet, c'est-à-dire sa recevabilité par le milieu récepteur.

La première étape du cheminement d'une EIE consiste à déterminer les caractéristiques du projet et des activités de construction, d'aménagement et d'exploitation susceptibles de transformer éventuellement l'environnement. Réciproquement, il faut aussi inventorier les composantes de l'environnement exposées à ces transformations, tout en pondérant leur importance relative respective selon les valeurs environnementales de la population d'accueil. L'EIE implique ensuite l'estimation de l'ampleur (l'étendue et l'intensité) de chacune des transformations anticipées sur la dynamique des milieux biophysique, physicospatial, paysager, économique, culturel et social composant l'environnement global du projet. Ces transformations, communément appelées impacts, peuvent bonifier le milieu ou, au contraire, lui être préjudiciables. Les impacts doivent donc aussi être caractérisés selon qu'ils sont durables ou temporaires, immédiats ou différés, isolés ou synergiques, réels ou probables, étendus ou limités, uniques ou récurrents, réversibles ou permanents, perceptibles ou invisibles.

L'ampleur estimée de ces impacts ou, si l'on préfère, leur intensité, doit ensuite être comparée à des amplitudes acceptables de transformation, appelées seuils. L'établissement de ces seuils de référence est fonction de la vulnérabilité de chacune des composantes environnementales et, réciproquement, de leur capacité respective d'absorber des transformations sans que leur homéostasie soit menacée. Enfin, les conséquences positives et négatives du projet sont agrégées selon l'importance relative de chacune des composantes de l'environnement. Les résultats de l'analyse devront permettre de conclure soit à l'irrecevabilité du projet, soit à sa recevabilité, avec ou sans modification.

Le plus fréquemment, l'EIE aura porté sur plusieurs hypothèses de localisation pour un même projet et l'exercice consistera alors à sélectionner le site préférentiel, c'est-à-dire celui où l'aménagement présentera le plus faible risque environnemental. Habituellement, lorsqu'un projet est considéré comme recevable, l'EIE propose également des mesures d'atténuation ou de correction des impacts générés par le projet.

L'atteinte de tels objectifs et la démarche exigeante que l'exercice impose ne vont pas sans poser de nombreux problèmes méthodologiques.

5.2. L'ILLUSION DE LA PANACÉE TECHNIQUE

La prolixité d'une EIE classique, qui impressionne souvent par l'amoncellement de détails hétéroclites avec lesquels les spécialistes décrivent l'environnement, les calculs complexes de probabilités, les tableaux, les grilles et les matrices évaluatives, additives ou agrégatives, convainc habituellement les populations concernées de la crédibilité scientifique de l'analyse. Par cette technicité et l'abondance des informations et des procédures de traitement qui la caractérisent, l'EIE est souvent une merveilleuse illusionniste. La représentation synthétisée de transformations environnementales complexes est extrêmement rassurante sur notre capacité de comprendre et d'évaluer **objectivement** *et* **simultanément** tous les risques impliqués. Les experts prétendent ainsi être en mesure d'inventorier, d'agréger et de soupeser non seulement tous les impacts physiques, écologiques, technologiques et économiques qui se manifestent sur des milieux concrets réels, mais aussi les impacts immatériels qui concernent les rapports sociaux, la culture, les traditions, l'esthétique, l'appréhension des risques et tous les autres impacts du même type, qui relèvent des aspects abstraits, formels ou noologiques de l'environnement humain.

Ainsi serait réalisé le rêve technocratique de l'hypermatrice, permettant de pondérer l'importance de chacun de ces multiples impacts et d'agréger l'ensemble des résultats, dans un même raisonnement inductif, de façon à obtenir une conclusion synthétique sur l'impact total d'un projet. Ainsi, après avoir additionné les grenouilles possiblement perturbées aux paysages déstructurés par un éventuel projet, on pourra comparer le projet à d'autres hypothèses en soupesant la valeur environnementale comparative des grenouilles versus celle des arbres, celle d'un site archéologique versus celle des chevreuils, celle des barrages des castors versus le maintien des traditions locales.

Un bon nombre d'associations professionnelles et scientifiques en évaluation environnementale nourrissent ce fétichisme de l'impact total. De vilaines langues diront peut-être que cette conception de l'environnement matériel et noologique, postulant l'interchangeabilité des éléments et la sommation des impacts, signe la victoire paradigmatique de la perspective des ingénieurs, dure et rassurante, sur celle des sciences humaines, molle et insécurisante. Conséquemment, l'EIE est généralement considérée comme une véritable panacée technique. Pourtant, sous certains aspects, il s'agirait plutôt d'une supercherie axiologique[1]. À d'autres égards, elle apparaît comme une véritable passoire.

Ainsi, un nombre croissant d'observateurs s'étonnent du fossé qui sépare habituellement les valeurs environnementales des experts et celles des populations du milieu d'accueil, ainsi que des énormes différences qui existent aussi entre les différents acteurs d'une même population d'accueil. On s'étonne également de la très faible importance que ces études consacrent aux impacts sociaux, culturels ou psychosociaux, notamment en matière d'appréhension des risques pour la santé et la sécurité des populations du milieu d'accueil. Cette problématique soulève quelques questions fondamentales qui méritent le débat : les méthodes employées par les EIE sont-elles à la hauteur des objectifs poursuivis et des attentes des communautés concernées ? Ces méthodes permettent-elles aux spécialistes de réaliser des EIE suffisamment crédibles ? La démarche des EIE permet-elle l'intégration véritable des différentes préoccupations des citoyens, de surcroît lorsqu'elles sont asymétriques, voire antinomiques ? Devrait-on rejeter ces approches méthodologiques et les remplacer par la négociation politique entre les acteurs sociaux ? De quels outils disposons-nous à cet égard ?

5.3. UNE SUPERCHERIE AXIOLOGIQUE

À chacune des étapes d'une EIE, les experts qui la réalisent doivent nécessairement faire des choix discriminants particulièrement arbitraires et subjectifs (Leduc et Raymond, 2000). Ces choix concernent surtout

---

1. Le *Petit Robert* définit l'axiologie comme la science et la théorie des valeurs morales. Par extension, est qualifié d'axiologique tout phénomène concernant les valeurs culturelles et idéologiques.

l'identification des sources d'impacts et des composantes sensibles du milieu récepteur, la détermination des niveaux d'impacts acceptables et des procédures de pondération et d'agrégation des impacts.

Aucune EIE ne peut être réalisée sans que ces choix soient effectués, consciemment ou pas, explicitement ou implicitement. Or, tous ces choix sont des choix axiologiques, puisqu'ils reposent sur les valeurs morales, idéologiques, ou sur les préférences des experts impliqués. Mais ces derniers n'explicitent pratiquement jamais les choix qu'ils effectuent et encore moins les motifs ou le rationnel sous-jacent. Le tout demeure le plus souvent entièrement dissimulé derrière un discours ampoulé ou une matrice fétiche, camouflant par un paravent de pseudo-scientificité les valeurs subjectives des experts. Rien d'étonnant, puisque dans l'esprit du promoteur du projet, qui produit l'EIE avec ses propres experts, les résultats doivent être communiqués de façon à minimiser les risques de contestation organisée. On peut comprendre que, de leur point de vue, l'impact que pourrait avoir l'EIE sur le projet puisse leur sembler plus important que l'impact du projet sur l'environnement. Bien entendu, il n'y aurait pas de quoi fouetter un chat si les valeurs des experts, en matière de risques environnementaux, correspondaient à celles de la population en général. Mais il est très rare que les choses soient si simples. La plupart du temps, les experts font des choix discriminants fondés sur des valeurs pondérées non consensuelles.

Évidemment, dans toute controverse environnementale, chacun des groupes en présence éprouve beaucoup de difficultés à admettre que la perception adverse puisse être rationnelle. Fischoff et Barhillel (1984) ont déjà confirmé que le public et les experts nourrissaient une très grande confiance envers leurs jugements respectifs, chacun se demandant comment la raison peut générer des perceptions si antagonistes d'une seule et même réalité objective. Alors que les spécialistes appuient leur confiance sur l'expertise scientifique et les jugements de faits, ils ont généralement tendance à considérer l'opinion publique comme irration-nelle, émotionnelle et idéologique, générée avant tout par des jugements de valeur provenant d'une méconnaissance profonde des risques réels et objectifs. Le physicien nucléaire Cohen (1983) exprime bien ce point de vue :

> [...] the public has been driven insane over fear of radiation from nuclear power. I use the word « insane » purposefully since one of its definitions is loss of contact with reality. The public's understanding of radiation dangers has virtually lost all contact with the actual dangers as understood by scientists.

La *Rationalité* et les motifs raisonnables ne seraient-ils vraiment que d'un seul côté, l'*Obscurantisme* et l'Idéologie de l'autre? Dans les faits, toute perception des risques, même erronée aux yeux de la partie adverse, s'appuie sur une rationalité qui lui est propre et qui détermine la façon dont le problème est posé, étudié et résolu. Qu'il s'agisse des experts ou du public, leur perception respective des risques procède, dans les deux cas, de l'évaluation d'un certain nombre de facteurs déterminants, selon eux, l'importance des risques appréhendés. Cette évaluation rationnelle opère cependant à l'intérieur d'un cadre idéologique chargé de valeurs. Conséquemment, l'évaluation des risques environnementaux devrait toujours se fonder sur la compréhension de la rationalité spécifique que les gens utilisent pour *penser les risques*. Granger Morgan (1993, p. 24)) écrit : « *Risk analysts and managers will have to change their agenda for evaluating dangers to the general welfare ; they will also have to learn from the populace rather than simply trying to force information on it.* »

Pour les experts, le concept de *degré de risque* dépend surtout de la probabilité statistique qu'un accident environnemental se produise. Dans le cas du public, que l'on peut considérer comme l'*expert de son propre milieu*, le raisonnement est différent. Plutôt que de mettre l'accent sur la probabilité d'accident, le public concentre son attention sur le degré de gravité d'un accident probable. S'il lui est relativement facile d'admettre que les probabilités d'accident sont effectivement très faibles, comme l'estiment les experts, la population ne considère généralement pas la *probabilité* comme un facteur déterminant de l'évaluation du risque, puisqu'un accident demeure toujours possible. C'est ce raisonnement qui nourrit le syndrome « pas dans ma cour », que les experts reprochent inconsidérément aux communautés locales.

Ce syndrome s'explique aisément, puisque c'est précisément la population elle-même qui constituerait le milieu touché par un éventuel accident. Partie prenante des conséquences d'un accident, cette population se soucie moins des probabilités statistiques que du potentiel catastrophique d'un accident. Comme le soutiennent Proshansky, Ittelson et Rivlin (1976), la population considère que l'information qu'elle reçoit sur l'environnement est en fait une information sur elle-même, puisqu'elle se perçoit, à juste titre, comme partie intégrante du système environnemental menacé par le risque. Il n'est donc pas étonnant que les gens soient relativement imperméables à la description scientifique de l'environnement. Ils réagissent plutôt à la perception qu'ils s'en font et qu'ils se font d'eux-mêmes au sein de cet environnement. Les travaux de Slovic (1987), de Fishoff et Lichtenstein (1983) ainsi que ceux de Whyte et Burton

(1982), confirment aussi que les gens se soucient bien davantage de l'ampleur des dommages éventuels que de prévisions probabilistes, lorsqu'il s'agit de faire face à une situation problématique et incertaine, comportant un certain nombre de suppositions scientifiques non vérifiées.

Or, les questions que la population se pose demeurent souvent sans réponse. La science ne peut évidemment prévoir l'impact ni la gravité d'un accident éventuel puisque cela dépendrait de la nature de la source d'impact, de l'ampleur des défaillances des systèmes de sécurité, de caractéristiques impondérables relatives à la réaction du milieu touché, etc. La science peut prévoir la probabilité d'un accident, mais pas ses conséquences précises sur tel individu ou telle communauté. Imprévisibles, inestimables, incontrôlables, les conséquences potentielles d'un accident peuvent apparaître alors d'une inqualifiable gravité. La seule réponse rationnelle à l'égard d'un tel agent anxiogène est le refus.

En somme, la perception négative ou positive d'un projet à risque, la crainte, l'hostilité ou la confiance qu'il inspire, ne reposent pas sur une simple dichotomie entre l'Idéologie et la Raison. Ces deux composantes du processus cognitif se conjuguent toujours. Le degré de risque environnemental est interprété, tant chez les experts scientifiques que chez les experts de leur propre milieu, à l'intérieur d'un cadre référentiel spécifique qui privilégie la réflexion sur certains facteurs constitutifs du risque et en néglige d'autres. Les protagonistes interprètent la réalité en sélectionnant et en évaluant les informations disponibles selon leurs propres convictions subjectives et idéologiques. Chacun possède donc sa propre rationalité qui opère à l'intérieur d'une grille d'analyse imposant un registre particulier de facteurs significatifs pour penser le risque. Il s'y développe, dans les deux cas, une pensée rationnelle qui compare les risques et les bénéfices. Cependant, les termes de référence sont si différents que la question des risques est posée, analysée et résolue de deux façons totalement divergentes, voire antinomiques. Le raisonnement logique y occupe donc une très large place, comme les valeurs environnementales. Renn (1989, p. 8) affirme ainsi :

> The view that the public perception is distorded and biased and that experts should define the « real » risks is overly simplistic and naïve. Experts are also subject to heuristic biases, such as overconfidence, and can only rely on the available data for making their risks assessments. Different risks have different ranges of uncertainty and many probabilistic estimates are based on subjective judgments of experts.

D'ailleurs, il est éloquent à cet égard de constater qu'un même individu peut répondre à cette question en passant d'un cadre référentiel à l'autre, selon qu'il est interrogé à titre d'expert ou de simple citoyen, ou qu'il se place lui-même dans l'une ou l'autre de ces deux positions. Ainsi, les travaux de Lindell et Earle (1983) montrent que 50 % des ingénieurs nucléaires déclarent ne pas souhaiter vivre à moins de 5 kilomètres d'une centrale nucléaire.

Retenons pour l'instant que l'EIE ne deviendra un outil de développement viable que lorsqu'elle reflétera le système axiologique du milieu d'accueil. Malheureusement, les *experts ès EIE* ne sont pas toujours disposés à reconnaître leur propre arbitraire. Pas plus qu'ils ne semblent toujours comprendre que leur objet d'étude est avant tout une société, un milieu d'accueil composé d'acteurs sociaux. La prise en considération des valeurs de la communauté d'accueil est une nécessité incontournable en matière d'évaluation environnementale. Comme l'écrit Granger Morgan (1993, p. 24), « *risk management is, fundamentally, a question of values* ».

5.4. UNE VÉRITABLE PASSOIRE

Nous l'avons déjà dit, une EIE est un exercice ambitieux. Son objet de recherche n'est rien de moins que *tout ce qui environne l'Homme* et son dessein est d'établir et d'évaluer l'impact global d'un projet d'artefact sur sa qualité de vie. Cette ambition, qu'elle assume tant bien que mal, suppose évidemment d'appréhender *in toto* l'ensemble de la complexité environnementale, c'est-à-dire l'Homme, la société, l'environnement et les rapports qu'ils entretiennent. Une telle méthode holistique n'existe pas pour la simple raison qu'elle dépasse l'entendement. Même si la réalité environnementale forme une totalité systémique dont chaque élément est indissociable, il est impossible de l'appréhender analytiquement sans la fractionner, sans la décomposer en catégories intelligibles. Une telle opération analytique, quoique indispensable, produit nécessairement ses effets pervers. Certaines facettes du phénomène global seront mises en relief, mais d'autres seront négligées, voire ignorées. En fractionnant analytiquement un objet qui, dans la réalité, n'est pas décomposable, on en échappe nécessairement des morceaux. À plus long terme, la tâche qui incombe à l'analyste est de mettre en lumière les facettes laissées dans l'ombre afin de reconstituer, au plan formel, un objet d'analyse qui sera le plus fidèle possible à la réalité.

Comme dans d'autres domaines, ces exigences épistémologiques ont marqué l'évolution des EIE, avec plus ou moins de succès. L'environnement global fut décomposé en différents **domaines**, **niveaux**, **dimensions** et **milieux**, qui furent successivement intégrés aux études. Par exemple, les premiers impacts qui furent considérés étaient essentiellement économiques et concernaient surtout la rentabilité du projet et ses effets d'entraînement sur le développement régional. Les impacts technologiques, en termes de développement d'expertise technique, furent ensuite intégrés aux études. Il ne fut cependant possible de parler d'*études environnementales* que lorsque les risques écologiques furent mis en lumière. Ces impacts sur la biocénose et les biotopes, c'est-à-dire sur la conservation des espèces et l'équilibre des milieux naturels et des ressources, furent bientôt catégorisés comme relevant de la **dimension biophysique** ou du *milieu naturel*, afin de les distinguer du *milieu humain* qui regroupera progressivement les impacts sur l'utilisation du sol, l'aménagement du territoire, le développement spatial, les artefacts patrimoniaux, l'esthétique des paysages, etc.

Il reste que les impacts sociaux considérés dans les EIE semblent bien minces. Bien entendu, les impacts économiques et technologiques (Guigo *et al.*, 1991), ainsi que tous les impacts sur le milieu humain, ont une incidence sociale importante et peuvent modifier les modalités d'exercice de la vie des communautés. Cependant, même s'ils peuvent alors être qualifiés d'impacts *sociaux*, ils sont loin d'épuiser le domaine ! Un certain effort fut donc récemment investi dans les EIE afin d'élargir l'analyse à d'autres impacts sociaux. L'impact sur le niveau, la variété et l'accessibilité des emplois et des contrats de fourniture de biens et services, ainsi que l'impact sur l'intensité de la concurrence entre les firmes et sur les échanges interindustriels, viennent enrichir l'analyse de la distribution des retombées économiques. Les changements démographiques, l'occupation du territoire habité, l'accessibilité aux activités récréatives et aux ressources, la perturbation des unités de voisinage, le bruit et les règles de contrôle public de l'utilisation du territoire sont maintenant davantage considérés dans l'analyse du milieu humain.

Ainsi bonifiée, l'EIE se rapproche un peu plus de son objectif de cerner l'ensemble des impacts sur la qualité de vie. Toutefois, ces études sont essentiellement descriptives et ne portent que sur la qualité de vie physique et matérielle des individus. C'est donc afin de considérer aussi l'autre dimension de la qualité de vie, soit la dimension psychique ou psychologique, que des EIE plus qualitatives ont récemment commencé, au Québec, à évaluer les impacts qui concernent, par exemple, la perception mentale des formes paysagères ou architecturales et les symboles culturels qu'elles représentent.

Ces efforts, encore beaucoup trop rares, doivent continuer afin non seulement de produire de meilleures EIE, mais aussi de concevoir des projets qui correspondent davantage à ce que souhaitent les populations concernées, ou à ce qu'elles sont disposées à accepter. Ce n'est malheureusement pas le cas actuellement. Les projets qui soulèvent des tollés, voire la vindicte populaire, sont le plus souvent ceux qui s'appuient sur des EIE ayant passé outre ces fameux impacts sociaux. Ce fut par exemple le cas du projet d'aménagement hydroélectrique du lac Robertson, sur la Basse-Côte-Nord, où la Cour supérieure fut saisie d'une demande d'injonction, par les Montagnais, afin d'interrompre ce projet d'Hydro-Québec. Les demandeurs plaidèrent que la compagnie, dans son EIE, avait fait défaut d'analyser les impacts sociaux[2]. Ce fut aussi le cas, beaucoup plus grave, du projet hydroélectrique de Sardar Sadovar, en Inde, « qui a soulevé un tel remous que les individus ont décidé de se laisser mourir pour lui barrer le chemin parce qu'il allait déraciner 80 000 personnes de leur milieu[3] ». La Banque Mondiale a coupé les fonds à ce projet, car l'évaluation environnementale avait négligé les impacts sociaux.

Pourtant, les partisans de la *Deep Ecology* reprochent plutôt aux EIE leur prédisposition anthropocentriste qui négligerait non pas les impacts sociaux, mais plutôt les impacts écologiques. Ils en tiennent pour preuve que c'est souvent au nom des bénéfices économiques, technologiques et aux autres incidences positives sur les humains que l'on recommandera la réalisation des projets examinés. À contre-pied, les sciences humaines reprocheront aux EIE de souffrir de biocentrisme, d'être obnubilées par l'homéostasie de la biocénose et de négliger dramatiquement les impacts sociaux. Les uns et les autres ont probablement raison. D'une part, tous nos raisonnements sur l'environnement sont assurément teintés d'anthropocentrisme hiérarchique, envisageant l'Homme comme le **maître de la nature**. Mais ce genre d'anthropocentrisme produit paradoxalement le biocentrisme : l'Homme, *maître de la nature*, la dirige, la coordonne, l'exploite, mais il ne peut pas s'envisager lui-même comme en faisant humblement partie, encore moins en être le centre ! Le rapport d'altérité Homme-Nature que construit l'anthropocentrisme hiérarchique conduit inévitablement, lorsque l'Homme analyse l'environnement, à une pensée biocentriste, exclusivement axée sur les aspects biophysiques.

Il n'est donc pas étonnant que l'importance accordée aux impacts sociaux soit encore très réduite, sinon extrêmement négligeable, et ce, dans l'ensemble des EIE et des différents manuels méthodologiques (Sadar, 1996). Pourtant, l'environnement n'est devenu objet d'étude autonome qu'au moment où la société lui a reconnu une valeur collective correspondant à la volonté des citoyens de protéger ou d'améliorer leur qualité de vie, par la protection et la mise en valeur de leur environnement naturel et habité. Les législations exigeant la réalisation d'EIE n'ont d'autre justification que celle de répondre à ces exigences sociales.

---

2. *La Presse juridique,* le 2 avril 1993, p. 10.
3. *Le Devoir,* le 15 mai 1993.

Bien entendu, ces brèves constatations peuvent encore sembler triviales. Pourtant, elles ont le mérite de rappeler la nécessité de l'anthropomorphisme véritable, consistant à réintroduire l'Homme et sa société au centre des évaluations environnementales, afin de redonner à l'environnement sa signification générique, c'est-à-dire **tout ce qui environne l'Homme** et qui, ultimement, participe à sa qualité de vie. Ce qui implique, en définitive, que tout impact environnemental devrait être évalué selon sa contribution à la qualité de vie actuelle et future de la population, et ce, qu'il s'agisse d'un impact sur le milieu naturel ou sur le milieu humain.

La pertinence d'évaluer les impacts sociaux ne fait plus aucun doute, que ce soit afin de mieux prendre en considération les valeurs des populations touchées et de tempérer ainsi l'arbitraire méthodologique des experts, comme nous l'avons abordé précédemment, ou plus simplement afin de produire des EIE plus complètes, dont les mailles plus serrées ne laisseraient plus s'échapper d'innombrables incidences sociales d'un projet d'aménagement qui présente des risques environnementaux élevés.

5.5. LES PISTES DE SOLUTIONS

Nous avons relevé deux ordres de problèmes auxquels sont confrontées les EIE : d'abord l'arbitraire méthodologique et axiologique qui néglige presque totalement les valeurs environnementales des populations d'accueil ; ensuite l'incapacité de considérer adéquatement les impacts sociaux. Face à ces problèmes, trois grandes approches d'évaluation environnementale sont aisément envisageables : *technique*, politique ou axiologique.

L'approche **technique** s'appuie pour l'essentiel sur la croyance que si l'arbitraire des valeurs est inévitable, mieux vaut s'en remettre au jugement des experts qui s'appuient au moins sur des assises scientifiques reconnues, plutôt qu'aux valeurs exclusivement idéologiques de la population ; nous avons déjà abordé ce point de vue. Rappelons qu'il implique la certitude que les opposants se prononcent à partir de **fausses** convictions et qu'ils réviseront volontiers leur position si on leur montre les bénéfices qu'ils retireront du projet, si on leur offre des bénéfices compensatoires satisfaisants, ou si on les instruit des vérités scientifiques qu'ils ignorent.

Dans une telle perspective, l'étude des impacts sociaux consistera essentiellement à cerner les inconvénients qu'implique le projet, à élaborer des mesures compensatoires adéquates et à mettre en relief les bénéfices à retirer. Bref, reproduisant comme par décalque la logique de la procédure de traitement des impacts biophysiques, il s'agira d'atténuer les impacts sociaux négatifs et de maximiser les impacts positifs, de manière à éviter que l'environnement n'oppose une trop forte résistance au projet. Sur la base d'un tel raisonnement, il semble tout à fait convenable, au plan méthodologique, de raffiner ou d'ajouter des catégories sociales aux listes, aux grilles et aux matrices d'impact, de façon à mettre en équilibre les impacts sociaux et les impacts écologiques. Cette approche technique du social, le réduisant à ses dimensions empiriques et mesurables, n'est pas que le résultat indirect du fétichisme technique évoqué précédemment, mais procède aussi de l'opportunité qu'il y a, pour le promoteur, de présenter les composantes de l'environnement et les impacts de toute nature comme étant interchangeables, de façon à pouvoir négocier avec les opposants au projet le prix environnemental qu'il leur faudra payer afin de préserver, par exemple, telle composante sociale, ou obtenir tel bénéfice, au détriment de telle composante écologique. Combien de poissons en échange d'un peu plus d'équilibre social, ou d'un peu moins de contestation ? Combien de contrats de fourniture d'équipements en échange de l'insécurité psychologique à l'égard d'une installation à risque ? Ne rions pas.

Les valeurs de la population concernée, lorsqu'elles sont considérées, le sont à titre d'une composante environnementale qui, comme toutes les autres, doit être intégrée à l'ensemble des éléments susceptibles de subir un impact. L'importance relative que les experts décideront d'accorder à ces valeurs populaires, comparativement à l'importance qu'ils accorderont aux castors, aux plantes rares, au bruit, aux retombées économiques ou à l'efficacité technique, dépendra nécessairement des valeurs de ces mêmes experts.

Cette approche dite *technique* est évidemment la plus populaire chez les professionnels des EIE. En revanche, la deuxième approche, dite *politique*, est plus fréquente chez les intellectuels des EIE et chez tous ceux qui sont mandatés pour arbitrer les différends et concilier les positions.

L'approche **politique** se fonde sur le constat fort réaliste que l'objectivité scientifique dont se réclament les professionnels des EIE est un leurre, que l'arbitraire de toute évaluation environnementale est inévitable, qu'il soit le fait des experts ou des populations touchées. Plutôt que de nier ces conflits de valeurs, mieux vaudrait les assumer dans une négociation franche et qui mettrait à jour les préoccupations de toutes les parties. Voilà la véritable objectivité, la seule possible. En invitant les citoyens, le plus hâtivement possible, à prendre part à la préparation des projets, en cernant le plus tôt possible les opinions et les enjeux, en instituant de véritables mécanismes de médiation environnementale, les projets susciteraient beaucoup moins de controverses qu'actuellement, alors que la population n'est consultée qu'à la fin du processus décisionnel. La Banque Mondiale (1999) insiste : « Les gouvernements et les promoteurs devront préparer de plus en plus ces projets dès leurs étapes préliminaires avec les groupes de pression et les populations affectées. »

L'idée est séduisante. En instituant une procédure qui permet aux gens d'exprimer leurs valeurs et leurs préoccupations sociales dès l'étape d'avant-projet, nous obtiendrions la garantie que les valeurs populaires et les incidences sociales du projet seront non seulement considérées, mais qu'elles encadreront en définitive l'ensemble du processus d'évaluation environnementale. À la limite, l'étude des impacts sociaux deviendrait même superflue, puisque lesdits impacts seraient implicitement pris en charge par la démarche de conception et de négociation entre les intervenants !

Pourtant, même s'il y a consensus sur la noblesse et les vertus d'une telle démocratisation des processus d'aménagement, on est encore loin de la coupe aux lèvres. Point n'est besoin d'épiloguer longuement sur le fait qu'il peut exister autant de solutions de remplacement à un projet d'aménagement, sur un site donné, qu'il y a d'intérêts divergents quant à l'utilisation de ces territoires. On peut alors imaginer les EIE supplémentaires, les coûts astronomiques et surtout la démobilisation généralisée, comme premières conséquences d'un processus de conception-négociation auquel tous seraient conviés à participer et qui, plus souvent qu'autrement, tournerait au vinaigre à cause de points de vue trop nombreux, dissemblables ou carrément irréconciliables. Bien entendu, cette participation devrait alors être réservée aux groupes de pression. Mais c'est leur représentativité qui poserait alors problème. Non pas que les groupes de pression ne soient pas les représentants les plus valables de nombreuses couches sociales, mais plutôt parce que tous ces groupes ont une mission sectorielle, qui touche certains aspects particuliers de la vie sociale. La prise en considération de l'ensemble des impacts sociaux doit absolument s'intéresser à tous les enjeux de la vie sociale concernés par le projet et, notamment, les valeurs populaires. Or, il n'existe pas nécessairement un groupe de pression pour chacun des enjeux spécifiques soulevés par un projet donné. Prenons l'exemple d'un projet nucléaire qui générerait des perturbations psychosociales graves, comme une insécurité chronique chez les enfants ou un intense sentiment d'angoisse ou de résignation chez les aînés. Ces perturbations sont de nature à demeurer sous silence et à passer inaperçues, faute d'avoir été collectivement exprimées. Néanmoins, il est bien évident que la participation des groupes de pression bonifie incontestablement l'harmonisation d'un projet à son milieu d'accueil et il faut souhaiter que leur implication soit la plus hâtive possible.

Dans le cadre de processus participatifs d'aménagement du territoire, il est bien connu que l'opinion publique, ou plutôt les **opinions publiques**, sont parfois changeantes et fluctuantes, souvent au gré de leur médiatisation. Une solution négociée à une controverse environnementale peut apparaître très satisfaisante dans le contexte où elle est convenue, mais cela n'assure pas sa fiabilité ni sa durabilité.

Bref, l'ouverture démocratique de l'approche politique est une excellente idée, incommensurablement supérieure à l'entêtement de l'attitude technique à ne considérer le système axiologique d'une population qu'au titre d'une *donnée comme les autres*. La supériorité de l'attitude politique est surtout redevable de son principe fondamental, selon lequel il est pertinent que les valeurs et les préoccupations d'une population puissent encadrer et baliser le cheminement d'une évaluation environnementale, orienter et définir les choix axiologiques à effectuer. À ce chapitre, la participation du public, comme l'explique Pierre André (1999, p. 186), « n'est pas une étape en soi du processus d'EIE, c'est plutôt une nécessité transversale qui se manifeste à chacune des phases, soit depuis l'idée de projet jusqu'à la prise de décision ». Cette perspective est diamétralement opposée à l'attitude techniciste des experts qui, en inscrivant les valeurs populaires dans leurs grilles et de leurs matrices, à côté des autres impacts de tout acabit, continuent inconsciemment à définir la rationalité générale de l'EIE selon leurs propres valeurs subjectives, qui encadrent le cheminement et prédéterminent les conclusions. Ce que l'approche politique nous enseigne, c'est que la question n'est pas de savoir quelles sont les valeurs à déterminer dans la matrice fétiche, mais plutôt de décider quel système axiologique encadrera la démarche d'évaluation. Cette attitude nous invite aussi à constater l'évidence : par leur discours sur les projets, les collectivités déterminent, qualifient et pondèrent elles-mêmes les impacts sociaux qu'elles anticipent. Les valeurs d'une communauté ne sont jamais étrangères à leurs préoccupations et aux impacts appréhendés. Dès lors, il s'agit de comprendre ces valeurs, de les laisser imprimer la démarche d'évaluation par l'intégration des discours et, par le fait même, les impacts sociaux seront mieux considérés et pondérés.

À cet égard, les outils informatiques d'évaluation environnementale peuvent s'intégrer facilement à cette approche et s'avérer fort utiles pour rendre transparente la hiérarchisation des valeurs environnementales utilisées par les experts des EIE, les soumettre à la discussion publique, mobiliser les acteurs sociaux autour des enjeux environnementaux soulevés par un projet, favoriser l'émergence de solutions de remplacement et stimuler la négociation environnementale autour de celle-ci. Par exemple, les systèmes d'information géographique ultra-rapides, intégrant la géomatique et l'analyse multicritère interactive, peuvent produire des cartes analytiques modifiables en quelques secondes. Ces systèmes peuvent intervenir, dans les assemblées publiques de consultation et de négociation environnementales, afin de concevoir et de montrer instantanément les différentes options de corridors de passage d'une ligne hydroélectrique, d'une route, d'une voie ferrée, d'un gazoduc, etc. Chacune de ces possibilités de tracé évite les composantes environnementales sensibles selon les diverses hiérarchies de valeurs environnementales soumises respectivement par les différents acteurs, c'est-à-dire selon les différentes pondérations des différentes composantes environnementales et l'intensité appréhendée des différents impacts. Apparaissant directement à l'écran, ces options peuvent être comparées sur-le-champ, discutées, soupesées, modifiées à volonté, bref, négociées.

Tous les exercices de planification territoriale peuvent évidemment profiter d'une démarche comparative semblable, qui facilite la participation populaire et permet des échanges vraiment constructifs entre les acteurs impliqués. Plutôt que de se dissimuler démagogiquement derrière un écran de fausse scientificité, la subjectivité environnementale de chaque acteur se déclare, franche et loyale, ouverte à la négociation avec les autres subjectivités. Existe-t-il vraiment d'autres moyens de stimuler l'épanouissement de véritables processus participatifs en aménagement du territoire ?

Malheureusement, l'approche politique a aussi ses propres limites opérationnelles. Elle nous invite donc à repenser le traitement que nous accordons aux valeurs de la population d'accueil et aux impacts psychosociaux des projets avec l'approche **axiologique**. Tout projet d'aménagement qui présente un degré élevé de risques environnementaux soulève nécessairement, dans la population concernée, des inquiétudes relatives aux dangers virtuels engendrés par le projet. Les impacts que l'on a jusqu'à maintenant désignés comme *sociaux* sont le plus souvent des préoccupations au sujet des risques anticipés. Ce type d'impact, proprement *psychosocial*, constitue un facteur déterminant quant à la qualité de vie des gens qui côtoieront quotidiennement cet aménagement anxiogène. Il devient donc indispensable de comprendre la perception globale de la population à l'égard d'un projet d'équipement pouvant présenter des risques environnementaux et, conséquemment, générer du stress, de l'anxiété ou d'autres réactions psychosociales du même type. De ce point de vue, les EIE n'ont de valeur que si elles interrogent les inquiétudes et les valeurs des citoyens à l'égard d'un projet.

Contrairement aux autres impacts environnementaux qui s'exercent sur la qualité de la vie physique et matérielle, les impacts psychosociaux sont purement *noologiques*, c'est-à-dire qu'ils s'exercent sur la qualité de la vie psychique des individus et, conséquemment, sur la perception qu'ils se font de leur propre environnement et de leur qualité de vie globale. La prise en considération de ces impacts exige de replacer l'Homme *entier* et sa qualité de vie globale au centre des études environnementales. Le concept d'*environnement* en est ainsi enrichi puisque les impacts psychosociaux, relatifs à la subjectivité de l'individu, ne procèdent pas d'un découpage déductif et analytique de la réalité ambiante, mais plutôt d'une appréhension inductive et globale de l'environnement, alors intégré totalement dans le champ de la conscience, évalué par l'individu en rapport avec sa qualité de vie et filtré par sa propre structure axiologique, c'est-à-dire par le système de valeurs auquel il adhère.

La prise en considération des impacts psychosociaux relatifs à la perception nous permet ainsi d'interroger les acteurs sociaux et de donner la parole à leur système de valeur, de façon qu'il puisse contribuer le plus possible au processus de prise de décision concernant un projet. Bref, l'environnement est un objet d'analyse qui n'a de signification que s'il est compris par rapport au sujet qui le vit et l'appréhende, c'est-à-dire l'Homme.

Dans le domaine de l'évaluation environnementale, cette perspective insiste sur la nécessité de considérer les valeurs de la communauté concernée dès le début du processus d'évaluation, sans attendre leur expression formelle dans le cadre d'un processus quasi judiciaire d'audiences publiques, auquel la très grande majorité de la communauté ne participe pas. En fait, les approches politique et axiologique sont très complémentaires et gagneraient à s'associer et à s'enrichir mutuellement.

Probablement parce que le besoin et la nécessité sont les père et mère de l'innovation, les évaluations psychosociales semblent sur le point de prendre leur envol. L'anthropologue Jean-Pierre Garneau (1994, p. 17) explique, avec beaucoup d'humour, que les conditions favorables sont apparues

> [...] quand les décideurs ont compris que c'étaient les citoyens de Senneterre et non les brochets du lac Parent, qui s'opposaient à ce que l'on détruise chez eux les BPC de St-Basile le Grand ; quand ils ont compris qu'il était au moins aussi pertinent de comprendre ce qui se passe dans la tête des gens que sous les écailles des poissons.

Cette idée fait maintenant son chemin. Les rapports d'enquête et d'audience publique du Bureau d'audiences publiques sur l'environnement (BAPE) font maintenant état de la nécessité d'étudier la perception populaire du risque appréhendé. Pour André Delisle (1994), ingénieur et commissaire au BAPE, l'acceptabilité sociale compte désormais au nombre des conditions incontournables de la réalisation de projets. Or, comme nous l'avons déjà évoqué, la perception d'un projet est le produit d'un processus cognitif qui opère dans un cadre référentiel chargé de valeurs. Ces valeurs sont organisées et hiérarchisées, par l'individu et la société et forment ainsi la structure ou le système axiologique qui médiatisera la connaissance et la régulera afin de permettre une perception cohérente de la réalité. Dans une société globale donnée, cette régulation opérée par le système axiologique collectif détermine la cohésion idéologique. Cette cohésion s'exprimera par le partage collectif d'une certaine façon de voir les choses, de s'appréhender soi-même et l'environnement, bref, par le partage d'une certaine vision du monde, et ce, malgré les nombreuses divergences de points de vue sur des questions secondaires. Dans le domaine de la perception d'un projet, ces valeurs s'expriment sous la forme de critères de jugement ou d'appréciation utilisés par la plupart des gens afin d'accepter ou de rejeter certaines particularités du projet.

Plusieurs études et enquêtes auprès des populations ont tenté de mettre en relief les caractéristiques, psychologiques ou sociologiques, qui pourraient expliquer la formation des valeurs et des critères de jugement participant à l'appréciation des risques, surtout dans le domaine des projets nucléaires. D'autres études ont cherché plus directement à connaître et à documenter ces valeurs et ces critères. Dans l'ensemble, ces travaux fournissent un certain nombre de matériaux qui alimentent la réflexion sur le mode de formation et les grandes caractéristiques de ce cadre référentiel. Les paragraphes suivants présentent un survol sélectif des matériaux théoriques les plus significatifs.

5.6. LES CONTRIBUTIONS À L'APPROCHE AXIOLOGIQUE

C'est à l'approche transactionniste que nous devons l'idée selon laquelle l'individu se perçoit lui-même au centre de l'environnement menacé par le risque. L'information qu'il reçoit sur le risque environnemental d'une technologie ou d'une activité est donc perçue comme le concernant directement. Les travaux de Proshansky, Rivlin et Ittelson (1973) vont dans ce sens. Dès 1973, Ittelson établissait cinq étapes du processus cognitif par lequel l'individu appréhende l'information sur les risques environnementaux. Premièrement, l'individu exprime son affectivité en confrontant l'objet de risque à son attachement émotif à l'égard de son environnement immédiat. Puis, les avantages et les inconvénients sont évalués selon sa propre expérience de vie. Troisièmement, l'individu établit le niveau de risque présenté par l'objet, en se référant toujours à son vécu. Il systématise ensuite l'information selon des modalités propres à assurer sa cohérence avec le bilan perceptuel préalablement établi. Enfin, l'individu se place à l'intérieur du système environnemental menacé et confronte ses besoins et ses désirs aux conséquences appréhendées. Il accepte ou refuse alors l'objet de risque.

D'autres chercheurs ont tenté de mieux connaître les circonstances ou les facteurs conditionnant psychologiquement la perception du risque. Vlek et Stallen (1981) ainsi que Lindell et Earle (1983) ont souligné que la familiarité physique ou professionnelle avec l'objet de risque diminue l'anxiété et le degré du risque perçu. Toutefois, aucune recherche n'a expliqué si les individus vivant à proximité d'une installation à risque, ou y travaillant, avaient choisi cette situation précisément parce qu'ils en étaient préalablement moins inquiets, ou si, au contraire, la proximité avait graduellement abaissé un niveau d'anxiété auparavant plus élevé.

La recherche psychométrique et psychosociale sur les déterminants de la perception du risque s'est considérablement développée au cours des années 1980, marquées, entre autres, par les travaux de Fischoff, de Slovic, de Covello, de Vlek, de Stallen et de Renn. En synthétisant les résultats obtenus par ces chercheurs, nous pouvons ainsi considérer que le risque perçu sera d'autant plus élevé qu'une ou plusieurs des conditions suivantes seront présentes :

- L'individu n'est pas familiarisé avec l'activité à risque.

- L'individu ne conduit pas lui-même l'activité à risque.

- L'activité est difficilement contrôlable et la gestion du risque est complexe.

- Le promoteur ou le responsable de l'activité sont peu crédibles et une erreur de leur part peut causer un accident.

- Les institutions de gestion du risque ont déjà présenté une mauvaise performance et sont peu crédibles.

- Les conséquences d'un accident sont très élevées, même si la probabilité qu'il survienne est faible.

- Un accident imperceptible peut produire des conséquences élevées.

- Les conséquences d'un accident surviendraient rapidement.

- Le risque de mortalité est plus élevé que le risque de blessures.

- Les conséquences d'un accident sont continues, durables et irréversibles.

- L'impact s'exercerait sur les générations futures.

- Il est facile d'imaginer les conséquences catastrophiques d'un accident.

- Des catastrophes reliées à ce domaine d'activité sont déjà survenues.

- Les conséquences des catastrophes passées sont mémorisées.

- Des victimes d'un accident sont connues et identifiées.

- Les bénéfices sont plus faibles que les risques.

- Les risques et les bénéfices ne sont pas distribués équitablement dans le temps et dans l'espace.

Afin d'assurer des assises empiriques à leurs recherches sur la perception des risques, certains sociologues ont cherché à établir des corrélations entre le degré d'inquiétude manifesté par les gens et certaines caractéristiques sociodémographiques comme le sexe, l'âge et la scolarité. Whyte et Burton (1982), par exemple, ont ainsi prétendu que les femmes, les personnes âgées et les gens faiblement scolarisés ont davantage de craintes et sont moins informés sur les risques réels que les hommes, les jeunes et les personnes fortement scolarisées. D'autres enquêtes, dont celle de Gardner et ses collaborateurs (1982), ont cependant montré que ces corrélations n'étaient pas généralisables et que chaque contexte présentait à cet égard une configuration particulière. La sociométrie n'est pas encore parvenue à établir des corrélations suffisamment satisfaisantes entre les caractéristiques sociodémographiques du milieu d'accueil et la perception du risque. Lowe et Goyder (1980) ont pour leur part mis en relief la corrélation entre l'élévation du niveau de vie des individus et leurs préoccupations croissantes en matière de santé, d'environnement, de convivialité sociale, de valorisation non matérielle et de prise de conscience des coûts pervers de la croissance économique.

Une autre école de pensée, représentée entre autres par Mazur, Renn, Rip, Douglas et Wildavsky (1990), a abondamment démontré que l'anxiété et l'inquiétude manifestées par les gens à l'endroit de technologies à risques environnementaux constituaient, avant tout, une forme de participation politique à la vie sociale, par laquelle la société civile prend la parole pour exprimer un jugement critique à l'endroit des institutions et de la technologie, parfois perçues comme des instruments politiques de contrôle social et économique, conçus et utilisés à l'avantage d'une minorité possédante. Rothman (1987, p. 395) écrit, après un sondage mené auprès de 1203 personnes : « *Nuclear energy is a surrogate issue for more fundamental criticism of U.S. institutions.* » Cette perspective a le mérite de renverser l'hypothèse traditionnelle, selon laquelle la perception du risque déterminerait l'acceptabilité d'une technologie. Ici, c'est plutôt l'acceptabilité sociopolitique d'une technologie qui détermine la perception du risque et, par le fait même, l'impact psychosocial généré par la technologie concernée.

Douglas (1982), Wildavsky et Dake (1990) ont approfondi cette réflexion en l'appuyant sur les principes suivants : *a)* l'individu est l'organisateur actif de sa propre perception du risque ; *b)* il forme cette perception en sélectionnant, parmi l'information qu'il reçoit sur la technologie concernée, ce qui est conforme à ses propres valeurs, croyances, convictions, idéologies et conceptions du monde préalables ; *c)* ces valeurs et ces idéologies, constituant la culture politique de l'individu, sont celles qui appuient et nourrissent le mode de relations sociales qu'il privilégie, parce que ces relations le privilégient. À rebours, cette filière théorique implique donc qu'en circonscrivant le mode de relations sociales auquel adhère l'individu, il serait alors possible de prévoir les valeurs qui interviendront dans son appréciation d'une activité donnée et, conséquemment, sa perception du risque.

De façon un peu caricaturale, les trois sociologues ont établi trois grands modes de relations sociales : hiérarchique, compétitif et égalitaire. Ces modes se différencient surtout par l'importance que les adhérents accordent, d'une part, à l'appartenance au groupe social et, d'autre part, à la stratification sociale, au statut, aux règles et aux normes institutionnalisées. Les enquêtes démontrent que l'adhésion d'un individu à l'un de ces modes est extrêmement durable et que tous les adhérents à un même mode réagiront d'une façon très similaire et prévisible à l'égard d'une activité donnée, élaborant une perception consensuelle du risque anticipé. Toutefois, aucun mode ne suppose que soit repoussée toute activité à risque : chaque mode accepte certaines activités à risque et en rejette d'autres, selon sa conformité aux valeurs qui le soutiennent.

Les **hiérarchistes** sont les plus farouches défenseurs de la loi et de l'ordre. Ils valorisent les rapports sociaux de type supérieur / subordonné et craignent les comportements de contestation sociale, perçus comme délinquants et générés par le manque de discipline. Partisans de la centralisation des décisions, ils nourrissent une grande confiance à l'endroit de l'expertise certifiée institutionnellement et des règles de sécurité émises par les experts, notamment en matière de gestion des risques environnementaux. Leur sentiment d'appartenance à une strate sociale spécifique est très élevé et ils se sentent très concernés par les enjeux sociaux qui menacent leurs valeurs fondamentales. Parce qu'ils accordent une grande crédibilité aux institutions centralisées et à l'expertise scientifique certifiée, ils accepteront volontiers l'activité nucléaire, précisément parce que ce type d'activité implique un ensemble de mesures hiérarchisées de contrôle et de gestion conformes à leur conception de l'ordre social.

Les **compétitifs**, pour leur part, méprisent les règles technocratiques des *hiérarchistes*. Partisans de l'initiative individuelle et de la liberté d'entreprise, ils assimilent la qualité de vie et la croissance économique, la démocratie et le capitalisme, la liberté et les profits. Ils sont farouchement opposés à l'intervention de l'État, surtout en matière de soutien social, parce qu'elle détruirait l'esprit d'initiative. L'équilibre naturel de l'environnement ne doit pas être maintenu par des contraintes artificielles, mais plutôt par une exploitation régie par les forces équilibrantes de la compétition dans un libre marché. Dans la mesure où le projet sera promesse de bénéfices qui stimuleront l'entrepreneurship, les risques environnementaux leur apparaîtront négligeables. Bien entendu, ils ne seront nullement impressionnés par les mesures de contrôle et de gestion, si chères aux hiérarchistes, mais tellement irritantes pour les compétitifs. Méfiants à l'endroit des structures, valorisant la compétition individuelle, les compétitifs n'éprouvent pas de sentiments d'appartenance à l'endroit d'un groupe social particulier. Ils se sentiront peu concernés par les débats sur les enjeux sociaux et, s'ils prennent position, ce sera à titre individuel et de façon très épisodique.

Enfin, les **égalitaires** sont les avocats de la justice et de l'équité sociale. Repoussant à la fois les valeurs inégalitaires des *hiérarchistes* et des *compétitifs*, ils s'opposent à toute activité et à toute technologie susceptibles d'alimenter l'iniquité sociale par la privatisation des bénéfices entre les mains des possédants et par la socialisation des pertes au sein de la majorité. Par contre, ils appuieront volontiers toute activité générant un meilleur partage de la richesse ou l'amélioration de la qualité de vie de la majorité. Particulièrement préoccupés par la société qu'ils légueront aux générations futures, ils sont également partisans de l'élargissement des libertés civiles, des technologies conviviales et du développement viable.

De telles descriptions archétypales peuvent faire sourire. Néanmoins, ces travaux de l'équipe de Wildavsky ont le mérite de mieux documenter la perspective selon laquelle c'est l'idéologie sociopolitique de l'individu qui, déterminant à ses yeux l'acceptabilité d'une technologie, générera sa perception du risque et non pas l'inverse. Comme le montrent les enquêtes (Wildavsky, 1990, p. 55) : « *People who oppose big government and big business express greater fear of radiation.* » En fait, on ne saurait trop souligner l'importance du prisme idéologique dans l'appréciation des problèmes sociaux et des activités chargées de les résoudre.

Environmentalists perceived water clarity to be getting worse, while those in favour of economic growth and property rights simply refuse to believe the wealth of documented, and widely diffused, scientific evidence developed by one of the world's leading limnologists demonstrating statistically significant declines in water clarity over the previous 1015 years.

Ceci concorde d'ailleurs avec les observations de l'équipe de Renn (1989, p. 8) :

Surveys have clearly demonstrated that persons who feel closely attached to the values of economic performance and standard of living, perceive technological risks as less threatening than persons who have developed a special sensitivity towards environmental protection and equity issues. The more people depend economically on the production sector of society the more they feel that risktaking is an inevitable and ultimately rewarding activity for individuals and society.

5.7. CONCLUSION

Actuellement, les EIE ne sont guère satisfaisantes pour les communautés dans lesquelles les promoteurs veulent implanter des projets d'équipements et d'infrastructures présentant des risques environnementaux. La fausse scientificité derrière laquelle sont dissimulés les choix axiologiques des experts engendre souvent beaucoup de méfiance et alimente les controverses environnementales. En contrepartie, les valeurs environnementales des sociétés d'accueil, si elles sont généralement entendues dans les procédures d'audiences publiques, sont très mal intégrées aux méthodes des EIE, voire repoussées par elles.

Outre les améliorations que d'autres auteurs proposent, notamment en matière de performance des procédures d'évaluation et de prise de décision (Sadar, 1996 ; André *et al.*, 1999 ; Leduc et Raymond, 2000), voici quelques principes d'intervention susceptibles d'améliorer significativement le contenu des EIE, afin qu'elles assument mieux leur rôle d'instrument crédible et démocratique de planification territoriale :

- rendre explicites et transparents les choix implicites des experts en matière de sélection des composantes environnementales, de pondération de leur importance relative, de détermination des impacts, de pondération et d'agrégation de ces impacts ;

- accorder la priorité à l'intégration des préoccupations populaires et à leur compréhension, et ce, dès le démarrage du processus d'évaluation environnementale ;

- développer l'analyse axiologique des communautés d'accueil, afin d'encadrer l'analyse des impacts sociaux par les valeurs environnementales de ces communautés et le référentiel qui les sous-tend ;

- continuer à améliorer la prise en considération des impacts sociaux, notamment psychosociaux, non pas en les considérant comme une autre des nombreuses catégories d'impacts à soupeser, mais comme des constituantes principales de la qualité de vie que les EIE doivent précisément permettre de bonifier ;

- intégrer au processus politique de discussion et de négociation sur le plan environnemental les nouvelles technologies d'évaluation interactive, qui permettent d'établir en temps réel et de comparer rapidement les conséquences de scénarios de remplacement au projet soumis par le promoteur.

RÉFÉRENCES BIBLIOGRAPHIQUES

ANDRÉ, Pierre *et al.* (1999). *L'évaluation des impacts sur l'environnement : processus, acteurs et pratique*, Montréal, Presses internationales polytechniques.

BANQUE MONDIALE (1999). *Manuel d'évaluation environnementale*, Édition française, 2 volumes, Washington.

COHEN, B.L. (1983). *Before It's Too Late : A Scientist's Case for Nuclear Energy*, New York, Plenum.

DELISLE, André (1994). « Les craintes des populations : réalités sociales mesurables et valables », Conférence prononcée dans le cadre des *conférences Hydro-Québec / UQAM* sur le thème Environnement : mythes et réalités, Montréal, le 27 septembre.

DOUGLAS, M. et A. WILDAVSKY (1982). *Risk and Culture*, Berkeley, University of California Press.

FISCHOFF, B. et M. BARHILLEL (1984). « Focusing techniques : A shortcut to improving probability judgments ? », *Organizational Behavior and Human Performance*, n° 34.

FISCHOFF, B. *et al.* (1983). « How safe is safe enough ? A psychometric study of attitudes towards technological risks and benefits », *Political Science*, n° 17, p. 123-139.

GARDNER, G. *et al.* (1982). « Risks and benefit perceptions : Acceptability judgments, and selfreported actions toward nuclear power », *Journal of Social Psychology*, p. 116.

GARNEAU, J.-P. (1994). « Anthropologie et pratique professionnelle : un point de vue d'anthropologue de grande entreprise », *Bulletin d'information de l'Association canadienne des sociologues et anthropologues de langue française*, août.

GUIGO, Maryse *et al.* (1991). *Gestion de l'environnement et études d'impact*, Paris, Masson.

ITTELSON, W.H. (1973). « Environmental perception and contemporary perceptual theory », ITTELSON (dir.), *Environment and Cognition*, New York, Seminar Press.

LEDUC, G.A. et M. RAYMOND (2000). *L'Évaluation des impacts environnementaux ; un outil d'aide à la décision*, Québec, Éditions Multimondes.

LINDELL, M.K. et T.C. EARLE (1983). « How close is close enough : Public perceptions of the risks of industrial facilities », *Risk Analysis*, nos 3-4, p. 245-253.

LOWE, P. et J. GOYDER (1980). *Environmental Groups in Politics*, George Allen and Unwin.

MORGAN, GRANGER (1993). « Risk analysis and management », *Scientific American*, juillet, p. 24-30.

PROSHANSKY, H.M. *et al.* (1976). *Environmental Psychology : People and their Physical Setting*, New York, HRW.

RENN, O. (1989). *Risk Perception and Risk Management*, 14e Congrès de la Conférence mondiale de l'énergie, Montréal.

ROTHMAN, S. et S.R. LICHTER (1987). « Elite ideology and risk perception in nuclear energy policy », *American Political Science Review*, n° 81, p. 383-404.

SADAR, M. HUSAIN (1996). *Évaluation des impacts environnementaux*, Carleton University Press.

SLOVIC, P. (1987). « Perception of risk in science », *American Association for the Advancement of Science*, vol. 236.

VLEK. C. et P.J. STALLEN (1981). « Judging risks and benefits in the small and in the large », *Organizational Behaviour and Human Performance*, n° 28, p. 235-271.

WHYTE, A. et I. BURTON (1982). *Living with Risk : Environmental Risk Management in Canada*, University of Toronto.

WILDAVSKY, A. et D. DAKE (1990). « Theories of risks perception : Who fears what and why ? », *Daedalus*, vol. 119, n° 4, automne, p. 41-60.

6

La contribution des méthodes quantitatives à l'évaluation environnementale et à l'évaluation environnementale stratégique

Luc-Normand Tellier et Marguerite Wotto
Département d'études urbaines et touristiques, UQAM

Depuis les années 1970, la planification est confrontée à de nouveaux défis majeurs. Il s'agit non seulement de s'adapter aux exigences d'une poussée démocratique croissante, mais également de s'intégrer dans une vision du développement qui prenne en compte la durabilité de l'environnement. Compte tenu des questions que cette adaptation et cette intégration soulèvent et des enjeux qu'elles imposent, peut-on frayer un chemin aux méthodes quantitatives ? En d'autres termes, comment situer les méthodes quantitatives par rapport aux exigences nouvelles de la planification et en quoi contribuent-elles à l'évaluation environnementale et, plus particulièrement, à l'évaluation environnementale stratégique ? Tenter de justifier cette contribution constituera l'objectif de cet article, qui comprend quatre parties. La première partie cerne les éléments d'appréhension du quantitatif. La deuxième rappelle la contribution des méthodes quantitatives dans l'évaluation des projets. La troisième, elle, détermine, par la signification de l'évaluation environnementale, les principaux enjeux de cette évaluation. Enfin, la dernière partie rend compte de l'utilisation des méthodes quantitatives et rappelle les défis et les limites de l'analyse dans le cas spécifique de l'évaluation environnementale stratégique.

6.1. LA PEUR DU QUANTITATIF

Par faire des choix en fonction du bien collectif, il faut tenir compte des valeurs, des choix individuels et collectifs, des champs d'intérêts particuliers, des jeux de pouvoir et, par conséquent, de la subjectivité. Conscientes de cela, de nombreuses personnes, y compris certains analystes, se persuadent que les études devant éclairer les décideurs publics ne sauraient être que qualitatives, le quantitatif étant incapable de cerner la complexité quasi philosophique des questions abordées. Cette réticence face aux méthodes quantitatives a d'ailleurs tendance à croître au fur et à mesure que l'on s'éloigne de la prise de décision purement bureaucratique pour entrer dans le domaine de la participation publique et de la démocratie directe (par opposition à la démocratie représentative).

Ce qu'on reproche essentiellement au quantitatif, c'est d'être réducteur, d'être peu à même, sinon totalement incapable, de tenir compte des subjectivités et de ne pouvoir traiter l'ensemble de tous les éléments de la prise de décision. Tout ne se mesure pas, tout ne se compte pas, tout ne s'additionne pas et tout ne se multiplie pas. Bien plus, les raisonnements mathématiques auxquels se prêtent les éléments qui se mesurent, qui se comptent, qui s'additionnent et qui se multiplient, deviennent rapidement complexes et confondants pour ceux (et ils sont nombreux) qui ne maîtrisent pas les mathématiques. Enfin, le caractère scientifique attaché aux manipulations quantitatives a souvent pour effet de faire taire les intervenants en les impressionnant et en les infériorisant. Comment attaquer et critiquer efficacement ce que l'on ne comprend pas?

La peur du quantitatif se heurte cependant aux limites du qualitatif. Porter un jugement d'ordre purement qualitatif sur un élément à la fois ne pose pas vraiment problème. Comparer qualitativement entre eux deux éléments comparables est aussi facile si on se limite à un seul critère. Classer une série d'éléments sur la base d'un unique critère est déjà plus périlleux. Cependant, classer une série d'éléments sur la base de nombreux critères devient rapidement inextricable si on ne trouve pas le moyen de pondérer les critères les uns par rapport aux autres et de mesurer le degré de conformité de chaque élément par rapport à chaque critère. Voilà tout le problème du quantitatif et du qualitatif posé. Le quantitatif est suspect tant et aussi longtemps que la complexité des problèmes ne nous force pas à y avoir recours. Et le qualitatif a toutes les vertus jusqu'au jour où l'on se rend compte qu'il ne nous permet pas, à lui seul, de conclure.

6.2. LES MÉTHODES QUANTITATIVES ET L'ÉVALUATION DE PROJETS

L'utilisation des méthodes quantitatives dans l'évaluation des projets est un domaine plus familier et plus courant. C'est en même temps un domaine très riche en applications variées. On y retrouve de tout : des méthodes élémentaires et d'autres extrêmement complexes, des méthodes ayant des bases théoriques élaborées et d'autres presque sans bases théoriques, des méthodes où tout est quantifié et d'autres où tout ou presque est qualitatif. Les éléments fondamentaux de l'évaluation d'un projet sont l'identification des effets (ou impacts, le terme « effet » étant généralement utilisé dans les méthodes économiques et celui d'« impact », dans les méthodes environnementales), le choix des critères, l'évaluation des effets en fonction de chaque critère, la déduction d'une évaluation globale à partir des évaluations préalables basées sur chaque critère pris individuellement et la comparaison systématique des résultats d'analyse. Si l'identification des effets et le choix des critères demeurent du ressort du jugement des analystes, des citoyens ou des décideurs, les autres éléments de l'évaluation du projet font l'objet de méthodes souvent quantitatives.

Ainsi, l'évaluation des effets en fonction de chaque critère se prête souvent à une quantification soit par l'attribution de points ou de scores (suivant une bonne vieille méthode inventée par les Jésuites…), soit par une évaluation financière en termes de revenus et dépenses dans le calcul de rentabilité simple, en termes de rentrées fiscales et de dépenses budgétaires dans le calcul de rentabilité fiscale ou en termes d'avantages et de coûts dans le calcul des avantages-coûts. La quantification est aussi utilisée dans les méthodes ayant recours aux indicateurs de toutes sortes, urbains, sociaux, économiques, etc. De même, la méthode des multiplicateurs keynésiens ou input-output recourt à la quantification par le biais des statistiques nationales ou régionales sur la consommation, la production et les échanges interindustriels. Sur un plan plus théorique, les concepts fondamentaux de la méthode des avantages-coûts, à savoir les concepts de surplus du consommateur, de surplus du producteur, de prix de référence (*shadow prices*), de coût d'option, de valeur hédonique et de disposition à payer (*willingness to pay*), sont tous quantifiables et doivent être traduits en termes financiers dans le cadre de ce type d'analyse. On aborde même le risque et le hasard en faisant appel à des notions quantitatives comme celles de l'espérance mathématique, des probabilités cumulatives ou des taux d'escompte liés au risque. Enfin, même dans les méthodes plus politiques basées sur la participation démocratique ou sur la confrontation des avis d'experts, le décompte des votes ou des avis, le calcul des valeurs médianes, des moyennes, des écarts types et des variances sont d'un usage fréquent quand il s'agit de préciser l'ampleur escomptée des effets du point de vue d'un critère d'évaluation particulier.

Évaluer chaque effet en fonction de chaque critère pris individuellement est une chose, tirer une conclusion de la synthèse de toutes les évaluations préalables en est une autre. La quantification se révèle aussi utile à cette étape de la déduction d'une évaluation globale à partir d'éléments disparates. La méthode quantitative la plus simple à cet égard demeure l'addition et la soustraction d'impacts négatifs ou positifs, de scores ou de valeurs pécuniaires. C'est cette méthode qu'utilisent le calcul de rentabilité simple, le calcul de rentabilité fiscale, la méthode des avantages-coûts et même, très souvent, les études d'impact et les analyses multicritères. L'addition et la soustraction exigent le recours à des unités de mesure communes, qu'il s'agisse de points, d'unités monétaires ou même d'unités d'énergie dans certaines méthodes écologiques. Certaines méthodes plus compliquées que la simple addition-soustraction existent aussi qui donnent lieu à la définition d'indices synthétiques (entre autres, dans les méthodes multicritères) et à l'utilisation de concepts statistiques. La théorie des ensembles flous peut aussi être mise à contribution afin de déduire d'un ensemble d'évaluations préalables floues certaines conclusions.

Faire converger l'évaluation est généralement recherché. Cependant, cet objectif ne doit nullement être le seul but de l'évaluation. Au contraire, la convergence aveugle peut présenter de grands dangers quand elle est obtenue au prix d'une dissimulation des divergences. En évaluation, les divergences doivent mériter autant (sinon plus, dans certains cas) d'attention que les convergences. La définition d'indices mathématiques de divergence s'avère dans certaines méthodes (comme dans la méthode diacritique ; voir Tellier, 1993) d'une grande utilité.

Comme on le voit, le recours au quantitatif est possible à chacune des étapes qui suivent la sélection des effets et des critères. Cela dit, les méthodes économiques d'évaluation font appel au quantitatif de façon systématique et même, généralement, exclusive, alors qu'en évaluation environnementale, la place du quantitatif est beaucoup plus instrumentale que fondamentale. Partant, tout apport réel des méthodes quantitatives ne doit pas être évalué seulement du point de vue de la nature de ces méthodes, mais aussi du point de vue de la nature de l'objet évalué. Aussi est-il nécessaire d'effectuer un retour sur la signification de l'évaluation environnementale.

6.3. LA PLACE DES MÉTHODES QUANTITATIVES EN ÉVALUATION ENVIRONNEMENTALE

L'évaluation environnementale (Sadler, 1996 ; Simos, 1990) est un processus donnant lieu à un ensemble d'études sur les impacts directs ou indirects qui peuvent être générés par une action projetée sur l'environnement et à un ensemble d'études réalisées dans l'optique de prévoir les impacts négatifs, de gérer les conséquences des propositions d'actions et de décisions et de faciliter la planification du développement durable. La littérature consacrée au sujet met particulièrement l'accent sur deux dimensions de l'évaluation environnementale. Une première dimension consiste à informer, à instruire et à documenter les instances planificatrices à la recherche d'un équilibre environnemental, sur les valeurs et sur les considérations sociales, économiques et écologiques. Une deuxième dimension concerne la projection vers l'avenir. L'évaluation environnementale cherche à atteindre l'objectif du développement durable en conciliant développement économique, développement social et protection de l'environnement en vue d'une amélioration de la qualité de vie. C'est au travers de cet idéal qu'il importe d'appréhender la contribution des méthodes quantitatives.

L'évaluation environnementale est un concept générique regroupant un ensemble de plus d'une douzaine d'opérations (Vanday et Bronstein, 1995, dans Sadler, *op. cit.*). Elle fait ressortir trois types de rapports : espace / société, espace / économie, société / économie, rapports dont la compréhension recourt à plusieurs disciplines : la psychosociologie, la science politique, le management, la biophysique, l'économie, la géographie, etc. L'on ne saurait souligner assez l'importance des méthodes quantitatives dans les analyses d'impacts faites à partir d'acquis disciplinaires. L'utilisation des méthodes quantitatives permet, de façon simpliste peut-être, de décrire les variations des grandeurs, de faire des comparaisons dans le temps et dans l'espace.

Au-delà des applications ponctuelles des méthodes quantitatives, la mosaïque de connaissances, dans une approche inter- et multidisciplinaire, finit par générer une somme de connaissances formant une « entité » où chacune des disciplines contribue à la connaissance et à la maîtrise de l'inconnu. La validité d'une telle entité doit trouver son existence dans une pratique exigeant un certain degré de scientificité. À ce propos, les défis de l'évaluation environnementale, quoique nouveaux, n'exigent pas de créer de nouvelles méthodes, mais d'adapter celles qui existent dans une optique de transparence et d'objectivité. En facilitant le passage de l'étude du fait isolé ou disciplinaire à un phénomène d'ensemble, les méthodes quantitatives permettent de classer les observations, de regrouper les ressemblances, de dégager les disparités et de distinguer les tendances isolées et exceptionnelles. Ce faisant, elles confèrent une signification généralisable évitant de se perdre dans des détails insignifiants et permettent *ipso facto* d'établir des régularités (« lois ») de comportement.

Cette généralisation ne doit pas nous faire perdre de vue toute la complexité de la question environnementale. Il faut tenir compte de l'existence synchronique de l'intérêt public ou du choix de société, ainsi que des contraintes économiques des pouvoirs public et privé. À cet effet, l'évaluation environnementale pose divers problèmes liés à l'incertitude, au couple objectivité-subjectivité, au couple synthèse-décortication, au couple évaluation-négociation et au couple évaluation-décision. Selon nous, le recours à ces méthodes ne peut porter ses fruits que si des distinctions très nettes sont faites dans le processus d'évaluation. La première distinction porte sur la spécificité de l'évaluation proprement dite par rapport à la consultation, à la négociation et à la prise de décision. La place de l'analyste n'est pas celle du citoyen, du représentant de groupe de pression, du négociateur ou du décideur public ou privé. L'analyste adopte une distance critique marquée par la recherche d'une grande objectivité. Il cherche à se prémunir contre toutes les subjectivités et contre tous les jeux de pouvoir susceptibles de le détourner de son obligation d'objectivité. Le quantitatif n'est jamais une garantie absolue d'objectivité (les données quantitatives peuvent être manipulées et interprétées comme les autres) ; cependant, le quantitatif reste soumis à des règles mathématiques strictes qui, lorsqu'elles sont respectées, rendent les manipulations repérables et contraignent l'analyste à une rigueur particulièrement exigeante. La deuxième distinction concerne les éléments de l'analyse qui font l'unanimité et ceux qui sont sujets à controverse. Toute évaluation est susceptible de comporter à la fois des uns et des autres. Or, la quantification a souvent pour résultat d'homogénéiser tous les éléments et de laisser croire que ce qui fait l'unanimité équivaut à ce qui est contesté et vice-versa. C'est pourquoi toute analyse quantitative devrait idéalement traiter séparément les éléments dont l'évaluation est tout à fait contestable. Le recours à des indices de divergence dans certaines méthodes multicritères peut, en partie, prendre en compte cet aspect de l'évaluation. Une dernière distinction pose problème. Elle est liée à l'incertitude. Certains éléments de l'analyse sont presque certains, tandis que d'autres sont plus hypothétiques. L'évaluation se fait habituellement en fonction d'un avenir comportant des éléments de hasard. Le traitement mathématique habituel du hasard à l'aide de la notion de probabilité est à la fois utile et dangereux. Il est utile dans la mesure où il présente des méthodes rationnelles abordant la question de l'incertitude. Cependant, ces méthodes reflètent mal l'attitude des humains face au risque et au hasard. La preuve classique de cela tient au fait que, suivant le calcul de l'espérance mathématique qui prétend le mieux cerner de façon rationnelle l'incertitude, aucun être humain ne devrait acheter un billet de loterie. Or, un nombre considérable d'humains rationnels achètent des billets de loterie. La quantification la plus méthodique peut donc errer tout en donnant l'impression d'aborder l'incertitude de façon tout à fait scientifique.

L'aspect politique de l'évaluation pose aussi problème. La dimension sociopolitique de l'évaluation environnementale est souvent présentée comme une preuve des limites des méthodes quantitatives. On ne saurait nier que des transformations sociales s'opèrent et que les besoins d'information et de participation sont croissants. De plus, les participants se soucient de la transparence et de l'accessibilité de l'information (BAPE, 1994, 1995; Gauthier *et al.*, 1999). L'objectivité intentionnelle des méthodes quantitatives ne devrait-elle pas enrichir et peut-être même constituer une «science de l'action volontaire» (Le Moigne, 1994)? À notre avis, cette quête ne peut être assouvie que par la mise en place de techniques de communication et d'informations documentaires numériques.

La méthode idéale doit permettre de concilier des procédures internes et des informations externes. Et, dans le cas d'un projet, il existe un besoin de choix social, qui répond à une expression du choix collectif et un besoin d'illustration du décideur, qui cherche à augmenter son «capital politique». Les méthodes quantitatives, loin de s'opposer au processus sociopolitique de prise de décision, lui confèrent clarté et transparence. En effet, elles systématisent les démarches de collecte de l'information et, en s'inscrivant dans une approche déductive et rationnelle, elles requièrent une analyse plus fouillée. Elles inscrivent l'évaluation dans une démarche logique et raffinée, intellectuelle et méthodique, assurant un certain degré de transparence et de compréhension. Ce faisant, elles peuvent permettre d'éviter du mieux possible la prise de décisions improvisées, intuitives ou incohérentes en limitant le risque que l'affectivité de l'évaluateur influence le processus. Elles facilitent également la génération et le traitement d'un grand nombre d'informations, rendant possibles les évaluations multi-acteurs et multicritères. Partant, elles confèrent, par-delà toute pratique discursive, une certaine scientifi-cité à des évaluations qui impliquent un certain nombre de questions d'un degré de complexité très élevé.

Dans la perspective sociopolitique, la production d'informations appréciables et structurées sur les impacts, les risques et les conséquences environnementaux des propositions d'aménagement et l'intégration de ces informations dans le processus décisionnel devraient également faciliter la prise de décision publique (Sadler, *op. cit*.). Il faut reconnaître que l'évaluation environnementale constitue un moyen pour atteindre un objectif difficilement appréciable voire inconnu, celui de la qualité de vie. Le concept de qualité de vie constitue un construit non seulement à forte coloration subjective, mais également à caractère dynamique et évolutif, variant donc dans le temps et dans l'espace. Compte tenu de la dimension temporelle de l'évaluation, on doit admettre qu'il existe entre les méthodes et les enjeux une influence réciproque. On devra donc inscrire la contribution réelle des méthodes quantitatives dans une pers-pective historique d'autant que ces méthodes s'adaptent constamment aux données circonstancielles ou contextuelles, tout en tentant de les représenter. Elles permettent également de suivre l'évolution de ces grandeurs et de leurs caractéristiques tendancielles, ainsi que de générer et de recycler les connaissances sur certains phénomènes non connus ou non maîtrisés. Mais, comme nous l'avons déjà souligné, l'utilité de ces méthodes doit être également appréciée aux diverses étapes du processus d'évaluation.

6.4. MÉTHODES QUANTITATIVES ET ÉVALUATION ENVIRONNEMENTALE STRATÉGIQUE

L'évaluation environnementale stratégique (EES) est une variante de l'évaluation environnementale. Elle constitue un processus systématique, formel servant à identifier et à évaluer les effets environnementaux des politiques, des plans et des programmes (PPP) et de leurs alternatives. Elle vise à assurer que ces effets sont pris en compte de façon appro-priée et pleinement intégrés dans le processus de prise de décision, au même niveau que les considérations économiques et sociales (Thérivel *et al.*, 1992 ; Sadler et Verheem, 1996). Le processus de l'EES implique plusieurs niveaux d'analyses. Le premier niveau, celui du tri préliminaire, détermine s'il y a nécessité de réaliser une EES et, au besoin, l'envergure que celle-ci devra prendre. Le deuxième niveau, celui du cadrage, déter-mine ce qui doit être pris en compte par l'EES et les efforts que requiert l'évaluation des plus importants enjeux environnementaux. Le troisième niveau est celui de la réalisation de l'évaluation et de la comparaison des alternatives. Cette étape, significative de la démarche de l'EES, consiste à évaluer et à comparer les incidences environnementales de la proposition et de ses alternatives. Les auteurs Thérivel et Partidario (1996) distinguent un quatrième niveau pouvant, cependant, être inclus dans le niveau précédent. C'est celui des propositions des mesures appropriées de protection de l'environnement et de suivi. Dans ce déroulement séquentiel d'activités, l'analyste sera face à trois principales tâches : identifier les impacts et les évaluer, élaborer des stratégies pour trouver des variantes, évaluer ces variantes et des mesures d'atténuation. Sa responsabilité sociale se résumera à faire de la place aux idées mais se définira comme au tableau 6.1.

Ce qui rend particulière l'EES, c'est moins l'anticipation et l'évaluation que, premièrement, la portée des matières auxquelles elle s'applique et, deuxièmement, la nature des considérations que requièrent ces matières. Que ce soit pour les politiques, considérées comme des lignes de conduite générale ou des propositions d'orientation d'ensemble pour guider les prises de décisions, pour les plans, compris comme des stratégies ou des projets élaborés assortis de priorités, d'options et de mesures pour l'avenir, ou encore pour les programmes auxquels on se réfère comme un niveau de calendrier structuré et cohérent d'engagements, d'instruments proposés, d'activités (Dom, 1997 ; Sadler, 1996), l'EES pose de nombreux défis et difficultés. La première difficulté demeure celle de la détermination d'outils méthodologiques devant permettre efficacement de réaliser ces tâches.

Tableau 6.1
**Explicitation de la responsabilité sociale de l'analyste
dans l'évaluation environnementale stratégique**

1. F.A.I.R.E.	2. P.L.A.C.E.	(aux) 3. I.D.E.E.S
F. = Formuler	P. = Prévoir, projeter	I. = Informer
A. = Analyser	L. = Logique formelle	D. = Documenter valeurs et considérations
I. = Instruire	A. = Analysable, discutable	E. = Économiques
R. = Rapporter	C. = Compréhensible	E. = Écologiques
E. = Édifier	E. = Espace	S. = Sociales

Source : Tellier et Wotto (2000).

Sur le plan de l'évaluation même, plusieurs méthodes ont été adaptées avec parfois l'ambition de tout comptabiliser. La démarche est appréhendée soit dans une perspective *bottom-up* ou *post ante* en considérant les PPP comme une somme d'actions élémentaires pouvant correspondre à des projets ou dans une perspective *top down* ou *ex ante* (voir Lerond *et al.*, 2003). Dans la première perspective, les actions élémentaires constitutives des PPP sont comprises individuellement comme des projets dont on évalue les impacts ; nous retrouvons ici les dispositions semblables à celle des études d'impacts sur l'environnement (EIE), dispositions qui s'appliquent communément aux projets. Dans ce cadre, l'analyste dispose d'une panoplie de méthodes telles que les matrices – la méthode Léopold, la méthode de Sorensen, la méthode de Loran, la méthode du Central New York Regional Planning and Development Board, les graphes et les réseaux, les modélisations – les modèles de CALCIM, le KSIM, le modèle Popole – ou les listes de vérification (voir Simos, 1990). Cette forme d'évaluation s'intègre tardivement dans le cycle des activités ou n'intervient qu'à la fin de l'élaboration des P. Elle peut avoir une incidence financière importante sur cette dernière.

Par contre, dans la perspective *top down*, l'EES intervient déjà à l'étape d'identification des grandes lignes ou des actions majeures des P. À cet effet, elle devra procéder à une analyse plus globale et systémique. Les méthodes couramment utilisées proviennent des adaptations des procédures prévisionnelles, des méthodes d'analyse politique ou de planification (Dom, 1997, Sadler, 1996) telles les analyses input-output, les analyses coûts-bénéfices, les analyses multicritères, les méthodes de générations de scénarios, les analyses de sensibilité, les indicateurs, les avis d'experts. D'autres méthodes comme les systèmes de modélisation, les graphes de pertinence, les tableaux de bord, l'analyse morphologique, la cartographie et les systèmes d'informations géographiques permettent également de baliser la subjectivité de l'analyse en lui fournissant une certaine transparence. Chacune de ces méthodes présente, bien entendu, ses avantages et ses inconvénients. Et l'analyste devra juger du cas par cas des conditions nécessaires à leur application ou au développement d'une méthodologie composite. Dans l'analyse des impacts, il doit, pour éviter les répétitions, porter attention aux corrélations et aux interactions entre les effets. Ces dernières peuvent être prises en compte dans l'intersectorialité (analyse input-output) et les approches d'analyses d'effets cumulatifs.

Un deuxième défi que pose l'EES est la détermination des éléments les plus significatifs pour l'évaluation. Quelle que soit la perspective adoptée ou la méthode choisie, le principe est le même, soit de quantifier l'impact pressenti ou cerné et de lui attribuer une cote. Ces deux tâches représentent une seconde difficulté dans l'EES. Comme nous le savons, l'une des caractéristiques importantes des enjeux environnementaux est qu'ils sont relatifs à des biens appartenant à toute une collectivité. Or, la collectivité, par définition, constitue une diversité de personnalités aux caractéristiques, aux préférences, aux champs d'intérêts, aux expériences et aux savoirs divers. La façon dont la question environnementale est perçue à différentes places et par différents acteurs peut être formulée en une multitude de représentations ou en une représentation mosaïque multipersonnelle. L'analyste devra donc faire face à un ou plusieurs dilemmes pour choisir les critères d'évaluations, les impacts importants et leurs cotes. Ici, les normes, les expériences identiques passées et sa propre expertise peuvent le guider. Toutefois, l'EES implique également un volet de participation publique à partir de laquelle ses informations doivent être générées. À cet effet, des méthodes de participation comme la consultation, la revue de littérature, l'analyse de contenu de médias (voir Prades *et al.*, 1998), l'élaboration des indicateurs, la méthode des avis des acteurs du milieu, des spécialistes et des non-spécialistes ou la méthode de Delphi politique (voir Waaub et Wotto, 2001) basée sur la distribution de la loi normale aident également à situer une représentation stochastique des éléments significatifs. Néanmoins, comme le soulignent Waaub et Wotto, la participation doit avoir un impact réel et les questions et les enjeux stratégiques méritent d'être traités efficacement. De ce fait, ils préconisent de faire place, entre les exigences informationnelles et les formes de démocratie, à une solution intermédiaire de participation qui favorise tant le niveau d'acceptabilité, que celui d'utilité et de validité sociales de la participation. Cette forme de participation, dite différentielle ou partitionnée, comprend deux niveaux : la participation sociétale restreinte par représentation des différents acteurs de la société et la participation élargie qui consacre entre autres la validation et l'enrichissement des résultats de la première forme de participation. À chaque étape de participation, les méthodes quantitatives d'échantillonnage pourront atténuer le penchant à la sélection discriminante et à la non-représentativité des intérêts. D'autres critères prépondérants de la démarche qualitative, tels la diversification et la saturation, peuvent être respectés par une forme de quantification comme la représentativité numéraire, importante pour certaines applications statistiques, ou avec des instruments de questionnement multiples.

Quelle que soit la forme de participation adoptée, l'analyste doit synthétiser l'information recueillie en privilégiant l'intérêt commun. Dans le traitement, l'analyse de contenu offre différentes possibilités d'atteindre la saturation. On peut aussi réaliser des analyses quantitatives systématisées par ordinateur, dont l'analyse en composantes principales, l'analyse factorielle de correspondance, l'analyse multifactorielle, qui peuvent s'appliquer tant aux données quantitatives qu'aux données qualitatives. Ces formes d'analyses peuvent permettre de concilier dans le traitement, les informations recueillies par les divers instruments de questionnement. Rappelons toutefois que, selon Marchand (1998), l'application des statistiques à l'analyse textuelle ne se préoccupe pas du sens du texte, mais vise à établir des procédures méthodologiques permettant de donner un condensé parfaitement formalisé et d'en construire la structure. En conséquence, il faut dépasser, au stade de l'interprétation, le niveau des simples applications statistiques.

Une dernière difficulté qui peut se poser à l'analyste est celle d'informer, d'instruire, de documenter les instances planificatrices pour la recherche d'un équilibre, sur les valeurs et les considérations sociales économiques et écologiques de sa démarche. Pour ce faire, il devra rendre le rapport cohérent dans une logique structurée, compréhensible au décideur. Certes, le devoir l'appelle à appliquer son attention sur ce qui est important. Toutefois, il doit expliquer clairement ses hypothèses et situer par rapport à quoi et pour qui il fait ses choix. De plus, il doit donner tous les points de vue minoritaires, les impacts et les critères insignifiants de même que les incidences de ses choix sur les cas isolés.

6.5. CONCLUSION

Le recours aux méthodes quantitatives dans la solution de ces problèmes est vu comme étant à la fois séduisant pour certains et rebutant pour d'autres. Mais ceci ne nous dispense pas d'une réflexion épistémologique sur les pratiques quantitativistes. Il y a certes une limite relative à toutes méthodes, y compris aux méthodes quantitatives. Cependant, l'inaptitude des chiffres à occuper le devant de la scène en évaluation environnementale doit trouver sa raison d'être ailleurs que dans les méthodes.

Les chiffres ne peuvent pas se substituer au jugement subjectif dans le processus de décision. Mais aussi on ne peut poser un jugement collectif sans chiffres. Il convient donc de constater que l'un sans l'autre serait une aberration. Ceci l'est également dans le choix de la méthode qui correspond le mieux à la réalité et dans l'interprétation des résultats que donne la méthode. Une méthode doit refléter une certaine réalité ni évidente ni triviale, mais tout au moins une réalité qui ajoute à la progression des connaissances.

Par ailleurs, la vigilance dans l'application d'une méthode devra demeurer, ici comme ailleurs, une norme de scientificité. Les erreurs d'interprétation relatives à l'ignorance ou à la mauvaise manipulation des chiffres constituent des abus que l'on ne saurait comptabiliser dans les insuffisances des méthodes quantitatives. Elles relèvent plutôt des conditions de la non-applicabilité qu'il faut déjouer.

Les chiffres offrent certainement plusieurs niveaux d'investigation tout en enrichissant le processus. Il importe par la suite de remettre en question l'utilisation des méthodes quantitatives sous l'angle de la volonté de les utiliser ou non. Toutes les informations ne nécessitent pas d'être vulgarisées même lorsqu'elles sont stratégiques. Le rejet de la méthode incombe à l'utilisateur ou au décideur.

En résumé, la contribution des méthodes quantitatives à l'évaluation environnementale est, dans un premier temps, à la mesure de leur contribution dans les différentes disciplines. Elles permettent également de transcender les frontières disciplinaires à condition que leur application s'inscrive dans un degré de scientificité et, par là même, elles volent au secours de l'inter- ou de la multidisciplinarité et de la complexité. Toutefois, leur apport doit être apprécié à sa juste mesure. Elles ne peuvent, dans le contexte de l'évaluation environnementale, se passer du jugement subjectif. Cette cohabitation avec le subjectif est d'une importance capitale.

RÉFÉRENCES BIBLIOGRAPHIQUES

BUREAU D'AUDIENCES PUBLIQUES POUR L'ENVIRONNEMENT – BAPE (1994). *La médiation en environnement : une nouvelle approche au BAPE,* Gouvernement du Québec, Québec, Bureau d'audiences publiques sur l'environnement, coll. « Nouvelles pistes ».

BUREAU D'AUDIENCES PUBLIQUES POUR L'ENVIRONNEMENT – BAPE (1995). « La médiation en environnement : une nouvelle approche au BAPE, Rapport de la consultation sur la médiation », *Colloque sur la médiation en environnement tenu le 26 janvier*, Québec, Bureau d'audiences publiques sur l'environnement.

DOM, Ann (1997). *L'évaluation environnementale stratégique dans le secteur des transports,* Paris, Conférence européenne des ministres des transports.

GAUTHIER, Mario, Louis SIMARD et Jean-Philippe WAAUB (1999). *Participation du public à l'évaluation environnementale stratégique*, Rapport de recherche déposé au Ministère de l'Environnement du Québec, Groupe d'études interdisciplinaires en géographie et en environnement régional, Université du Québec à Montréal.

LE MOIGNE, Jean-Louis (1994). *Le constructivisme*, Paris, ESF, coll. « Communication et complexité ».

LEROND, Michel *et al.* (2003). *L'évaluation environnementale des politiques, plans et programmes : Objectifs, méthodologies et cas pratiques.*

MARCHAND, Pascal (1998). *L'analyse du discours assistée par ordinateur : concepts, méthodes, outils*, Paris, A. Colin, coll. « U ».

PARTIDARIO, Maria Rosario (1996). « Strategic environmental assessment : Key issues emerging from recent practice », *Environmental Impact Assessment Review*, vol. 16, n° 16, p. 31-55.

PRADES, J.A. et R. DUNLOP (1998). « Sociological perspectives on global environmental change », Special issue, *International sociology*, Part I, vol. 1, n° 4.

SADLER, Barry et Rob VERHEEM (1996). *Strategic Environmental Assessment : Status, Challenges and Future Directions*, The Hague, Pays-Bas, Ministry of Housing, Spatial Planning and the Environment.

SADLER, Barry (1996). *Étude internationale sur l'efficacité de l'évaluation environnementale*, Gouvernement du Canada, Bureau fédéral d'examen des évaluations environnementales.

SIMOS, Jean (1990). *Évaluer l'impact sur l'environnement : une approche originale par l'analyse multicritère et la négociation*, Lausanne, Presses polytechniques et universitaires romandes.

TELLIER, Luc-Normand (1993). *Méthodes d'évaluation des projets publics*, Sainte-Foy, Presses de l'Université du Québec.

THÉRIVEL, R. *et al.* (1992). *Strategic Environmental Assessment*, Londres, Earthscan.

WAAUB, Jean-Philippe et MARGUERITE Wotto (2001). *Processus de participation sociétale restreinte à l'évaluation environnementale stratégique de scénarios de plan de transport à Montréal dans un contexte de GDSS : proposition méthodologique*, Colloque des spécialistes francophones au Bénin.

7

Les dédoublements Canada-Québec en évaluation environnementale
Les hauts et les bas de chevauchements pas toujours inévitables

Yves Archambault
Professeur au département d'études urbaines et touristiques
École des sciences de la gestion,
Université du Québec à Montréal

Le présent exposé fait suite à un mandat de recherche du ministère de l'Environnement du Québec et porte sur les dédoublements en matière d'évaluation environnementale entre les deux ordres de gouvernement s'étendant sur la période de 1995 à 1999 inclusivement[1]. Les données statistiques sont tirées, pour les dossiers du fédéral, de l'Index fédéral des évaluations environnementales (IFEE) du système de registre public de l'Agence canadienne d'évaluation environnementale (ACEE)[2] et pour les dossiers du Québec, du registre IDEE (Index des dossiers d'évaluation environnementale) du ministère de l'Environnement du Québec.

---

1. Une modification à la Loi canadienne d'évaluation environnementale est entrée en vigueur le 30 octobre 2003, mais le présent texte est antérieur à toute discussion relative à ces modifications.

2. Le Registre canadien d'évaluation environnementale est accessible à l'adresse suivante : < www.ceaa-acee.gc.ca/050/index_f.cfm > .

La constitution canadienne de 1867 était muette en matière de responsabilités environnementales. Les deux ordres de gouvernement ont assuré leur compétence en matière d'évaluation environnementale à travers diverses lois. À l'heure actuelle, le processus d'évaluation environnementale est couvert par la Loi canadienne d'évaluation environnementale (LCEE) pour le gouvernement fédéral et par la Loi sur la qualité de l'environnement (LQE) pour le gouvernement du Québec.

7.1. LA LOI CANADIENNE D'ÉVALUATION ENVIRONNEMENTALE

Promulguée en 1995, la LCEE (chapitre C-15.2) comporte quatre types de déclencheurs, soit quatre blocs de motifs assujettissant un projet à la démarche fédérale d'évaluation environnementale – les nombres entre parenthèses donnent la proportion des études de chaque type :

- Promoteur fédéral : projet entrepris par un ministère ou un organisme du gouvernement du Canada (22,3 %) ;

- Aide financière du fédéral : projet bénéficiant d'une aide financière du gouvernement du Canada, soit sous forme de subvention ou sous toute autre forme d'assistance financière (57,9 %) ;

- Propriété fédérale : projet situé sur un terrain appartenant au gouvernement du Canada (5 %) ;

- Lois et règlements : projet pouvant aller à l'encontre d'une loi ou d'un règlement du gouvernement du Canada (14,7 %).

Il n'y a pas de seuil pour l'inclusion d'un projet, les études ayant porté tantôt sur un renouvellement de bail, tantôt sur la construction d'une centrale électrique de 200 MW. D'ailleurs, la très grande majorité des cas figurant au registre fédéral sont des dossiers de faible amplitude, que ce soit sur le plan des sommes engagées ou sur le plan du territoire touché.

La Loi fédérale fait référence à quatre types de procédures d'évaluation environnementale. L'examen préalable est la démarche minimale requise en vertu de la Loi. En l'absence d'autre directive, c'est l'étape obligatoire et suffisante. La méthodologie n'est pas réglementée dans la Loi. Suivant la nature des projets, l'examen préalable peut ensuite être complété par une étude approfondie et la Loi spécifie les conditions où une telle étude est requise, mais elle ne fixe pas de balises touchant la démarche méthodologique et ne formule pas de directives concernant la durée de l'étude. Une médiation peut par la suite être engagée ou encore une commission d'examen peut être formée, à la demande du ministre fédéral de l'Environnement (MEF). Une telle commission tient des audiences publiques. Là non plus, la Loi ne fixe aucune condition sur la tenue de ces commissions et aucun règlement ne vient encadrer la démarche à suivre.

Il est à noter que depuis l'entrée en vigueur de la LCEE, en 1995, aucune médiation ou commission n'ont été entreprises en vertu de cette nouvelle loi. La dernière commission fédérale sur le territoire du Québec était antérieure à la Loi de 1995 et a été réalisée conjointement avec le Bureau d'audiences publiques sur l'environnement ; il s'agit du dossier du canal de Lachine. Soulignons qu'une telle procédure conjointe ne serait pas possible en vertu de la présente Loi.

Les projets ayant entraîné une étude d'évaluation environnementale sont classés dans le registre IDEE par type d'activité. Ce sont, par ordre décroissant, les projets reliés au transport (32,3 %), aux eaux intérieures (20,3 %), à l'environnement (12,3 %), aux édifices fédéraux (11,6 %), aux parcs (7,5 %) et aux océans (4,4 %).

Deux règlements encadrent la démarche fédérale, soit le Règlement sur la coordination par les autorités fédérales des procédures et des exigences en matière d'évaluation environnementale (DORS / 97-181) et le Règlement sur la liste d'étude approfondie (DORS / 94-638).

7.2. LA LOI SUR LA QUALITÉ DE L'ENVIRONNEMENT (LQE)

Les dispositions sur l'évaluation environnementale au niveau provincial sont intégrées à la Loi sur la qualité de l'environnement (LRQ, chapitre Q-2), en particulier l'article 31.1 (liste de projets assujettis par règlement) et l'article 22 (pouvoir discrétionnaire du ministre). La procédure d'évaluation environnementale applicable en vertu de la LQE est standardisée. Le Règlement relatif à l'application de la LQE (Q-2, R.1.001) et le Règlement sur l'évaluation et l'examen des impacts sur l'environnement (Q-2, R.9) précisent les règles à suivre. Une directive précise la nature et la portée de l'évaluation environnementale requise. En outre, toute étude d'impact réalisée dans ce contexte est rendue publique et est susceptible de médiation ou d'audience publique par le BAPE. La durée d'une audience est limitée à quatre mois.

Le tableau 7.1 montre le nombre très important de dossiers examinés en vertu de la Loi canadienne, par comparaison avec la Loi québécoise. D'ailleurs cet écart est inférieur à la réalité dans la mesure où, alors que tous les dossiers assujettis à la Loi québécoise sont enregistrés au registre IDEE du MEF, seulement 70 % environ des dossiers assujettis à la Loi canadienne ont été consignés au registre IFEE puisque les ministères ne sont pas tenus d'y inscrire leurs projets[3].

Tableau 7.1
Nombre de nouveaux dossiers

	Loi canadienne	Loi québécoise
1995	1 052	30
1996	718	25
1997	353	34
1998	229	27
1999	181	23
Total 1995-1999	2 533	139

Source : Archambault (2000).

Parmi les 139 dossiers identifiés par le registre IDEE en vertu de la Loi québécoise, 48 ont été confiés au BAPE entre 1995 et 2000. Or trois seulement se sont retrouvés également dans le registre du gouvernement fédéral, soit à l'étape de l'examen préalable (Échangeur Brière, Dragage Sorel), soit à celle de l'étude approfondie (Centrale Grand-Mère d'Hydro-Québec). L'ensemble des dossiers traités par le BAPE durant cette période ont pourtant fait l'objet de consultations auprès des ministères et des organismes fédéraux. Dans la très vaste majorité des cas, au moins un interlocuteur fédéral agissait comme personne-ressource aux audiences publiques du BAPE.

7.3. L'ÉTENDUE DES DÉDOUBLEMENTS

En plus de ces trois dossiers confiés au BAPE, huit autres dossiers apparaissent aux deux registres ; nous avons analysé de plus près cinq dossiers parmi les 11 apparaissant aux deux registres afin de vérifier l'étendue des dédoublements. Le tableau 7.2 en présente les caractéristiques fondamentales.

---

3. Une telle différence entre les deux registres soulève d'ailleurs des doutes sur la fiabilité du registre fédéral puisque tous les dossiers identifiés en vertu de la Loi québécoise sont des dossiers majeurs et qu'ils ont tous conduit à des consultations intergouvernementales.

Tableau 7.2
**Caractéristiques fondamentales de cinq dossiers étudiés
en vertu des lois canadienne et québécoise de l'environnement**

1. **Route de Waskaganish**

   Procédure québécoise dans le cadre de la convention de la Baie-James

   Étude approfondie suivant la LCEE

   Le projet touche aux terres de catégorie I (administrateur local – renvoi au fédéral) ainsi que de catégories II et III (sous le contrôle du sous-ministre québécois)

2. **Autoroute 30 à Châteauguay**

   Procédure québécoise qui a mené à une audience du BAPE

   Déclencheur fédéral : Loi sur la protection des eaux navigables et Loi sur les oiseaux migrateurs + Loi sur les pêches

3. **Centrale Grand-Mère par Hydro-Québec**

   Procédure québécoise qui a mené à une audience du BAPE

   Étude approfondie obligatoire selon la LCEE

   Déclencheur fédéral : Loi sur les pêches + Loi sur les oiseaux migrateurs (nicheurs) + Loi sur les explosifs

4. **Gazoduc PNGTS (Portland Natural Gas Transportation System)**

   Procédure québécoise qui a mené à une audience du BAPE

   Audiences de la Commission de protection du territoire agricole du Québec (CPTAQ)

   Étude approfondie obligatoire selon la LCEE

   Audience fédérale obligatoire par l'Office national de l'énergie (ONE)

   Déclencheur fédéral : Loi sur la protection des eaux navigables + Loi sur les pêches

5. **Route 138 à Tadoussac**

   Procédure québécoise en cours

   Déclencheur fédéral potentiel : Loi sur les pêches + Loi sur les oiseaux migrateurs (nicheurs) + Loi sur les explosifs

Même si la LCEE fait état d'une seule autorité responsable, dans les faits, plusieurs ministères fédéraux sont concernés par un même projet et aucune coordination n'est effectuée au niveau fédéral. Au niveau provincial, le ministère de l'Environnement et de la Faune du Québec est clairement reconnu comme responsable de l'évaluation environnementale et il parvient à canaliser les interventions des différents ministères et organismes, tant provinciaux que fédéraux[4]. Cette coordination est jugée essentielle et elle vise à éviter des dédoublements.

---

4. Les contacts se font parfois directement entre les ministères fédéraux et provinciaux.

L'exemple du projet de gazoduc est particulièrement éloquent en matière de dédoublements. Car non seulement existe-t-il des dédoublements entre les deux ordres de gouvernement, mais il y a également dédoublement entre deux organismes du même palier gouvernemental. En effet, ce projet a été l'objet de pas moins de trois audiences publiques différentes, mettant en présence, du côté du promoteur, la même équipe qui s'est évertuée à présenter le même projet à trois reprises et essentiellement auprès des mêmes publics.

Même si, comme nous l'avons vu, seulement 15 % des dossiers ont été jugés inscrits en raison de leur référence aux lois fédérales, on constate que cette référence a servi quatre fois sur cinq dans notre échantillon et on peut croire que ce motif entraînera une présence du palier fédéral de plus en plus importante à l'avenir.

En vertu du contrôle qu'il exerce sur l'habitat du poisson, le ministère des Pêches et Océans est appelé à s'intéresser à tous les projets dont le territoire comporte un plan d'eau susceptible d'héberger des poissons, ce qui couvre une multitude de projets. Par ailleurs, dès qu'un territoire est susceptible d'héberger des oiseaux migrateurs, il intéresse Environnement Canada. À la limite, dès qu'il faudra abattre un arbre, il y aura lieu de se préoccuper de la présence d'un nid d'oiseaux migrateurs ! Enfin comme tous les projets d'envergure sont susceptibles de devoir recourir aux explosifs pour des opérations de dynamitage et qu'un permis fédéral est alors requis, voilà autant d'occasions pour le fédéral de s'engager dans l'évaluation des projets. Et ces occasions ne s'arrêtent pas là : de nombreux projets faisant l'objet de subventions diverses du palier fédéral, voici un autre motif d'engagement dans l'évaluation des projets.

L'arrivée tardive des interlocuteurs fédéraux dans le processus d'évaluation environnementale se présente comme un autre problème posé par cette double implication. La demande de permis d'explosifs par exemple se fait lors du début des travaux et il est alors très tard pour entreprendre une nouvelle étude d'évaluation environnementale, surtout si elle a conduit à une audience publique. De même, comme la Loi sur les pêches, très ancienne, ne visait pas la protection de l'environnement mais l'habitat du poisson, les conséquences susceptibles d'intéresser le ministère fédéral des Pêches et Océans ne sont souvent connues que lorsque le projet en est rendu à l'étape de la mise en œuvre.

Le risque d'affrontement entre les deux paliers de gouvernement est toutefois plus manifeste quand on fait référence aux champs de juridiction des provinces comme les routes, l'exploitation forestière ou les eaux intérieures, des secteurs d'activité où le gouvernement fédéral s'est tout de même reconnu une responsabilité en matière d'évaluation environnementale.

7.4. CONCLUSION

Si l'on peut se féliciter de l'intention louable faite au palier fédéral d'assujettir l'ensemble des projets relevant d'une façon ou d'une autre de son autorité à une évaluation environnementale appropriée à la nature même des projets, l'on est en droit de souhaiter un meilleur arrimage entre le processus fédéral et le processus issu de la Loi québécoise sur la qualité de l'environnement. De plus, comme la Loi québécoise prescrit une procédure uniformisée et clairement réglementée, il serait souhaitable que tous les projets assujettis à la Loi québécoise soient examinés suivant ses paramètres.

Enfin, le gouvernement du Québec pourrait s'inspirer de la Loi canadienne en adoptant la notion d'examen préalable propre au processus fédéral. La flexibilité d'un tel processus a l'immense mérite d'agir comme pense-bête et d'assurer un minimum de préoccupation environnementale.

RÉFÉRENCES BIBLIOGRAPHIQUES

Sites Internet

AGENCE CANADIENNE D'ÉVALUATION ENVIRONNEMENTALE : < www.ceaa-acee.gc.ca/ > .

BUREAU D'AUDIENCES PUBLIQUES SUR L'ENVIRONNEMENT : < www.bape.gouv.qc.ca/ > .

MINISTÈRE DE L'ENVIRONNEMENT DU QUÉBEC : < www.menv.gouv.qc.ca/ministere/ inter.htm > .

8

De l'étude d'impact d'environnement à l'évaluation environnementale stratégique
L'expérience française

Corinne Larrue
Centre de recherche Ville-Société-Territoire, CESA
Université François Rabelais, Tours, France

Les études d'impact ont maintenant une longue histoire en France puisqu'elles ont été introduites en 1976 dans le but de rationaliser la décision dans le domaine de l'aménagement. En obligeant à anticiper les effets potentiels sur l'environnement des projets d'aménagement, il s'agissait d'informer les maîtres d'ouvrage des conséquences de leurs décisions, sous entendu que cette information devait les conduire « naturellement » à un comportement moins dommageable pour l'environnement que par le passé.

Aujourd'hui, les insuffisances de cette démarche pour réellement prévenir les dommages environnementaux sont patentes et dénoncées régulièrement par le mouvement associatif, mais également à une échelle plus globale et notamment à l'échelle européenne. Aussi, en France, on voit apparaître depuis une dizaine d'années une véritable montée en puissance de l'évaluation environnementale stratégique (EES) à la fois dans les textes, mais également dans les pratiques, notamment au niveau régional.

Cette communication présentera d'abord l'évolution des études d'impact environnemental en France et fera ensuite état d'une expérience menée par le ministère français de l'Environnement pour promouvoir ce nouvel outil que constitue l'EES dans le cadre des exercices de planification régionale ; nous évoquerons en conclusion les perspectives de cet outil sur le plan pratique.

8.1. DE L'ÉTUDE D'IMPACT À L'ÉVALUATION ENVIRONNEMENTALE STRATÉGIQUE

La Loi relative à la protection de la nature du 10 juillet 1976, qui définit l'étude d'impact sur l'environnement, était en France la première à instituer des préoccupations législatives en matière d'évaluation environnementale. De fait, ce besoin d'évaluer les impacts éventuels sur l'environnement de projets d'infrastructures et d'aménagement est apparu en France avec la création du ministère de l'Environnement, à la suite du mouvement américain qui avait vu sa traduction réglementaire aux États-Unis avec le National Environmental Policy Act (NEPA), promulgué le 1er janvier 1970. Ce texte législatif instituait le principe d'étude des impacts sur l'environnement des actions fédérales qui affectent l'environnement de façon significative[1].

La Loi française de 1976 introduisait le principe d'étude de l'impact sur l'environnement (EIE) pour les travaux et les projets d'aménagement et rendait obligatoire sa réalisation pour tout projet pouvant avoir des conséquences sur l'environnement. Le champ d'application de la Loi française était très vaste, conduisant à soumettre à cette procédure un grand nombre de projets de petite, moyenne et grande tailles. Ainsi, la France, avec la Loi de 1976, s'est montrée en avance dans la mise en place d'une procédure institutionnelle d'intégration des impacts environnementaux de projets d'envergure[2].

Après plus de 20 années et une production annuelle de plus de 6 000 EIE (plus que tous les autres pays de l'Union européenne), cette forme d'évaluation environnementale a montré son intérêt (notamment en termes de sensibilisation des maîtres d'ouvrage et des populations aux questions environnementales), mais aussi ses limites : il s'agit principalement d'études technico-économiques, souvent encyclopédiques,

---

1. NEPA, 1969. Title I, section 102 [42USC §4332].

2. Au niveau européen, l'EIE n'est devenue obligatoire qu'en 1985 avec la directive relative à l'évaluation des incidences de certains projets publics et privés sur l'environnement (85/337/CE).

permettant des ajustements *in fine*, mais n'intervenant pas sur la pertinence des choix en amont. Elles arrivent alors trop tard par rapport aux choix des options d'aménagement et de planification qui sous-tendent les projets à l'étude, ne garantissent pas la mesure des effets cumulatifs perceptibles plus aisément à une échelle supérieure et ne concernent pas finalement les choix majeurs de localisation, d'utilité. Telles sont les réflexions qui ressortaient du bilan des 20 ans d'études d'impact organisé en 1997 à la demande du ministère de l'Environnement (AFIE, 1997).

Le besoin s'est donc fait ressentir « [...] d'évaluer, en amont, les conséquences stratégiques de toute politique, plan ou programme ayant des incidences sur l'environnement » et de « faire remonter l'étude d'impact vers l'amont[3] », de ne plus cantonner l'évaluation environnementale aux effets (projets) et de l'ouvrir aux causes (décisions amont). S'est donc imposée petit à petit l'idée qu'une évaluation réalisée plus en amont, à un niveau d'organisation et de décision supérieur, permettrait un gain de temps, d'argent et une amélioration des décisions.

Au niveau international, c'est à travers le débat sur la prise en compte des impacts du développement sur les écosystèmes, les ressources et les équilibres généraux (débat autour du concept de *sustainable development* et des questions de viabilité de nos modes de développement basés sur une forte croissance) qu'a été médiatisé le concept d'évaluation environnementale *a priori* de politique, plan ou programme. Le principe d'évaluation environnementale stratégique figure dans la déclaration de Rio, signée à l'issue de la Conférence des Nations Unies sur l'environnement et le développement en juin 1992, en tant qu'un des outils permettant d'atteindre les objectifs de durabilité[4]. Il se retrouve souvent dans la littérature française sous la dénomination d'étude stratégique d'impact sur l'environnement (ESIE) (traduction de *Strategic Environmental Assessment*) ou encore d'évaluation environnementale stratégique (EES), alors qu'aux États-Unis, on utilise indifféremment *Programmatic Environmental Impact Statement* ou *Strategic Environmental Assessment*.

L'EES peut être définie comme « la démarche de prise en compte de l'environnement pour toutes les décisions (interventions) publiques

---

3. « Pour une étude d'impact stratégique », *Le Moniteur*, 13 juin 1997, n° 4881, p. 82.

4. « Une étude d'impact sur l'environnement, en tant qu'instrument national, doit être entreprise dans le cas des activités envisagées qui risquent d'avoir des effets nocifs importants sur l'environnement et dépendent de la décision d'une autorité nationale compétente. *(Environmental impact assessment, as a national instrument, shall be undertaken for proposed activities that are likely to have a significant adverse impact on the environment and are subject to a decision of a competent national authority.)* (Déclaration de Rio, principe 17) < www.agora21.org >.

ou privées qui, en amont des projets, sont susceptibles d'avoir une incidence notable sur l'environnement » (Falque, 1995, p. 99). Plus précisément, on peut définir l'évaluation environnementale stratégique comme
un outil d'aide à la décision qui explicite les enjeux environnementaux
des programmes d'intervention avant qu'une décision soit prise sur leur
financement (Larrue, 1999, p. 68). L'EES doit ainsi permettre la prise en
compte des effets sur l'environnement des décisions de toute nature
(juridique, administrative, fiscale, économique, etc.). Elle doit permettre
d'assurer la cohérence des différentes décisions notamment lorsque des
ajustements s'imposent entre des objectifs opposés. Elle doit permettre
que l'on puisse cerner très tôt les impacts environnementaux négatifs
afin de les éviter ou d'en amoindrir la portée (et notamment de veiller à
prendre en compte les effets cumulatifs). Plus généralement, elle doit
fournir un cadre au processus de décision publique permettant la
responsabilisation des décideurs et la participation du public.

Le concept d'EES subit une grande diversité d'interprétation suivant
les cultures politico-administratives et les pays où il est adopté (Test
environnemental et contrôle par la Commission d'évaluation environnementale aux Pays-Bas ; contrôle par le ministère de l'Environnement
en Grande-Bretagne). À ce titre, la France n'est pas apparue comme un
pays « pionnier » en la matière, bien qu'elle bénéficie déjà d'un solide
système d'évaluation environnementale de projets avec les procédures
d'études d'impact sur l'environnement. Il ne s'est pas créé un système
particulier d'EES ou un élargissement de l'EIE à l'EES comme cela a pu
être le cas dans d'autres pays.

Toutefois, en étudiant l'apparition de ce concept dans la réglementation française, on remarque que c'est autour des processus de contractualisation qu'il apparaît le plus distinctement et le plus tôt (Bertrand,
2000), bien que ce principe d'évaluation stratégique au regard de
l'environnement se retrouve dans des textes antérieurs relatifs aux
grands projets de transports[5]. On peut donc dater le premier effort de

---

5. La loi d'orientation des transports intérieurs (LOTI) du 30 décembre 1982 (Loi n° 82-1153,
J.O. 31/12/82) préconise dans son article 3 de tenir compte dans la politique globale des
transports « de leurs avantages et inconvénients en matière de développement régional,
d'aménagement urbain, de protection de l'environnement, de défense, d'utilisation
rationnelle de l'énergie, de sécurité et de leurs spécificités ». Cependant, les références à
l'impact environnemental disparaissent dans le décret d'application du 17 juillet 1984.
La LOTI introduit donc la notion d'une évaluation économique et sociale *ex ante* au niveau
des plans et des programmes, ainsi que le principe d'un bilan *ex post*. La circulaire
du 15 décembre 1992 relative à la conduite des grands projets nationaux d'infrastructures,
dite « circulaire Bianco », préconise l'organisation d'une phase de débat, « en amont des
études de tracés », qui « portera sur les grandes fonctions de l'infrastructure dans une
approche intermodale. Intérêt économique et social, conditions de valorisation de l'amé-

formalisation réglementaire de l'évaluation environnementale stratégique à la circulaire du 2 décembre 1993[6].

En effet, la circulaire du ministère de l'Environnement du 2 décembre 1993 demande aux préfets la mise en place d'un suivi environnemental des contrats de plan État-Région (CPER) avec notamment un bilan des principaux enjeux de l'environnement régional et la mise en place d'indicateurs de suivi et d'évaluation. L'évaluation environnementale des CPER existe donc depuis 1993 dans les textes. Toutefois, cette circulaire ne sera pas suivie d'effets remarquables. Les rares régions ayant entrepris des démarches dans ce sens à l'époque, semblent plus l'avoir fait par l'effet de deux facteurs conjoncturels : d'une part, un facteur d'ordre politique lié à la pression de la population ou à la présence d'élus écologistes au Conseil régional (comme dans le cas de la région Nord-Pas-de-Calais ou d'Île-de-France) et, d'autre part, un facteur d'ordre environnemental lié à un état de l'environnement problématique sous différents aspects (par exemple, l'eau en Bretagne ou le passif industriel du Nord-Pas-de-Calais). Dans l'ensemble des régions, cette circulaire semble être passée inaperçue ou avoir été ignorée, et ce, malgré la réalisation d'un guide pour promouvoir la réalisation d'une évaluation *ex post* de ces programmes (Larrue et Lerond, 1998).

Toutefois, le mouvement en faveur de l'EES va s'amplifier par la suite, notamment sous la pression européenne. Celle-ci va prendre deux formes principales. D'abord, la remise en chantier de la proposition de Directive sur l'évaluation environnementale des Plans et Programmes par l'Union européenne. Cette proposition avait vu le jour en 1991, puis a été laissée de côté pour renaître en 1996[7] et finalement reparaître transformée en décembre 1999[8]. Ensuite les propositions de l'Union

---

nagement des territoires desservis, impact sur l'environnement humain et naturel des espaces traversés, amélioration des conditions de transport de la population ». Cette circulaire intègre aussi le principe d'un bilan *ex post* économique, social et environnemental : « un bilan économique, social et environnemental du projet sera établi par le maître d'ouvrage dans les années qui suivent la mise en service de l'infrastructure ».

6. L'EES est associée à l'élaboration et à la réalisation de plan ou de programme, voire de politique. Elle peut être conduite *ex ante*, c'est-à-dire en amont de la décision lors de la préparation des plans et des programmes, mais également de manière concomitante ou en *ex post* pour évaluer les impacts environnementaux après la réalisation des projets. Toutefois, dans la pratique et notamment ici, le terme d'EES renvoie généralement à une évaluation *ex ante*.

7. La première proposition de la Commission européenne au Parlement relative à ce sujet remonte à 1991. Une nouvelle directive a été présentée le 4/12/96 (COM (96) 511 final).

8. Proposition (COM (99) 73 final).

européenne relatives aux règlements des fonds structurels[9] qui faisaient référence à l'introduction d'une évaluation préalable des impacts environnementaux des programmes à proposer à la Commission.

C'est dans ce contexte que le ministère de l'Environnement a souhaité promouvoir le développement d'une EES dans le cadre de l'ensemble des exercices de contractualisation régionale.

8.2. L'ÉLABORATION D'UN GUIDE DE L'ÉVALUATION ENVIRONNEMENTALE STRATÉGIQUE

Ainsi, dans le cadre de la préparation des CPER et des DOCUP 2000-2006 et à la demande du ministère de l'Aménagement du territoire et de l'Environnement (MATE) un groupe de travail a été constitué dans le but de réaliser un guide de recommandations pour la mise en place de l'évaluation environnementale *ex ante* de cette nouvelle génération de CPER et des nouveaux programmes européens. Le guide, constitué d'un ensemble de conseils méthodologiques, de repères pratiques et de références concrètes, était destiné principalement aux Directions régionales de l'environnement (DIREN)[10] et plus largement à tous ceux qui, dans les services déconcentrés de l'État, participent à la préparation et au suivi de l'évaluation environnementale des contrats de plan État-Région et des fonds structurels européens.

Un groupe de travail réunissant l'ensemble des acteurs institutionnels concernés par la question[11], ainsi qu'un groupe d'experts universitaires et de consultants français et étrangers a donc été mis en place à

---

9. Les fonds structurels sont les fonds européens dévolus notamment au soutien des régions en retard sur le plan du développement. Ils sont associés à l'obligation de produire un programme pluriannuel de développement régional par les espaces concernés. L'établissement de ces programmes a été lié à l'obligation de fournir à la Commission européenne une évaluation environnementale préalable de façon à montrer comment le programme prenait en compte les impératifs environnementaux. Pour les précédents programmes (1993-1999), cette obligation était très formelle. En revanche, pour les programmes actuellement mis en place (2000-2006), cette obligation a été renforcée dans les DOCUP (Documents uniques de programmation).

10. Les DIREN sont les services extérieurs du ministère de l'Environnement, c'est-à-dire des services déconcentrés de l'État à l'échelle de la région.

11. Ce groupe de travail réunissait des membres du ministère de l'Aménagement du territoire et de l'Environnement (sous-direction à l'évaluation environnementale et à l'aménagement durable – Direction de la nature et des paysages (DNP) / Direction générale de l'administration et du développement (DGAD) / Délégation à l'aménagement du territoire et aux affaires régionales (DATAR) ; du commissariat général du Plan ; de l'Institut français de l'environnement (IFEN) ; de la Commission européenne (DG XI / DG XVI) et de trois Directions régionales de l'environnement (DIREN de Bretagne, de Corse et du Nord-Pas-de-Calais).

l'automne 1998, avec pour mission de produire un guide pour février 1999. Le groupe d'experts[12] devait alimenter la réflexion du groupe de travail en effectuant un recensement des expériences d'EES déjà réalisées en France ou à l'étranger pour des exercices similaires ou proches des CPER et des DOCUP, ainsi qu'une prise en compte de la littérature disponible sur ce sujet[13].

Dans un premier temps, les recherches entreprises préalablement à la rédaction du guide ont permis de constituer un état des lieux de l'évaluation environnementale stratégique par région fin 1998–début 1999. Sans entrer dans une analyse détaillée, ce bilan fait apparaître une très faible pratique de l'EES en ce qui concerne les programmes de développement régionaux, mais aussi pour tous les autres domaines où l'évaluation stratégique pourrait s'appliquer[14]. De plus, il en ressort une forte demande méthodologique ainsi qu'un manque de sensibilisation fréquent quant aux pratiques et aux intérêts de procéder à une EES[15]. En bref, quand l'EES n'était pas inconnue, elle souffrait généralement d'une mauvaise image.

Le groupe d'experts a ensuite proposé une méthodologie spécifique pour l'EES des CPER et des DOCUP, c'est-à-dire une démarche adaptée aux spécificités des programmes de développement contractuels territorialisés comme les CPER et les Fonds structurels. Après de multiples discussions et arbitrages[16], un consensus a pu émerger, intégrant les positions et les attentes de chacun des acteurs institutionnels représentés et surtout correspondant au contexte national spécifique dans lequel la mise en place de l'EES devait s'effectuer (faible état d'avancement de la pratique évaluative en France, disparités des situations régionales, temps, moyens et données disponibles avant la contractualisation, etc.).

---

12. Coordonné par C. Larrue de l'Université de Tours, le groupe d'experts comprenait, outre C. Larrue, F. Di Pietro, F. Bertrand, L. Héland (Université de Tours), Michel Lerond (Lerond Consultant), R. Schleisser et R. Duis (EURES).

13. Notamment, les guides produits par l'Union européenne, voir la bibliographie.

14. Par exemple, dans des domaines tels que les textes législatifs, les programmes sectoriels d'aide aux entreprises ou à l'agriculture, etc. En revanche, il semble que le domaine où elle soit le plus avancée soit celui des infrastructures routières qui a déjà bénéficié d'efforts méthodologiques.

15. Les rares acteurs « pionniers » ayant entrepris ou réalisé de telles démarches témoignent d'une incompréhension, voire d'une mauvaise perception de la part de leur organisme comme des autres participants au processus de décision.

16. Notamment sur les questions de développement durable, de participation du public, de critères d'éco-conditionnalité, d'acceptabilité environnementale, etc.

Le guide publié (Larrue, 1999) représente un compromis entre les attentes de chacun des acteurs et les «possibles» envisageables. L'objectif global de cette démarche étant de favoriser les décisions les plus favorables à l'environnement, l'évaluation environnementale préalable des CPER et des DOCUP telle que promue dans le guide avait pour but :

– d'expliciter les enjeux environnementaux pour chaque région concernée,

– d'apprécier la cohérence des programmes adoptés au regard de ces enjeux environnementaux,

– de préparer leurs évaluations environnementales concomitante, finale et *ex post*.

L'évaluation environnementale était donc conçue comme un outil d'aide à la décision. Le guide propose ainsi une démarche en deux étapes principales : premièrement, l'établissement d'un cadre de référence, soit le profil environnemental régional, et deuxièmement, l'appréciation du bien-fondé des programmes vis-à-vis de leurs impacts sur l'environnement et la définition des conditions de suivi et d'évaluation environnementale *ex post* des programmes.

Comme il est mentionné dans le guide, une telle démarche requiert la participation de tous les acteurs, des services extérieurs de l'État, du Conseil régional, des Conseils généraux, mais aussi des représentants des intérêts économiques et sociaux, dans un dispositif qui s'insère dans le système d'évaluation déjà existant (Comité régional d'évaluation ; Comité de suivi des DOCUP). Pour être efficace, l'évaluation environnementale préalable doit s'insérer dans le processus de décision en place.

8.2.1. Première étape : établir le profil environnemental régional

Plus précisément, la première étape consiste à produire un document concis et synthétique qui s'appuie sur les données existantes pour dégager les enjeux et les orientations stratégiques dans le domaine de l'environnement. Ce document doit présenter un diagnostic de la situation régionale, fondé sur un bilan environnemental (forces / faiblesses et opportunités / menaces de l'environnement régional) et déterminer des objectifs de référence (engagements, lois et réglementations, objectifs régionaux, mais aussi politiques locales). Une synthèse de ce profil doit rendre très lisible la situation pour l'ensemble des dimensions de l'environnement.

Le guide soit aussi clarifier les enjeux et les orientations stratégiques en repérant les enjeux thématiques ou transversaux, régionaux ou infrarégionaux, auxquels sont associés des indicateurs, des descripteurs significatifs, disponibles et facilement mis à jour et en proposant des critères d'évaluation *ex post* (critères d'analyse et indicateurs nécessaires pour le suivi et l'évaluation *ex post*), le tout inscrit sur des cartes des territoires sensibles.

Comme présenté dans le guide, pour réaliser ce profil environnemental régional, il faut mobiliser, consulter, mettre à contribution et faire travailler en synergie des acteurs, de préférence avec l'appui d'un prestataire externe agissant comme facilitateur.

8.2.2. Deuxième étape : apprécier le bien-fondé des programmes

La seconde étape vise à s'assurer que les programmes contractualisés vont contribuer à faire de la qualité de l'environnement une dimension du développement régional. Pour ce faire, il convient d'évaluer la contribution de chaque mesure envisagée aux enjeux régionaux cernés dans le cadre du profil environnemental régional.

Cet exercice comporte quatre temps forts :

1. L'identification des objectifs des programmes d'action et des mesures prévues

   Une première tâche consiste à établir une nomenclature des actions au regard de leurs objectifs. Il s'agit de déterminer des *axes* d'intervention comportant des *programmes* se déclinant en *mesures* comprenant chacune des *opérations* ou des *projets*. À chaque niveau, les effets environnementaux prévisibles et les indicateurs d'effets correspondant seront définis.

2. L'appréciation de l'acceptabilité environnementale des programmes d'action

   Il s'agit d'anticiper l'effet de chacune des mesures incluses dans un programme vis-à-vis des enjeux définis dans le profil environnemental régional. Cette appréciation sera conduite par l'établissement d'une grille d'incidence sur l'environnement renseignée à partir des sept questions simples suivantes :

1. Quel est l'impact de la mesure sur le maintien de la biodiversité de la région?

2. Contribuera-t-elle à l'accroissement ou à la réduction des émissions de polluants? A-t-on cherché à minimiser les émissions de polluants ou de déchets? Le recyclage sera-t-il développé?

3. Sera-t-elle fortement consommatrice d'espace, d'énergie, d'eau? Contribuera-t-elle à faire disparaître des ressources naturelles renouvelables? Le recyclage sera-t-il développé?

4. Va-t-elle augmenter ou réduire la vulnérabilité aux risques naturels ou technologiques?

5. Contribuera-t-elle à l'amélioration ou à la dégradation du cadre de vie des habitants?

6. Créera-t-elle des atteintes irréversibles sur le patrimoine? Ou permettra-t-elle de le mettre en valeur?

7. Conduira-t-elle à déplacer voire à accroître les problèmes environnementaux vers d'autres régions ou vers les générations futures ou en induira-t-elle?

Une approche plus approfondie pourra être élaborée pour certains programmes dont les effets environnementaux sont considérés comme importants.

3. La détermination des critères d'évaluation des programmes

Pour préparer les phases suivantes de l'évaluation, il convient de déterminer les critères d'analyse et les indicateurs nécessaires au suivi et à l'évaluation environnementale *a posteriori* des programmes. Cette tâche, dissociée ici des autres moments de l'appréciation du bien-fondé des programmes vis-à-vis de l'environnement, gagnerait beaucoup à être conduite, au moins en partie, en même temps.

4. La détermination des critères d'éco-conditionnalité

Lors de la mise en œuvre du programme et de la sélection des projets, des listes de contrôle, adaptées à la situation et aux enjeux environnementaux de la région, permettront de s'assurer que les orientations et les objectifs ont bien été atteints.

8.3. CONCLUSION

Le guide a été publié par le ministère de l'Environnement en juillet 1999. Il se voulait un cadre adaptable aux différentes situations régionales et pouvant, de ce fait, faciliter le travail de mise en place d'une EES pour les CPER et les DOCUP 2000-2006. Toutefois, il a été diffusé tardivement aux autorités déconcentrées et, de ce fait, n'a finalement pas pu être utilisé dans le cadre de la préparation des CPER. En revanche, il a pu être mieux valorisé pour la préparation des DOCUP.

Cependant, dans la réalité, peu de régions ont mis en pratique les recommandations du guide. On s'aperçoit ainsi que si la production de recommandations est certainement nécessaire pour mettre en pratique une EES, elle n'est certainement pas suffisante pour promouvoir une démarche encore peu habituelle en France. Une réelle sensibilisation des acteurs de la décision à l'intérêt de mettre en place une EES est encore à développer. De notre point de vue, si une telle sensibilisation était associée au développement de l'évaluation des actions publiques en général, elle n'en serait que plus efficace.

RÉFÉRENCES BIBLIOGRAPHIQUES

AFIE (1997). *Les études d'impact sur l'environnement : bilan des pratiques*, Ministère de l'Environnement.

BCEOM / BIPE (1998-1999). *Évaluation environnementale du contrat de plan État-Région et des documents de programmation européens*, Préfecture de la région Nord-Pas-de-Calais, 1998-1999.

BERTRAND (2000). *L'évaluation environnementale stratégique des programmes de planification régionale : analyse du cadre réglementaire français et européen*, Communication au colloque francophone de l'IAIA, Paris, 22-24 mai 2000.

ECOTEC (1997). *Encourager un développement durable grâce aux programmes de l'objectif 2 : manuel pour les gestionnaires de programmes*, Commission européenne DG XVI.

ENVIRONMENTAL RESOURCES MANAGEMENT (1998). *L'évaluation environnementale des plans de développement régional et des programmes des fonds structurels européens*, Commission européenne DG XI.

FALQUE (1995). *Évaluation environnementale des politiques, plans et programmes*, Ministère de l'Environnement.

LARRUE, C. et M. LEROND (1998). *Suivi et évaluation environnementale des contrats de plan État-Région*, Ministère de l'Aménagement du territoire et de l'Environnement.

LARRUE, C. (1999). *Évaluation environnementale préalable des contrats de plan État-Région et des Documents uniques de programmation 2000-2006*, Ministère de l'Aménagement du territoire et de l'Environnement.

UNITED STATES OF AMERICA (1969). *The National Environmental Policy Act* (NEPA).

TROISIÈME
PARTIE

Aménagement régional et paysages urbains

9

L'écriture juridique du paysage urbain en France

André-Hubert Mesnard
CRUARAP, Faculté de droit et des sciences politiques de Nantes

En France, le paysage urbain ancien a été très réglementé à certaines périodes et pas uniquement à la période contemporaine : grâce au rôle des architectes voyers dans les grandes villes au XVIIIᵉ siècle (Nantes, Bordeaux, Rennes...), avec les places royales et les architectures à programmes (façades imposées...). De nombreuses villes ou des quartiers nouveaux datent de la même époque : Rochefort, ville militaire ; La Roche sur Yon sous Napoléon Bonaparte ; Nantes : le quartier de l'île Feydeau et de la place Graslin, au XVIIIᵉ siècle ; Paris (l'Odéon, etc.) ; les premiers plans de voirie.

Il s'agissait bien d'un urbanisme volontaire à l'écriture – au dessin – voulu par des maîtres d'ouvrage (autorités municipales ou autres) et des maîtres d'œuvre (les grands architectes que furent, par exemple à Nantes, Crucy et Ceineray).

Après la construction des murailles au long des siècles, leur destruction (au XVIIIᵉ siècle d'abord) fut un acte d'urbanisme volontaire (Bordeaux, Poitiers, Nantes...). Plus récemment, avec la protection délibérée des abords des monuments historiques avec le rôle essentiel des ABF (architectes des bâtiments de France au XXᵉ siècle) et avec les grands travaux de voirie urbaine (Haussmann à Paris et bien d'autres en Province au XIXᵉ siècle), les pouvoirs publics et les promoteurs ont contribué à façonner les villes en France. Il suffit de marcher en ville ou de monter sur les clochers, sur les hautes œuvres des monuments historiques ou sur les montagnes et les collines environnant les villes pour découvrir des paysages urbains caractéristiques d'un urbanisme volontaire.

Pourquoi s'étonner que nos premiers plans d'urbanisme après 1914-1918 se soient appelés « plans d'embellissement » quand bien même ils ont d'abord été, dans le nord de la France, des plans de reconstruction (même à Reims, avec les crédits de la fondation Rockfeller) ? L'ambition était bien de donner forme à la ville, de former le paysage urbain et d'éviter une extension trop désordonnée. Il y a donc eu très tôt des liens entre le paysage urbain et le droit de l'urbanisme.

Traditionnellement, le droit marque le paysage. Il faut s'interroger tout d'abord sur ce que le droit peut faire pour le paysage urbain et comment.

9.1. LA PROTECTION DU PAYSAGE URBAIN HÉRITÉ DU PASSÉ

Le paysage urbain n'évolue que lentement – ou pas du tout –, au gré des constructions nouvelles. Quels sont les moyens réglementaires du droit de l'urbanisme ? Sont ainsi réglementés par les plans d'occupation des sols, ou par les règles générales d'urbanisme en leur absence, l'harmonie (art. 11 des plans d'occupation des sols), l'épannelage, la voirie, la hauteur, le volume, la densité, l'emprise au sol, les clôtures, les espaces verts... En gros, il y a différents paysages urbains protégés et souhaités à travers les zonages : UA (zones urbaines centrales), UB (urbaines plus périphériques), UC, NB (zones naturelles déjà « mitées »), NC (naturelles agricoles).

Les POS (plans d'occupation des sols), sommaires, parfois POS « à la chaîne », ont, eux, pour objet essentiel, sinon unique, de maîtriser la construction tout en contrôlant l'implantation et la densité, sans s'intéresser aux autres aspects de la construction. Les cartes communales (MARNU : modalités d'application des règles nationales d'urbanisme) prévoient, d'une façon déjà plus qualitative, l'application territoriale des règles générales d'urbanisme. C'est tout le droit commun de l'urbanisme qu'il faudrait passer en revue, pour en mesurer les effets sur le paysage.

9.2. LA CRÉATION DU PAYSAGE URBAIN, DE FAÇON VOLONTAIRE ET DANS LE COURT TERME

L'urbanisme opérationnel s'exprime de multiples façons. Par exemple par les lotissements : espaces verts, occupations bourgeoises, plantations, obligations supplémentaires découlant éventuellement du règlement et du cahier des charges. Aussi par les ZUP (zones à urbaniser en priorité des années 1960) et ce que l'on en sait de leur impact sur l'esthétique urbaine (les tours, les barres), ou encore les ZAC (zones d'action concertée) dans les quartiers construits et les zones à urbaniser, et on connaît la différence entre la rénovation et la réhabilitation en matière de paysage urbain, la première bouleversant éventuellement le paysage urbain, ce que permettent les ZAC. Encore un exemple : les OPAH (opérations programmées d'amélioration de l'habitat), qu'on trouve en particulier en secteurs sauvegardés, mais pas uniquement, et qui permettent de conserver les paysages urbains.

9.3. LA PROTECTION DU PATRIMOINE NATUREL ET CULTUREL

On dispose à cet effet de règles spécifiques concernant les espaces verts, les monuments historiques et leurs abords, les sites (monuments « pittoresques » selon la Loi sur la protection des sites du 2 mai 1930), les secteurs sauvegardés. En ce dernier cas, la Loi Malraux du 4 août 1962 introduit les Plans de sauvegarde et de mise en valeur qui cherchent à éviter que ne disparaissent les quartiers anciens les plus intéressants, sans empêcher néanmoins des opérations innovantes ponctuelles de mise en valeur (ni les OPAH).

Les dernières années ont été marquées par de nouvelles règles apportant une nouvelle écriture, en plus du maintien des moyens classiques. En 1983, le législateur crée les ZPPAU (zones de protection du patrimoine architectural et urbain) devenues en 1993 les ZPPAUP (zones de protection du patrimoine architectural, urbain et des paysages) avec la Loi paysage du 8 janvier 1993. C'est l'expression d'une toute nouvelle politique des paysages, assez expérimentale en un premier temps, moins réglementaire et centralisée, puis plus sectorielle, avec des lois spécifiques pour le littoral et pour la montagne, avant d'être globalisée. Voyons cela successivement.

9.3.1. Les ZPPAUP

La mise en œuvre a été prudente, il y a eu notamment expérimentations avant la sortie des décrets. D'autre part, ces zones s'inscrivent dans un contexte de décentralisation, c'est pourquoi elles sont nécessairement approuvées par la collectivité concernée. En fait, la procédure comprend d'abord une concertation, ensuite une enquête publique, un avis de la Commission régionale du patrimoine et des sites, puis une codécision entre la collectivité et le préfet de région, représentant de l'État.

Sur le plan du contenu, il n'y a pas d'écriture normalisée des prescriptions, à la différence des POS, et on observe une place importante pour des recommandations en plus des prescriptions, ainsi que pour le dessin (croquis, schémas) en plus du droit écrit. On peut donc conclure à une démarche pédagogique plus que réglementaire.

Dès le premier texte de 1983, on constate un champ d'application très étendu et la Loi de 1993 ajoutera même les paysages pour eux-mêmes, accentuant les tendances premières des ZPPAU qui visaient les cônes de vues, les points marquants, les structures paysagères. À Clisson par exemple, en Loire-Atlantique, tout est patrimoine dans la ZPPAUP : la ville comme les bords de la Sèvre, le château, les maisons, les jardins et les anciennes usines. Il y a donc parfaite complémentarité des nouvelles ZPPAUP avec les premières ZPPAU, comme l'illustre le cas de Quimper, dans le Finistère, avec une ZPPAU pour le centre historique (Quimper I) et une ZPPAUP (Quimper II) pour les quartiers plus périphériques.

Le bilan global est de plus de 300 ZPPAUP adoptées et plus de 600 en cours. En matière de patrimoine, on peut tout faire, ou presque tout, avec une ZPPAUP : elles peuvent inclure tous les paysages urbains, patrimoine construit, balnéaire, thermal, rural, zone archéologique, patrimoine industriel, jardins. Les architectes et les paysagistes s'y taillent la part du lion, ce qui n'est pas le cas pour les plans d'occupation des sols, qui seront bientôt remplacés par des plans locaux d'urbanisme, avec la nouvelle loi SRU (Solidarité et Renouvellement urbain), du 13 décembre 2000. Les ZPPAUP n'ont pas remplacé les POS, elles s'y sont ajouté, avec le statut de servitudes complémentaires. Mais, en fait, elles ont lancé une nouvelle écriture de la partie réglementaire des POS, introduisant notamment les croquis de même que les recommandations.

9.3.2. Les lois « littoral » et « montagne »

Le patrimoine naturel et culturel « remarquable » du littoral et de la montagne, et à travers lui le paysage, fait l'objet des « lois d'aménagement et d'urbanisme » dites « loi montagne » et « loi littoral », du 9 janvier 1985 et du 3 janvier 1986. Par leur biais, ce ne sont pas les paysages seuls qui sont protégés, mais les « espaces remarquables », qui bien évidemment font partie des paysages, lorsqu'ils ne les constituent pas à titre principal. Mais leur intérêt ne tient pas au seul paysage puisque, pour certains, le critère retenu est de nature écologique (les vasières, les zones humides...).

Dans les zones littorales, le législateur vise à bien séparer les paysages naturels, seuls protégés, des paysages urbains. Il en découle que l'urbanisation ne peut se faire qu'en continu, ou en « hameaux nouveaux » intégrés au paysage. Elle est impossible dans la bande des 100 mètres du rivage, hors agglomération. Il y a ainsi une définition en creux des paysages urbains distingués des paysages naturels.

Dans le cadre de ces deux lois, « montagne » et « littoral », ce sont les services de l'État (Équipement, Environnement...), dans l'édition de leur doctrine et dans le contrôle de l'élaboration des POS, ainsi que le juge administratif, lors des recours, qui ont accaparé l'écriture de la règle dans ce domaine, à travers leurs pratiques locales et leur jurisprudence. Ceux-ci par exemple attribuent une valeur de fait à certains inventaires du patrimoine. De même, en matière de paysage urbain, ce sont eux qui en définissent l'enveloppe, à travers les concepts d'agglomération et de hameaux intégrés à l'environnement pris en compte par ces lois.

À travers les lois « littoral » et « montagne », les juristes, les magistrats des tribunaux administratifs et les urbanistes ont eu à réfléchir à certaines caractéristiques des paysages, à travers les questions posées par ces lois. C'est ainsi qu'ont été précisés les concepts suivants : *agglomération, urbanisation en continuité, hameaux nouveaux intégrés à l'environnement, espaces remarquables naturels, espaces proches du rivage* (à partir de divers critères, dont la visibilité à partir de la mer), *coupures vertes*. On voit bien, à travers tout cela, combien les lois « littoral » et « montagne » ont fait avancer l'écriture juridique du paysage.

9.3.3. Une nouvelle politique des paysages depuis 1993

Depuis la loi du 8 janvier 1993, a été lancée une nouvelle politique des paysages, globale et ambitieuse. Cette loi a été appliquée par le décret du 11 avril 1994, la circulaire du 21 novembre 1994, relative aux nouvelles directives de protection et de mise en valeur des paysages, et la circulaire du 15 mars 1995, relative aux divers instruments de protection et de mise en valeur du paysage. C'est surtout cette dernière circulaire qui met en valeur le caractère global de la nouvelle politique des paysages, laquelle va bien au-delà des directives de protection et de mise en valeur des paysages.

Sur le plan réglementaire tout d'abord, nous avons affaire à une réécriture du code de l'urbanisme, ou à un complément d'écriture en vue d'une meilleure prise en compte des paysages : les schémas directeurs, les POS et les plans d'aménagement des ZAC seront réécrits pour mieux intégrer la démarche nouvelle sur les paysages. De son côté, le dossier de demande de permis de construire est doté d'un « volet paysager ».

Le rôle éventuel des nouvelles « directives paysage », si on les élabore, et leur contenu sont bien précisés dans les deux circulaires. Élaborées à l'initiative de l'État ou de la collectivité, elles doivent être approuvées par décret, après concertation. Mais leur rôle n'est pas de maintenir les lieux en l'état (c'est le rôle de la protection des sites classés ou inscrits), ni d'être imposables à chaque décision à l'instar des ZPPAUP. Elles doivent simplement protéger les « structures paysagères » de certains « paysages sensibles », qui restent gérés localement dans le cadre des plans d'occupation des sols et des futurs plans locaux d'urbanisme, sous la surveillance de l'État, en s'imposant aux documents d'urbanisme. Mais l'écriture des directives paysages n'est pas simple. Elle fait l'objet de la circulaire très longue et très précise du 21 novembre 1994 ; depuis cette date, quatre d'entre elles seulement sont en cours d'élaboration, à titre expérimental[1].

Selon l'article 1° du décret du 11 avril 1994, les directives paysages doivent concerner des « paysages remarquables dont l'intérêt est établi soit par leur unité et leur cohérence, soit par leur richesse particulière en matière de patrimoine ou comme témoins de modes de vie ou d'habitats ou d'activités et de traditions industrielles, artisanales, agricoles et forestières ». Ces critères sont extrêmement variés et les orientations normatives qui en découlent, le seront aussi.

Au-delà des prescriptions réglementaires, les directives peuvent émettre des recommandations, à portée pédagogique, dont l'effectivité et le caractère persuasif dépendront de la qualité de leur rédaction, des croquis et des schémas qui les illustreront éventuellement et de la conviction des politiques qui leur donneront une suite à travers les documents d'urbanisme.

Mais certaines difficultés apparaissent dans la rédaction de ces directives paysages : quelle doit être l'ampleur du périmètre pris en compte ? À quelle échelle ? À quel degré de précision, faut-il travailler ? Quelle place doit-on réserver aux sites protégés, aux simples prescriptions réglementaires des POS / PLU ? Comment les combiner avec les DTA (directives territoriales d'aménagement)[2] ? En fait, comment délimiter les paysages protégés ? Peut-on se contenter de les localiser de façon approximative au risque de laisser la responsabilité de leur application pratique à l'administration ou au juge ? Le législateur a senti

---

1. Citons les cas de la Beauce, des alentours de la cathédrale de Chartres et les Alpilles.
2. Le projet de directive territoriale d'aménagement de l'estuaire de la Loire envisage (dans son rapport préalable de l'été 1998) le zonage des principaux paysages de l'estuaire ; ce volet paysager de la DTA aurait la même valeur juridique qu'une directive paysages.

la difficulté posée par leur délimitation, puisqu'il préfère dans les DTA « identifier » et « localiser » les éléments du paysage, plutôt que de les « délimiter » (voir la circulaire du 21 novembre 1994). On voit bien, ainsi, que l'écriture juridique des paysages n'est pas facile. À dire vrai, elle ne semble pas encore rodée.

En plus de la directive paysages et des autres réglementations, la circulaire du 15 mars 1995, décrit d'autres instruments de la politique globale des paysages, qu'elle classe en deux catégories : les instruments de connaissance et les démarches partenariales.

Les instruments de connaissance permettent l'acquisition de la connaissance des paysages et l'inventaire de cette connaissance. On y trouve une méthodologie pour l'identification et la typologie des paysages, élaborée par la DAU (Direction de l'aménagement et de l'urbanisme, au ministère de l'Équipement) ; des instruments nationaux de connaissance, comme un observatoire photos (Direction de la nature et des paysages, ministère de l'Environnement), un fichier des protections (par exemple, sites, ZPPAUP, plans de sauvegarde et de mise en valeur), disponible à la DAU ; une liste d'indicateurs, mis au point par l'IFEN (Institut français de l'environnement) ; des instruments ou des inventaires non spécifiques aux paysages tels les ZNIEFF ou zones naturelles d'intérêt faunistique et floristique et les zones Natura 2000 en application des directives européennes. Les services départementaux de l'État (directions départementales de l'Équipement) et les directions régionales de l'Environnement, travaillent, grâce à ces instruments, à l'élaboration d'atlas des paysages qui serviront d'aide à la décision dans tous les domaines de l'urbanisme et de l'aménagement.

Les démarches partenariales sont plus contractuelles et concertées. Elles tendent à mettre en œuvre des actions collectives entre l'État, les collectivités territoriales et divers acteurs : ce sont les plans de paysages, les contrats pour le paysage, les labels (« Villes d'art et d'histoire », « Petites villes de caractère »...). Les chartes des parcs régionaux et les « pays » (loi du 4 février 1995) à vocation plus globale peuvent répondre au même objectif.

9.3.4. Des mesures particulières sur les entrées de ville

On ne peut terminer cette étude rapide des politiques du paysage, et plus particulièrement du paysage urbain, sans dire quelques mots sur les mesures portant sur les entrées de villes prévues à la loi du 2 février 1995 et à la loi SRU du 13 décembre 2000.

Pour remédier, bien tardivement, à l'extension de l'anarchie immobilière des constructions commerciales, artisanales et industrielles de chaque côté des principales voies d'entrées urbaines, il est désormais interdit, par la loi du 2 février 1995 (article L 111-1-4), de construire dans une bande de 75 ou 100 mètres, selon la nature de la voirie, de chaque côté des autoroutes, routes express et voies à grande circulation, en dehors des espaces déjà urbanisés. Cette interdiction ne s'applique pas lorsqu'il existe pour ces zones des règles d'urbanisme « motivées au regard notamment de la qualité architecturale, ainsi que de la qualité de l'urbanisme et des paysages ». La qualité architecturale rejoint ainsi l'exigence de la qualité des paysages. On se demande simplement quelle portée le juge, éventuellement saisi de recours contre des refus s'appuyant sur ces dispositions, accordera à cette exigence concernant la qualité des paysages.

Enfin, avec la loi SRU, la prise en compte de la qualité des paysages est tout à fait confirmée dans la nouvelle écriture du Code de l'urbanisme. Les nouveaux schémas de cohérence territoriale (SCOT) qui vont remplacer les schémas directeurs doivent, dans la nouvelle rédaction de l'article L 122-1 du Code de l'urbanisme, « pour mettre en œuvre le projet d'aménagement et de développement durable retenu (fixer), dans le respect des équilibres résultant des principes énoncés aux articles L 110 et L 121-1, les orientations générales de l'organisation de l'espace ». Or ces articles prévoient expressément la préservation « des milieux, sites et paysages naturels ou urbains [...] » (L 121-1). Le même article L 122-1 prévoit, plus loin, que les SCOT définissent « notamment les objectifs relatifs [...] à la protection des paysages, à la mise en valeur des entrées de villes [...] ». En outre, « ils déterminent les espaces et sites naturels ou urbains à protéger et peuvent en définir la localisation ou la délimitation[3] ».

On retrouve des dispositions similaires pour les Plans locaux d'urbanisme (PLU), dans l'article L 123-1 :

> Ils présentent le projet d'aménagement et de développement durable retenu, qui peut... prévoir les actions et opérations d'aménagement à mettre en œuvre notamment en ce qui concerne le traitement des espaces et voies publics, les entrées de villes et les paysages, l'environnement. À ce titre ils peuvent : [...] 7° Identifier et localiser les éléments de paysage et délimiter les quartiers, îlots, immeubles, espaces publics, monuments, sites et secteurs à protéger, à mettre en valeur ou à requalifier pour des motifs d'ordre culturel, historique ou écologique et définir, le cas échéant, les prescriptions de nature à assurer leur protection.

---

3. On notera au passage qu'il n'est pas véritablement question, à ce niveau, de délimitation des paysages, mais des sites naturels ou urbains.

Ajoutons en terminant que la technique du transfert de coefficient d'occupation des sols est possible, selon l'article L 123-4, dans les zones à protéger en raison de la qualité de leurs paysages, en vue de favoriser un regroupement des constructions sur des terrains situés dans un ou plusieurs secteurs de la même zone.

10

Le programme Partenaires dans la protection du climat
Un partenariat entre
la Fédération canadienne
des municipalités (FCM) et
le Conseil international pour les
initiatives écologiques locales
(ICLEI)

Jeena Azzah
Agent de recherche à l'ICLEI

Le programme Partenaires dans la protection du climat (PPC) est un programme qui s'intéresse au changement climatique, aux collectivités viables et à une meilleure qualité de vie pour la collectivité. L'idée de départ est que les municipalités peuvent contribuer de façon concrète à la protection du climat, car jusqu'à la moitié des émissions de gaz à effet de serre (GES) du Canada (350 millions de tonnes) sont sous l'influence ou le contrôle direct ou indirect des municipalités. Par ailleurs, les municipalités produisent chaque année 38 millions de tonnes de GES par le biais de leur consommation de carburant et d'électricité et de la décomposition de matières organiques provenant des déchets.

Le rôle du PPC est d'aider les municipalités à réduire les émissions locales de gaz à effet de serre, contribuant ainsi à réduire la pollution atmosphérique locale et les coûts qu'elle entraîne, à améliorer la santé publique et à stimuler le développement économique communautaire. On prévoit que d'ici l'an 2008, les municipalités pourraient intervenir localement et contribuer à atteindre des réductions de 20 à 50 millions de tonnes de gaz à effet de serre, tout en réalisant des économies et en procurant une meilleure qualité de vie à leurs citoyens.

10.1. Qu'est-ce que le changement climatique ?

Il existe un effet de serre naturel qui isole la planète contre la perte de chaleur. Ce sont des gaz comme le dioxyde de carbone, le méthane et l'oxyde d'azote, ainsi que les nuages et les vapeurs d'eau qui créent cet effet de serre. Le niveau de ces gaz à effet de serre a augmenté de façon importante depuis le début de l'ère industrielle et les scientifiques s'entendent largement pour dire que le climat est déjà en train de changer, et ce, à un rythme plus rapide que prévu. Par ailleurs, la plupart des scientifiques reconnaissent que les activités humaines, comme l'usage de véhicules automobiles et l'utilisation d'appareils de chauffage, sont la cause des gaz à effet de serre.

Les années 1980 et 1990 ont été les décennies les plus chaudes jamais enregistrées. Dans le cas concret de l'Amérique du Nord, on a eu une hausse de la température moyenne de 1 degré Celsius au cours du dernier siècle. Dans le sud du Canada, le débit des rivières est en diminution depuis les années 1940, en particulier dans les Prairies, et on constate, depuis les 50 dernières années, des températures plus élevées au printemps et en été. Au niveau mondial, on prévoit que les températures pourraient augmenter de 1 à 3,5 degrés Celsius au cours du prochain siècle. La couverture de glace permanente dans l'Arctique a diminué de 14 % au cours des deux dernières décennies et le pergélisol a tendance à fondre.

Si les tendances concernant le changement climatique se maintiennent, on prévoit des conséquences négatives sur tous les plans. Au Canada, on prévoit notamment des périodes de sécheresse plus longues, mais aussi des inondations importantes à certains endroits. Par ailleurs, la hausse du niveau de la mer dans les régions côtières aura des répercussions sur les bâtiments, les routes et les réseaux d'égouts. On assistera aussi à une plus grande fréquence des événements climatiques graves, en particulier les vagues de chaleur, les inondations, les orages électriques et les tornades. Les incidences sur la santé de ces répercussions ne se feront pas attendre, notamment en ce qui concerne les températures. En particulier, les villes connaîtront des journées très chaudes, causant ainsi des problèmes respiratoires. De même, en raison des sécheresses, il y aura une diminution de la quantité et de la qualité de l'eau et on assistera à une possible propagation de nouvelles maladies infectieuses en raison de la prolifération d'insectes porteurs de maladies.

Au niveau municipal, on anticipe les effets suivants :

– une plus grande fréquence de pluies fortes, ce qui engendrera des problèmes sur le plan des égouts pluviaux et des installations de drainage ;

– une diminution des précipitations totales de neige en hiver, laquelle sera remplacée par de la pluie ;

– une plus grande fréquence de tempêtes de verglas, lesquelles seront de plus en plus graves, provoquant des pannes d'électricité et d'importants dommages matériels ;

– des vagues de chaleur plus intenses et plus longues qui rendront plus difficile l'approvisionnement en eau pour les municipalités et provoqueront des impacts négatifs sur la santé en raison de l'augmentation du niveau de smog ;

– une plus grande fréquence d'inondations dans les collectivités côtières et une érosion plus fréquente en raison de la hausse du niveau de la mer ;

– des débâcles plus hâtives au printemps des eaux des rivières, des lacs et des glaces dans la mer, provoquant des inondations dues aux embâcles et à la pluie ou à la neige ;

– une diminution du débit des rivières et une augmentation de la sécheresse, en particulier dans le centre-sud du Canada.

Il est clair que le changement climatique peut entraîner des conséquences importantes à long terme sur l'environnement, l'économie et la santé publique. Si la planification doit se faire en vue de créer une collectivité viable qui offre de meilleurs services communautaires, une plus grande sécurité et une meilleure protection à ses habitants, le contrôle de ces impacts entraînera diverses mesures. Pour commencer, il faudra déterminer les risques pour les infrastructures municipales existantes et élaborer des stratégies adaptées. Il sera aussi nécessaire de tenir compte des risques des événements climatiques dans les décisions qui touchent les investissements dans les infrastructures afin de réduire la vulnérabilité de la collectivité. Et pour réaliser ces mesures, diverses actions devront être entreprises, notamment concernant les codes du bâtiment, du traitement des eaux usées, de la gestion des matières résiduelles dans les sites d'enfouissement, de la gestion des déplacements ainsi que de la planification et de l'occupation du sol.

10.2. L'INTERVENTION DU PROGRAMME PARTENAIRES DANS LA PROTECTION DU CLIMAT (PPC)

Le programme PPC a deux grands objectifs. Dans un premier temps, il vise à obtenir l'appui des élus, dans les conseils municipaux, et celui des responsables de services, dans les collectivités locales, afin de pouvoir mettre en place des mesures visant à éviter les changements climatiques. D'un autre côté, le programme cherche à influencer les prises de décisions institutionnelles grâce à une planification stratégique. Le PPC offre aux intervenants locaux, dans cette perspective, divers services :

- des exposés destinés aux conseils municipaux qui proposent des résolutions modèles dans la lutte aux changements climatiques ;

- des moyens de renforcement des capacités des acteurs tels des ateliers, des inventaires, des logiciels de projection, des instruments de collecte de données, des études de cas et diverses trousses d'outils ;

- des modèles de plans énergétiques communautaires et de plans d'action locaux ;

- la remise du Prix des collectivités viables FCM-CH2M Hill, ainsi que la reconnaissance de l'atteinte des différentes étapes du programme ;

- la recherche des risques que pose le changement climatique pour les infrastructures municipales ;

- la mise à jour des expériences municipales et sa diffusion par le biais de bulletins et de rapports réguliers sur les activités nationales et internationales ;

- l'accès aux expériences municipales internationales par le biais de la campagne mondiale « Les villes pour la protection du climat » du Conseil international pour les initiatives écologiques locales (ICLEI) ;

- des lignes directrices en matière d'approvisionnement et des contrats types ;

- le suivi des progrès enregistrés par la municipalité, à l'aide d'une batterie d'indicateurs ;

- la création de partenariats au moyen de réseaux avec des organismes de soutien.

Un programme en cinq étapes aide les municipalités à atteindre les objectifs de réduction de gaz à effet de serre recommandés dans un délai de dix ans et à bénéficier d'avantages environnementaux, économiques et sociaux. De même, dans le cadre du PPC, les municipalités peuvent élaborer des outils de planification stratégique en matière d'énergie pour aider à atteindre les objectifs prioritaires locaux tout en protégeant le climat.

La première étape du programme a pour objectif de dresser le bilan de la situation et d'élaborer un scénario tendanciel. Pour cela, on procède à un inventaire des gaz à effet de serre, en établissant le profil de la consommation d'énergie et des émissions de GES pour chaque activité municipale et pour l'ensemble de la collectivité pour l'année de base 1994 (ou une année plus récente pour laquelle les collectivités disposent de données détaillées). Par la suite, on procède à l'estimation du niveau de consommation d'énergie et des émissions de GES pour les 10 à 20 prochaines années. Cette prévision se fait à l'aide d'un logiciel fourni par le PPC (www.torriesmith.com).

La deuxième étape du programme a pour but la fixation des objectifs à atteindre concernant la réduction des émissions de GES attendue. Par exemple, si on considère un scénario de 10 ans, on peut proposer une réduction de 20 % des émissions de GES pour les activités municipales et une réduction de 6 % pour l'ensemble de la collectivité.

La troisième étape du programme consiste à élaborer et à adopter le plan d'action local en vue de réduire les émissions de GES et la consommation d'énergie dans les activités municipales et celles de la collectivité. À ce stade, on cherche aussi à intégrer des activités d'éducation et de sensibilisation publiques pour aider à changer les comportements.

La quatrième étape du programme correspond à la mise en œuvre du plan d'action local dans divers secteurs : les bâtiments municipaux, y compris les installations récréatives, le parc de véhicules, les services techniques municipaux, les services de police et la lutte contre les incendies, le transport en commun, la gestion des déchets et la conservation de l'eau.

La dernière étape consiste à surveiller, à vérifier et à signaler les réductions des émissions de GES. Cette étape se fait de façon continue et sert à ajuster les actions considérées en vue des objectifs visés.

Au Canada, à l'été 2000, on comptait au total 61 participants, dont 20 en Colombie-Britannique, 16 en Ontario et 7 au Québec. Les principaux partenaires sont le Greater Vancouver Regional District (GVRD), avec notamment un programme de réduction des déplacements des employés, la municipalité régionale d'Hamilton-Wentworth, qui a créé un fonds municipal pour les améliorations éco-énergétiques, la ville de Windsor, où une entreprise de services éco-énergétiques aide à améliorer l'efficacité énergétique de la municipalité, la ville d'Edmonton, où on a instauré un fonds renouvelable pour le financement de projets d'amélioration éco-énergétique dans les activités municipales, et la municipalité régionale de Sudbury, où est à l'œuvre la planification stratégique en matière d'énergie.

11

Développement durable et gouvernance urbaine
Le cas de Vancouver

Régis Guillaume
Université de Toulouse
CIEU, Maison de la Recherche

Avec une croissance démographique qui a dépassé 14 % entre 1991 et 1996, l'aire métropolitaine de Vancouver connaît une dynamique largement supérieure aux autres grandes villes canadiennes. Cette très forte progression attribuable pour l'essentiel à un solde migratoire positif alimenté par une migration internationale (45 %) et interprovinciale (35 %), s'accompagne d'un étalement urbain qui cristallise un certain nombre d'enjeux.

Les problèmes d'environnement, la congestion des infrastructures routières, le manque de logements, la gestion de l'alimentation en eau, le traitement des déchets et la délicate question de la fiscalité locale sont communs à bien des métropoles américaines. Dans cette optique, l'analyse des dispositifs de régulation et de gestion de l'aire urbaine de Vancouver s'inscrit parfaitement dans les débats sur la gouvernance urbaine.

Les initiatives du gouvernement provincial de Colombie-Britannique, du Great Vancouver Regional District (GRVD) et des municipalités concernées tentent d'offrir une solution de remplacement à un étalement qui constituerait une menace pour le développement durable de la région. Certaines sont relativement traditionnelles et correspondent à des programmes de planification ou à la création d'institutions à vocation régionale que l'on retrouve dans les autres aires urbaines canadiennes. D'autres sont beaucoup plus originales. Parmi elles, la «Georgia Basin Initiative» développe l'idée qu'il faut associer les citoyens à ces réflexions et organiser des nouveaux rapports entre les représentants des communautés et les différents niveaux administratifs afin de s'engager définitivement dans une démarche de développement durable.

Cette communication se propose d'analyser ces nouvelles formes de gouvernance urbaine et d'envisager leur articulation à un projet de développement durable qui s'inscrit dans des limites régionales nouvelles.

11.1. UNE DYNAMIQUE ÉCONOMIQUE ET DÉMOGRAPHIQUE PEU COMMUNE

Les dernières estimations de la population[1] de l'ensemble de l'aire urbaine de Vancouver (voir la figure 11.1) confirment une poursuite de la croissance démographique. Pour l'ensemble du GVRD, elle s'établit à + 21,6 % entre 1992 et 1999. Comme dans bien des métropoles américaines, elle privilégie les zones périphériques de l'agglomération. La ville centre, même si elle enregistre une augmentation non négligeable de sa population (+ 12 % entre 1992 et 1999), voit son poids diminuer au sein de l'aire urbaine. En 1999, avec 558 232 habitants, elle ne regroupe plus que 26 % de la population du GVRD contre 30 % en 1992. Les taux de croissance les plus élevés sont enregistrés au sud et à l'est de l'aire métropolitaine (Surrey + 26,4 %, Langley + 19,7 %, Port Moody 25,5 % et Port Coquitlam + 28,4 %), alors que les municipalités du nord de l'aire urbaine progressent moins vite (West Vancouver + 5,4 %, North Vancouver City + 9,4 %).

Ces dynamiques démographiques ne sont pas exclusivement liées à des stratégies résidentielles, mais isolent de nouvelles polarisations économiques. Ainsi, Vancouver, qui concentre encore 28 % des emplois de l'aire métropolitaine en 1996[2], enregistre un rythme d'évolution (+ 5 % entre 1991 et 1996) inférieur aux municipalités périphériques. Les exemples de Surrey (16 % des emplois du GVRD en 1996) qui progresse de + 24 % durant la même période et de Langley TC (+ 22 % entre 1991 et 1996) sont significatifs.

De plus, au-delà de ces aspects quantitatifs, ces dernières années ont été marquées par de fortes mutations (Hutton, 1998).

---

1. *Greater Vancouver Key Facts* (1999, p. 12).
2. *Id.*, p. 30.

Le développement économique s'est accompagné d'une tertiarisation de l'économie et ce sont les services destinés aux entreprises ou à l'exportation qui ont bénéficié des taux de croissance les plus élevés. Les conséquences sur le plan spatial ne sont pas neutres. Ces mutations ont renforcé le développement des zones périphériques mais également inauguré l'émergence de districts spécialisés. Elles ont également permis une réutilisation des friches industrielles. La « production » urbaine n'a en outre pas été épargnée, le cœur de la ville a subi d'intenses transformations et notamment un processus d'embourgeoisement (« gentrification ») (Ley, 1996).

Figure 11.1
Greater Vancouver Regional District

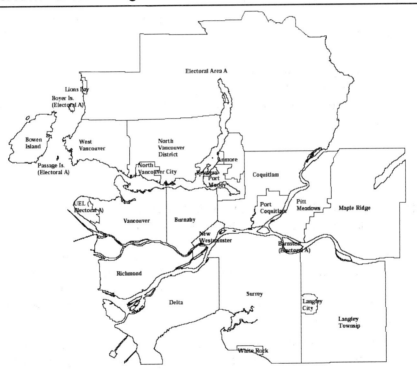

Source : Greater Vancouver Regional District (GRVD), *The Livable Region Strategic Plan* (1996, p. 2).

Au plan externe, on assiste à un désengagement progressif de la ville région du système urbain national au profit d'une intensification des connections avec d'autres aires régionales : « Georgia basin » et « Cascadia » (Evenden et Meligrana, 1998). Elle devient également, au cours de cette dernière décennie, un nœud du réseau urbain Asie-Pacifique.

Ces changements sont déjà amorcés dans les années 1980. Comme l'avait indiqué Ley (1980), Vancouver est un bon exemple de développement urbain de type postindustriel. À la différence de Toronto, Vancouver n'est pas un centre manufacturier de première importance pour le Canada et elle n'accueille pas non plus une majorité des sièges sociaux des grandes entreprises nationales. Elle ne bénéficie pas, comme c'est le cas pour les capitales provinciales, d'une concentration d'emplois administratifs (Hutton, 1998). Son tissu économique, même s'il est largement orienté vers les activités de services, reste celui d'une ville intermédiaire qui a surtout bénéficié de sa position particulière comme porte d'entrée du monde asiatique et de son intégration dans le réseau des villes internationales de façade Asie-Pacifique. En accueillant chaque année entre 36 000 et 45 000 immigrants dont environ 70 % proviennent de l'Asie[3], elle concentre plus de 20 % du total des immigrants de l'ensemble du Canada, ce qui lui confère une position internationale de premier ordre.

Ces mutations, dont il convient de souligner l'extrême rapidité, perturbent largement les dispositifs de gestion territoriale mis en œuvre durant la période des trente glorieuses. Elles inaugurent toutefois des modalités de gouvernance des aires métropolitaines novatrices, qui mettent l'accent sur les processus de négociation, de flexibilité et qui s'opposent largement aux réformes engagées en Ontario.

11.2. LES ACTEURS DE LA GOUVERNANCE DE L'AIRE URBAINE DE VANCOUVER

Si, dans les années 1970, la question de la gouvernance s'articulait largement autour de la problématique des pouvoirs urbains, elle déborde actuellement ce seul thème d'étude. Habituellement, l'ensemble des questions liées à la problématique de la gouvernance des aires urbaines peut s'inscrire à deux niveaux :

Au niveau **global** : comment, dans un contexte de compétition de plus en plus exacerbée entre grandes métropoles, disposer de meilleurs atouts pour attirer de nouveaux investisseurs et une main-d'œuvre qualifiée ? En d'autres termes, comment affirmer son inscription définitive dans le club des « villes globales » ?

---

3. *Id.*, p. 15.

Au niveau **local** : quelles sont les limites du périmètre pertinent à l'intérieur duquel il est possible de gérer avec la plus grande efficacité et au moindre coût l'ensemble de services offerts à la population ?

Ces questionnements, que l'on retrouve dans la plupart des pays occidentaux, prennent une tonalité particulière au Canada. À l'inverse de ce qui se passe en Europe notamment et en France en particulier, les pouvoirs municipaux sont relativement faibles. Les municipalités sont d'abord considérées comme des pourvoyeurs de services avant d'être envisagées comme de véritables animatrices de la vie locale.

Elles se sont d'ailleurs largement investies dans ce champ depuis la fin de la Seconde Guerre mondiale et ont pris une part non négligeable à la constitution d'un modèle de société largement inspiré des thèses keynésiennes. Mais l'aggravation de la crise économique, le basculement d'une économie de type fordiste vers une économie postindustrielle et l'avènement des thèses libérales, ont provoqué une remise en question de ce type d'intervention.

Dans un contexte d'accélération de la mobilité des hommes et des capitaux, de compétitivité et de concurrence accrues entre les grandes aires métropolitaines, le défi qui est soumis aux responsables des grandes villes pourrait être résumé de la façon suivante : soit être une ville « globale », soit se contenter de rester une métropole régionale.

Ces débats conduisent naturellement à imaginer quel est le « meilleur » mode de gouvernement des villes. Face à un tel problème les solutions ne sont pas uniques, aussi bien en ce qui concerne le niveau d'intégration que les limites des aires concernées. De plus, l'évaluation permanente du rapport coût-utilité et l'aggravation des contraintes financières des instances locales ont nourri la question de l'intérêt de la délégation et la concession d'un certain nombre de services à des entreprises privées. Progressivement, la question de la gouvernance des aires métropolitaines a intégré une dimension managériale.

Mais, à la différence des autres métropoles canadiennes et notamment de Montréal, la ville de Vancouver continue de jouer un rôle important, aussi bien dans la fonction résidentielle que comme centre d'emplois. Même si le développement des zones périphériques est plus dynamique, la ville centre enregistre une évolution positive, aussi bien sur le plan démographique que sur le plan économique. De plus, alors que les instances de gestion des aires métropolitaines ne recouvrent que partiellement les limites des aires urbaines, la région urbaine de Vancouver bénéficie, avec le GVRD, d'une instance dont les limites correspondent aux limites de la région métropolitaine de recensement (RMR).

Cette structure, créée en 1967, est régie par un conseil d'administration au sein duquel siègent les représentants de 20 municipalités nommés par les maires. Chaque administration locale dispose d'une voix par tranche de 20 000 habitants, mais aucun administrateur ne peut disposer de plus de cinq voix. Cette structure fournit des services de nature régionale, notamment l'approvisionnement en eau, le traitement des eaux usées, la gestion de la qualité de l'air, la gestion des déchets, la gestion des parcs régionaux et la planification des hôpitaux. Elle a également la responsabilité de gérer une société immobilière sans but lucratif dont l'objectif est d'assurer la construction de logements à loyers modérés. Elle dispose en outre d'un service d'aménagement qui conduit des recherches sur le thème de la planification et du développement régional (utilisation du sol, population, économie).

Les ressources de cette administration proviennent des municipalités qui y reversent 12 % du montant des impôts fonciers et une très grande partie de cette somme (90 %) est utilisée à des projets d'immobilisation : hôpitaux, station d'épuration, réseau d'égouts, etc. Depuis 1998, elle participe, par l'entremise du Greater Vancouver Transportation Authority (GTVA), à la définition de la politique des transports urbains. Même si elle n'a pas beaucoup de pouvoir en matière de réglementation d'urbanisme, elle constitue le principal acteur de la gouvernance de l'aire métropolitaine.

Les réflexions engagées par le GVRD prennent largement en compte les évolutions décrites précédemment. Sa position s'inscrit dans une perspective de promotion d'un modèle de croissance adapté au concept de «développement durable». Selon ses défenseurs, le coût environnemental de l'étalement urbain peut nuire au développement de l'ensemble de l'agglomération et doit déboucher sur l'adoption de principes de planification régionale. Dès le milieu des années 1970, le GVRD publie un document dont le titre *The livable region 1976/1986* est explicite. L'idée centrale est de mettre en place à l'intérieur de l'aire urbaine des centres relais qui permettront de canaliser et de limiter l'étalement urbain. Ces derniers devaient offrir une palette complète de services et d'emplois et limiter ainsi les déplacements quotidiens domicile–travail. Toutefois, la mise en œuvre de ce programme s'est heurtée à un certain nombre de résistances. Au-delà des concurrences habituelles entre la ville centre et les municipalités périphériques ce programme n'avait pas suffisamment pris en compte la capacité polarisatrice de la ville centre. Selon Hutton (1998) et Smith (1998), il n'a pas été suffisamment relayé par l'ensemble des municipalités et a souffert du manque de connexions entre les différents centres relais. En outre, la récession des années 1980 a progressivement fait abandonner l'intérêt pour les politiques planificatrices.

Cette récession, qui a frappé l'ensemble du Canada, a d'abord eu pour conséquence une diminution des ressources transférées vers les municipalités par les instances supérieures. Les gouvernements fédéral et provinciaux, engagés dans une réduction draconienne des dépenses publiques, interviennent de manière moins fréquente. Ce désengagement des instances supérieures va naturellement conférer aux instances locales de nouveaux champs d'action dans l'animation et le développement économique. Mais ces difficultés inaugurent également l'émergence d'une économie métropolitaine qui s'organise moins comme un lieu de valorisation des ressources de la province et s'inscrit progressivement dans une dynamique régionale dont les limites dépassent les frontières nationales et comme un nœud du réseau des villes d'Asie et de la façade du Pacifique.

Ces changements altéreront la pertinence des interventions habituelles des municipalités. Rappelons que, durant la période 1960-1980, leur rôle est limité à la fourniture de services locaux et au financement d'infrastructures locales. Ce principe prévaut dans l'ensemble du Canada où les municipalités disposent d'une autonomie concédée par le gouvernement provincial. Ce type d'organisation a permis aux municipalités, dans le contexte d'une économie fordiste, de remplir correctement leur tâche mais l'inscription définitive dans une économie urbaine postindustrielle commande d'autres types d'interventions. Pourtant, dans leur ensemble, les municipalités locales et régionales, même si elles investiront le champ économique, ne le feront que de manière très sporadique. Elles ont certes créé des parcs industriels, mené des actions de marketing et de communication et tenté de mettre en œuvre une politique fiscale avantageuse. Mais, si ce type de stratégie peut permettre de créer des emplois, il ne répond qu'imparfaitement aux exigences nouvelles du développement économique.

En effet, dans ce nouveau contexte, les « facteurs » de développement sont surtout le capital humain et social, environnemental, les infrastructures physiques et électroniques, la qualité de vie. Autant d'éléments qui commandent l'intervention de nombreux acteurs qu'il s'agit dès lors de coordonner. Cette nouvelle situation demande également de pouvoir planifier sur des temporalités assez longues qui dépassent les échéances électorales habituelles. Il s'agit ni plus ni moins que de promouvoir une politique de « développement durable », ce qui représente un nouveau défi pour la gouvernance locale.

11.3. NOUVEAU CONTEXTE RÉGIONAL ET NOUVELLE FORME DE GOUVERNANCE

La particularité de l'aire urbaine de Vancouver réside dans l'adhésion de la plupart des acteurs à cette problématique. L'idée est acceptée par l'ensemble des institutions gouvernementales (communautés, municipalités, gouvernements provincial et fédéral). La plupart des responsables politiques estiment qu'il faut établir une stratégie qui permettra de limiter les effets d'une croissance désordonnée. Cette adhésion est largement partagée par l'ensemble de la population qui est très sensibilisée à ces thèmes. Mais plutôt que d'entraîner une refonte complète du rôle des différentes institutions, les changements les plus récents ont conduit à une meilleure articulation entre les actions menées par les différents niveaux de gouvernement. L'idée portée par ces instances repose sur une complémentarité entre les schémas définis par le gouvernement provincial, les municipalités régionales et les plans de zonage adoptés par les municipalités. Elle ne peut se réaliser sans une phase préalable d'intenses concertations et négociations (Smith, 1998).

Le GVRD a élaboré, entre 1993 et 1996, un plan régional qui définit une stratégie de maîtrise de la croissance démographique. Il fixe des objectifs en termes d'habitants pour chaque municipalité. Il s'agit avant tout d'obtenir une réduction des déplacements domicile-travail, de favoriser une concentration de l'augmentation de l'emploi dans les zones centrales, d'accroître l'efficacité des transports collectifs afin de limiter l'utilisation de la voiture individuelle (GVRD, 1996).

Mais le GVRD ne dispose pas de pouvoirs spécifiques pour contraindre les municipalités à élaborer des plans de zonage cohérents avec ceux qu'il a définis. Aussi, il s'est engagé dans une négociation qui a abouti à une entente de gré à gré avec chacune des municipalités membres du GVRD. Le GVRD a également engagé une série de consultations avec les citoyens pour les convaincre que la réalisation des objectifs de gestion de la croissance n'aura aucune influence néfaste sur l'espace bâti des collectivités et sur leurs modes de vie. Il s'agit de créer et de renforcer des centres urbains régionaux, soit des collectivités complètes qui ont pour but d'apporter aux banlieusards les avantages de la ville.

Toutefois, l'ensemble de ces réflexions ne débouche pas sur le renforcement institutionnel des compétences dévolues au GVRD. Plusieurs raisons expliquent cette situation. Tout d'abord, le GVRD représente environ 50 % de la population totale de la Colombie-Britannique. Renforcer sa légitimité politique, par exemple par une élection au suffrage direct, remettrait inéluctablement en cause les rapports de force existants avec la province. Ensuite, les dispositifs souples de régulation expérimentés en matière de planification à Vancouver s'inscrivent dans une longue tradition britanno-colombienne. Enfin, le positionnement de Vancouver dans un nouveau contexte régional explique également cette absence de réforme institutionnelle.

Comme le souligne Hutton (1998), les liens qui unissent Vancouver à son arrière-pays se distendent car les fondements de sa dynamique sont moins liés à la présence de matières premières (bois, énergie, minéraux) qui pourraient être valorisées dans la ville région qu'à d'autres facteurs. Hutton attribue la croissance économique à des facteurs d'ordre culturel, environnemental et à des mutations qui s'affirment plus rapidement qu'ailleurs. Cette dynamique a largement contribué à l'émergence d'un nouveau fait régional qui ignore les frontières administratives, nationales et internationales. De nombreux auteurs évoquent l'insertion de Vancouver dans une région nommée Cascadia englobant, dans sa version minimale, la Colombie-Britannique, l'État de Washington et l'Oregon (Evenden et Meligrana, 1998). Dans une version large elle inclurait l'Alberta, l'Alaska, l'Idaho et le Montana (voir la figure 11.2). Pour Artibise (1998), le fondement de cette nouvelle entité, liée d'abord à l'appartenance à une même région biogéographique, s'est ensuite arrimé à une unité de destin économique. Dans ce territoire, une variété écologique et une richesse naturelle rare couplées à un souci de les préserver ont permis de réconcilier développement économique et environnement. La région se structure autour des deux villes les plus importantes et les plus dynamiques : Seattle et Vancouver. Concurrentes dans un certain nombre de domaines, elles bénéficient également de nombreuses complémentarités : Vancouver est, par exemple, spécialisée dans le transport des cargos et Seattle, dans celui des containers. À Seattle, sont présentes des mégacompagnies, alors que le tissu industriel est beaucoup plus fragmenté à Vancouver. Ces complémentarités peuvent se traduire par des avantages compétitifs. Elles peuvent ainsi imaginer jouer un rôle plus grand que celui dévolu normalement à une aire urbaine regroupant l'addition de leurs effectifs respectifs. L'axe Vancouver–Seattle est ainsi reconnu comme un corridor stratégique pour l'ensemble de la région Cascadia.

Cette nouvelle région fait l'objet d'initiatives nombreuses portées par différentes structures. Ainsi le Cascadia Project représente une coalition des gouvernements de la Colombie-Britannique, de l'État de Washington et de l'État d'Oregon, des milieux d'affaires et d'organisations non gouvernementales localisées dans les trois juridictions. Ses objectifs sont de lancer un modèle de développement durable, de mettre sur pied un véritable système de transport régional et de développer les activités économiques, notamment le tourisme. Le Pacific Corridor Entreprise Council, réseau d'entreprises privées, participe également à

Figure 11.2
Trois vues de Cascadia

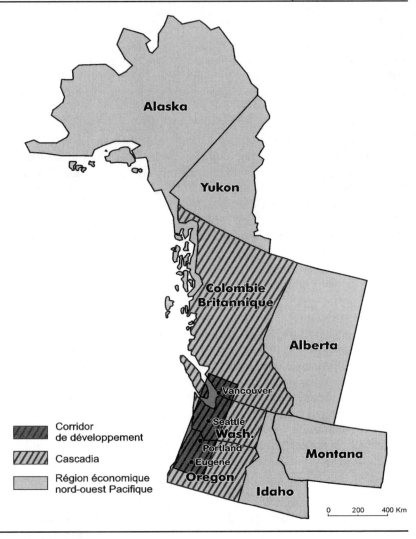

Source : Artibise (1998).

cette dynamique afin d'encourager les entreprises de la région à développer entre elles des relations.

Il existe également des initiatives originales portées par le gouvernement de la Colombie-Britannique. La Georgia Basin Initiative (GBI) (figure 11.3) a pour objectif principal de favoriser la durabilité du bassin

Figure 11.3
La biorégion métropolitaine du bassin de Géorgie et de Puget Sound

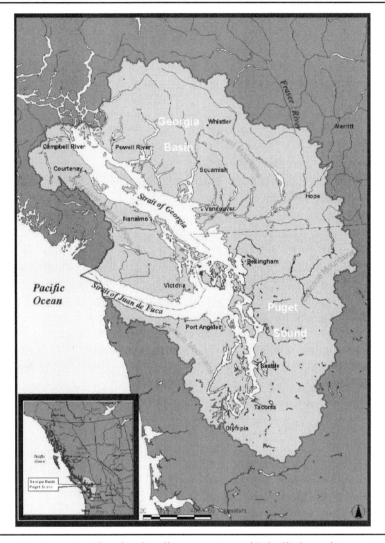

Source : Environnement Canada < http://www.pyr.ec.gc.ca/airshed/index_e.shtm >

grâce à des partenariats et à des consultations avec d'autres gouvernements, des organismes non gouvernementaux et le secteur privé. Au
début de 1996, la GBI a publié un énoncé des perspectives d'avenir dont
l'un des principes directeurs est de favoriser la création de collectivités
compactes et autonomes grâce à un aménagement coordonné et planifié.

11.4. CONCLUSION

La fin des années 1990 a été marquée par un renforcement de la planification régionale dans deux directions. D'abord, la province et les régions à travers le Growth Strategies Act (GSA) ont entamé d'intenses négociations dans le but d'assurer une cohérence entre le plan d'aménagement du territoire provincial et les schémas d'aménagement des régions, exprimés pour le GVRD dans le Livable Region Strategic Plan (LRSP). À une échelle plus locale, un processus de discussions a été engagé entre les régions et les municipalités concernées. Le LRSP a ainsi été approuvé par le gouvernement provincial en 1996 et a aussi été adopté dans l'Official Community Plan (OCP) de l'ensemble des municipalités du GVRD en 1998. Bien entendu, ce processus de négociation a révélé des oppositions entre la ville centre et les autres municipalités mais l'ensemble des désaccords ont été réglés en mai 1998 (Smith, 1998).

En outre, ces rounds de négociations ont permis la mise sur pied d'une structure de gestion des transports (GTVA) en 1998. Depuis très longtemps, le GVRD sollicitait du gouvernement provincial un transfert de responsabilité par rapport à l'organisation des transports. Le but avoué était d'augmenter l'utilisation des transports publics et de freiner la progression des voitures individuelles. Cela implique une politique volontariste dans le domaine de la programmation des infrastructures qui ne doit plus être du seul ressort du gouvernement provincial. Le financement de cette structure repose sur des subventions accordées par la province à hauteur de 60 % et d'un complément pris en charge par le GVRD.

L'un des enjeux de la gouvernance de l'aire urbaine de Vancouver, réside dans la mise en œuvre d'une vision planificatrice qui reconnaisse l'importance de Vancouver par rapport à la zone Asie-Pacifique, comme l'un des pôles de Cascadia et comme un centre de services privilégié pour la Colombie-Britannique. La construction d'un nouveau programme de développement économique doit mobiliser l'ensemble des forces économiques, politiques, sociales et humaines, de Vancouver. Comme le précise Hutton (1998), des recherches et des consultations doivent être engagées pour définir une stratégie économique large mais qui doit inclure au minimum les préoccupations suivantes :

- Développer des entreprises de marketing et de services aux entreprises et les nouvelles techniques d'information et de communication ;

- Affirmer la vocation exportatrice des entreprises de Vancouver ;

- Permettre une très rapide adaptation des parcs d'activité aux conditions nouvelles de l'activité économique ;

- Tirer parti des mouvements migratoires ;

- Affirmer la vocation de Vancouver comme centre de formation pour toute l'Asie-Pacifique.

Or, les initiatives portées par les différentes instances se sont assez peu intéressées à ces questions et une politique de développement régional explicite fait cruellement défaut. Durant les dix dernières années, le GVRD a engagé des efforts sporadiques pour établir une stratégie de développement économique de la ville région. Cependant, généralement, ces efforts n'ont pas été assez soutenus par l'ensemble des municipalités. Alors que plus de ressources ont été allouées à la planification des transports et à la politique environnementale, le GVRD n'a eu que peu de moyens pour intégrer les aspects sociaux et économiques dans sa réflexion. Le choix de ces priorités politiques pouvait se justifier. La préservation des aménités naturelles et le maintien d'un système de transport performant et efficace sont des éléments clés du développement économique. Mais ces éléments peuvent être accompagnés d'une politique de développement économique offensive au niveau de l'aire métropolitaine. Après tout, les aires métropolitaines concentrent une large partie des espaces économiques régionaux, des réseaux de production et du marché du travail. Or, à la différence de Seattle, le GVRD ne concentre pas d'entreprises leaders dans leur domaine d'activité. Aussi il serait souhaitable de reconnaître le lien crucial d'interdépendance qui existe entre l'environnement et l'économie et de faciliter le processus de transition de l'économie régionale. Même si la dynamique a été bonne ces dix dernières années, l'inscription affirmée dans des réseaux internationaux rend l'économie de Vancouver plus vulnérable à des changements de conjoncture et il s'agit avant tout de conforter la capacité de résistance de l'économie du GVRD par rapport aux fluctuations régionales. Un renforcement du rôle stratégique du GVRD dans la coordination des politiques municipales peut faciliter l'atteinte de tels objectifs.

RÉFÉRENCES BIBLIOGRAPHIQUES

ARTIBISE, A. (1998). *The New Regionalism in Cascadia : Shared Visions, Strategic Alliances, and Ingrained Barriers in a Transborder Region*, UBC.

COFFEY, W.J. (1994). *The Evolution of Canada's Metropolitan Economies*, IRPP.

EVENDEN, L.J. et J.M. MELIGRANA (1998). « Metropolitan development and the Lower Coast of B.C. », *Salzburger Geographische Arbeiten*, p. 145-159.

FRISKEN, F. (dir.) (1994). *La métropole canadienne en mutation*, (deux volumes), Institut urbain de Toronto.

GARREAU, J. (1991). *Edge City : Life on the New Frontier*, New York, Doublebay.

GARREAU, J. (1981). *The Nine Nations of North America*, Boston, Houghton Mifflin.

GRAHAM, K. (dir.) (1998). *Urban Governance in Canada*, Harcourt Brace, Carleton University.

GREATER VANCOUVER REGIONAL DISTRICT (1999). *Greater Vancouver Key Facts*.

GREATER VANCOUVER REGIONAL DISTRICT (GRVD) (1996). *The Livable Region Strategic Plan*.

HOBSON, P. et F. SAINT-HILAIRE (dir.) (1997). *Urban Governance and Finance : A Question of Who Does What*, IRPP.

HUTTON, T. (1998). *The transformation of Canada's pacific metropolis, a study of Vancouver*, IRPP.

LEY, D. (1980). « Liberal ideology and the post industrial city », *Annals, Association of American Geographers*, vol. 70, n° 2, p. 238-258.

LEY, D. (1996). *The New Middle Class and the Remaking of the Central City*, Oxford University Press.

SANCTON, A. (1994). *Governing Canada's City-region*, IRPP.

SMITH, P.J. et H.P. OBERLANDER (1998). « Restructuring metropolitan governance : GVRD-BC reforms », *Metropolitan Governance Revisited*, Berkeley, University of California, p. 371-407.

SMITH, P.J. (1998). « Governing metropolitan change : public policy and governance in Canada's city-regions », *Canadian Metropolitics*, Toronto, Coop Clark, p. 161-192.

SMITH, J. (1992). « The making of a global city : The case of Vancouver 1942-1992 », *Canadian Journal of Urban Research*, vol. 1, p. 90-113.

12

Les paysages industriels comme lieux de médiation des rapports entre firmes productives et communautés locales[1]

Marie-José Fortin
Membre du Groupe de recherche
et d'intervention régionales (GRIR),
candidate aux doctorats en développement régional (UQAC)
et en géographie (Paris 1)

Depuis une dizaine d'années, on observe une multiplication des controverses locales face à l'implantation de projets industriels et de leurs infrastructures dans le Québec méridional. Pensons plus particulièrement aux débats sur le développement de la filière porcine, à ceux associés aux usines de traitement de sols contaminés, ou encore aux contestations quasi systématiques entourant divers projets de développement énergétique (centrales de production d'hydroélectricité, lignes de transmission d'énergie à haute tension). Très médiatisées, ces controverses locales remontent sur la scène nationale et finissent par retarder, sinon par compromettre littéralement, la réalisation des dits projets.

1. Ce texte s'inscrit dans le cadre des travaux associés à une recherche doctorale intégrée au programme de recherche Modélisation du suivi des impacts sociaux de l'aluminerie d'Alcan à Alma (www.uqac.uquebec.ca/msiaa), réalisé à l'Université du Québec à Chicoutimi (1997-2002). La thèse est soutenue financièrement, outre par le programme MSIAA, par le Conseil de recherches en sciences humaines du Canada (CRSH), le Fonds pour la formation de chercheurs et l'aide à la recherche (FCAR) et le programme de soutien aux cotutelles Québec-France.

De telles contestations face à l'industrialisation ne sont cependant pas nouvelles. En effet, depuis plus d'un siècle, des mouvements sociaux contestent nombre d'effets associés aux activités industrielles. Dès la fin du XIXe siècle, les syndicats ont porté des revendications liées aux conditions de travail et à la santé des travailleurs. Dans cette même veine, le mouvement hygiéniste a forcé la prise en compte des relations villes / usines en dénonçant les conditions sanitaires des populations ouvrières vivant à proximité des lieux de production. Depuis les années 1970, les demandes sociales débordant les murs de l'usine s'affirment par le biais des questions d'environnement et de cohabitation territoriale, poussées notamment par les écologistes. Pollution, intégrité des écosystèmes, risque environnemental, nuisances pour les riverains et santé des collectivités locales sont depuis devenus des lieux de revendications notables. Entre 1985 et 1994, Tremblay et ses collaborateurs (1996) ont constaté une augmentation constante des mobilisations locales dans les régions du Québec. Les questions environnementales (incluant l'énergie) figuraient parmi les trois premiers thèmes de revendication, alors que l'aménagement du territoire constituait le sixième thème de mobilisation. Enfin, depuis le milieu des années 1990, de nouvelles demandes s'ajoutent. Portées par des associations de citoyens, elles recouvrent des thèmes plus qualitatifs comme la qualité de vie, le patrimoine, le cadre de vie, la démocratie participative et le paysage. Dans cet article, nous proposons d'examiner plus avant la demande sociale entourant ce dernier thème, défini ici à partir d'une conception globale, dite *postmoderne*[2].

Après avoir énoncé quelques exemples de mobilisations contre ou en faveur de projets industriels, nous soutenons la thèse que les demandes associées aux paysages sont révélatrices du type de rapport à la nature et au territoire d'appartenance privilégié par des groupes d'acteurs sociaux, de même qu'elles s'inscrivent en continuité avec leurs représentations du développement. En ce sens, les contestations récentes pourraient être révélatrices de nouvelles conceptions du développement émergeant dans nos sociétés industrielles avancées, dans la suite de celles

---

2. En plus des dimensions visuelles et esthétiques, celles immatérielles liées aux perceptions, à l'affectivité, aux représentations et au symbolisme occupent une place importante dans le cadre d'analyse, tout comme les références aux pratiques territoriales des acteurs (p. ex., pratiques, vécu, intentions, projets d'aménagement). De façon plus complète, « le paysage est un des champs symboliques du territoire [...] dans lequel les acteurs investissent des valeurs, forgent des représentations collectives, se projettent et auquel ils s'identifient. Le territoire ferait alors l'objet d'un processus de médiation socioculturelle pour devenir paysage. Le paysage serait en quelque sorte la qualification du territoire par des acteurs sociaux se nourrissant des expériences de la vie quotidienne, des rapports entre les acteurs et s'appuyant sur des formes matérielles et visibles comme éléments de médiation » (Fortin *et al.*, 2002, p. 338-339).

soutenues par le mouvement écologiste des années 1970 sous le vocable de *développement durable*. La compréhension et la prise en compte des demandes sociales, dont celles liées au paysage et autres, s'avèrent un incontournable pour les décideurs, privés ou publics, qui souhaitent l'intégration de projets industriels dans les territoires d'accueil et le développement pérenne de leur communauté (figure 12.1). L'évaluation environnementale pourrait s'avérer un outil précieux en ce sens, mais pour ce faire, plusieurs lacunes restent à combler. Concernant les analyses paysagères, nous en déterminons quatre principales.

Figure 12.1
Paysage industriel à Dunkerque (France)

Source : Fortin (2000).

12.1. LE PAYSAGE COMME LIEU DE REVENDICATION ET DE CONTESTATIONS SOCIALES

Le paysage est un thème de revendication et même de contestation présent dans les débats régionaux du Québec, surtout depuis la fin des années 1980. Dans les dernières années, deux contestations ont été particulièrement médiatisées sur la scène nationale. Pensons à celle concernant un projet d'implantation d'une ligne de transport d'énergie de 735 kV en Estrie, dénommée Hertel-Des Cantons, de même qu'à celle entourant le réaménagement routier de la côte des Éboulements dans la région de Charlevoix. Dans les deux cas, des citoyens se sont organisés pour s'opposer à l'État ou à ses délégataires – ici Hydro-Québec et le ministère des Transports –, pour lutter contre la réalisation de ces projets et pour défendre le droit démocratique en environnement. La protection de leur paysage était une des principales revendications.

La mobilisation soutenue en Estrie sur plusieurs années rappelle un autre exemple marquant de l'histoire contemporaine du Québec, celui de la traversée d'une ligne hydroélectrique dans la région de Lotbinière, à la fin des années 1980. Des citoyens avaient alors obligé Hydro-Québec à modifier son projet initial pour finalement construire ses lignes de transport d'énergie sous le fleuve Saint-Laurent. Cette mobilisation avait eu lieu au nom de la « **beauté du territoire** », considérée comme une richesse pour le développement de la région :

> Ainsi, la question à se poser est la suivante : la beauté est-elle un élément à considérer pour le développement d'un territoire ? En ce qui concerne nos deux régions, la réponse semble évidente : leur beauté est une de leurs richesses principales. À ce titre, à condition d'être reconnue, protégée, valorisée et exploitée avec respect, la beauté du territoire peut exercer une puissance d'attraction considérable, tant sur le public désireux de jouir de cette richesse que sur les entreprises prêtes à investir dans sa conservation et sa valorisation. Mais cela suppose, au-delà des discours, une sensibilité sociale et une volonté politique faisant nettement et fortement place au concept d'esthétique d'un territoire. (Gauvin, 1992, p. 60)

Cette lutte épique et fortement médiatisée à l'échelle nationale constitue, à notre connaissance, la première contestation d'envergure menée au Québec avec un intérêt important et manifeste pour la question paysagère. Depuis, le paysage est présent de façon plus ou moins importante dans les revendications régionales, selon les types de projets et les dynamiques régionales.

Une lecture sommaire de la scène médiatique montre que la question paysagère est particulièrement présente dans les projets de développement énergétique. De fait, le passage de nouvelles lignes de transmission d'énergie sur le territoire québécois méridional représente un véritable nœud gordien pour la société d'État Hydro-Québec qui se heurte presque systématiquement à une opposition vis-à-vis ses projets, surtout ceux présentés à la suite de la « crise du verglas » en 1998. De même, les projets de construction de minicentrales électriques sur diverses rivières de régions périphériques, qu'ils soient soutenus par des promoteurs privés ou publics, représentent un autre lieu de contestation soutenue. À titre d'exemple, rappelons qu'au Saguenay–Lac-Saint-Jean, troisième région productrice d'électricité au Québec, plusieurs cas ont mobilisé les décideurs régionaux durant la dernière décennie, obligeant les promoteurs à s'asseoir et à refaire leurs devoirs. Un cas notoire est celui du projet d'Hydro-Québec de construire un barrage sur la rivière Ashapmushuan, au sud-ouest du lac Saint-Jean, dans les années 1980. Une forte mobilisation populaire, maintenue sur une douzaine d'années, a conduit à la formulation d'un consensus régional quant à la nécessité de préserver la rivière dans son état actuel, conçu comme **sauvage** et **naturel**. Une demande a été adressée officiellement au gouvernement du Québec pour que soit accordé un statut patrimonial à cette rivière et lui assurer ainsi une forme de protection permanente.

Par ailleurs, si Hydro-Québec s'est retirée de ce projet, de nouveaux promoteurs privés ont depuis avancé sur d'autres territoires de la région, dont un récent projet de **harnachement** de rivières suscitant bien des débats dans la municipalité régionale de comté (MRC) voisine de Maria-Chapdelaine. Ce dernier est même devenu un enjeu électoral à la mairie de Péribonka en 2001, se soldant par la défaite du maire en place et préfet de la MRC au profit d'un écologiste reconnu. De fait, ce projet constituait une des pièces d'un vaste plan national étudié par le gouvernement québécois, concernant la construction possible de plus d'une trentaine de petites centrales de production d'hydroélectricité sur autant de rivières situées dans le Québec méridional. La forte contestation médiatique qui s'en est suivie de même que la campagne populaire orchestrée par des artistes visant à **adopter** les rivières concernées ont forcé le gouvernement à reculer et à décréter un moratoire. La mobilisation s'était alors alimentée à partir d'une perspective de qualité de vie et de *patrimonialisation* du territoire, visant à préserver des lieux valorisés pour leur «beauté» et estimés importants dans la quotidienneté des communautés et de leurs descendants (perte de lieu de récréation, de nature, de ressources pour l'industrie de l'écotourisme, etc.).

Les débats sociaux prennent aussi place dans des cadres formels comme lors des commissions d'enquête du Bureau des audiences publiques sur l'environnement (BAPE). Le paysage y est parfois un enjeu social important incitant l'agent de médiation qu'est le BAPE à faire des recommandations en la matière, recommandations qui, dans certains cas, deviennent des conditions formelles d'acceptation ou de refus de projets. C'est ce que nous avons constaté à la suite d'un examen de 16 rapports du BAPE concernant autant de projets industriels[3]. De ce

---

3. Plus précisément, cinq projets d'usine, cinq de centrales hydroélectriques et six de construction de lignes d'énergie. Je remercie Nicolas Rousseau qui a agi comme assistant de recherche dans cet exercice.

nombre, les trois quart font l'objet d'avis et de recommandations concernant le paysage, dont trois sont formulés comme des conditions d'acceptation. Ainsi, dans deux projets de centrale de production d'hydroélectricité, l'aspect scénique des chutes était un enjeu majeur du point de vue de plusieurs acteurs contestataires. Concernant la centrale projetée aux chutes de la rivière Chaudière – banlieue sud de Québec –, les commissaires ont recommandé au ministre la réalisation du projet mais en posant comme condition une série de mesures visant à gérer le débit des eaux et à assurer une qualité de l'expérience paysagère associée au spectacle des chutes (BAPE, 1997, p. 95). Concernant un second projet planifié aux chutes du site historique du village de compagnie de Val-Jalbert (sud du lac Saint-Jean), les commissaires l'estimaient cette fois carrément « inacceptable dans sa forme actuelle » (BAPE, 1994, p. 2). L'incertitude entourant la préservation de l'intégrité du paysage, dont les chutes étaient considérées comme l'attrait moteur de ce site touristique régional, était alors la première raison invoquée par les commissaires pour ne pas recommander le projet (*id.*, p.87). Enfin, dans un projet de construction d'une ligne de transport d'énergie de 735 kV liant des Cantons-Lévis, le paysage est encore l'objet d'une condition formelle d'acceptation du projet par le BAPE. S'appuyant sur la reconnaissance du paysage comme étant une « des valeurs qui font consensus quant à l'importance de leur protection » (BAPE, 1993, p. 291), la Commission proposait « que trois parties du tracé soient révisées » (*ibid*) – ce qui correspondait à environ 30 % du tracé soumis par le promoteur – notamment pour réduire les impacts sur le paysage.

Ainsi, les contestations entourant des projets industriels se déroulent dans plusieurs arènes : politiques, médiatiques, institutionnelles. Elles révèlent diverses préoccupations sociales, dont celles liées à la question du paysage. Par ailleurs, il ne faudrait pas conclure trop vite et croire que les projets industriels sont toujours contestés par les populations locales. En effet, d'autres dynamiques régionales s'expriment.

12.2. L'AUTRE FACETTE DE LA MOBILISATION LOCALE : ACCUEILLIR ET SOUTENIR LES PROJETS INDUSTRIELS

À l'autre bout du spectre, des promoteurs industriels voient leurs projets bien accueillis. Pensons plus particulièrement aux projets de centrale électrique sur la rivière Sainte-Marguerite sur la Côte-Nord, d'usine de production de magnésium de Métallurgie Magnola inc. à Asbestos, du dernier mégacomplexe de production d'aluminium d'Alcan au Saguenay–Lac-Saint-Jean ou à celui d'usine de panneaux en cèdre au Témiscamingue. Dans ces cas, des groupes d'acteurs régionaux, d'élus locaux, de gens d'affaires, de syndicats ou même de groupes de citoyens[4], se sont mobilisés pour faire avancer les projets industriels, laissant présager une forte acceptabilité sociale[5].

Sachant que ces projets ont aussi des conséquences importantes sur la qualité de l'environnement et des territoires, faut-il comprendre que ceux-ci sont contrebalancés du point de vue de certains segments de la population – parfois majoritaire –, notamment par la perspective de création d'emplois ? Ou encore, selon une autre thèse souvent invoquée par les experts, est-ce que les populations seraient « habituées » à la présence industrielle, dans ce qui constituerait une sorte de culture locale acceptant l'industrie, devenant ainsi peu critiques face aux effets de l'industrialisation ? De fait, la réalité est plus complexe et nuancée. C'est notamment ce que rappellent des chercheurs travaillant sur les risques environnementaux et leurs perceptions dans des régions fortement industrialisées.

Entre autres, dans une vaste enquête menée auprès d'une soixantaine de résidants du « *couloir de la chimie* » à Lyon, Coanus et ses collaborateurs (1999) montrent comment la perception du risque est structurée par des facteurs individuels (vie quotidienne, proximité géographique, lien d'emploi) et collectifs (histoire locale, appartenance). Pour leur part, Irwin, Simmons et Walker (1999) insistent sur la **dimension construite du risque**. Selon eux, la conception du risque est **négociée**, socialement et même institutionnellement, par les pratiques d'une diversité d'acteurs dont l'État, le grand capital, les syndicats, l'élite locale, puis cristallisée dans un discours normatif révélant les rapports de force entre eux et même structurant l'identité de la communauté. Si cette dernière soutient une fierté et une cohésion sociale, en contrepartie, elle peut révéler « un sentiment d'absence de pouvoir face à des groupes exogènes incluant l'industrie et le gouvernement » (*id.*, 1999, p. 1321, traduit par nous).

Certains chercheurs situant leurs travaux dans le courant de la **justice environnementale** tentent de démontrer les liens existant entre la présence de certaines activités industrielles à risques et des enjeux touchant la qualité de l'environnement, la santé, l'équité et le pouvoir. Ils essaient de saisir les divers mécanismes sociologiques, politiques et institutionnels sous-jacents aux dynamiques, s'interrogeant sur des questions relatives au

---

4. Par exemple, dans le cas de l'usine au Témiscamingue, le soutien local s'est exprimé par une pétition d'appui au projet, signée par 441 résidants de la localité concernée et acheminée aux commissaires du BAPE lors des audiences.

5. Ce qui ne signifie pas forcément une unanimité et n'exclut pas les contestations par d'autres groupes d'acteurs, comme ce fut le cas pour le projet de la Sainte-Marguerite.

pouvoir : les types de mécanismes de participation en place, la capacité des acteurs à utiliser ceux-ci, leur quotidienneté, leurs perceptions face aux institutions, etc. Dans une perspective critique, ils montrent comment, dans des régions éloignées ayant une économie peu diversifiée et où vivent des groupes marginalisés économiquement ou culturellement, des acteurs locaux se retrouvent dans une situation de **dépendance** face à certains grands promoteurs. Les conditions structurelles rendent alors difficile pour eux de contester ou de modifier substantiellement le projet. Gould et ses collaborateurs (1993, 1996) soutiennent la thèse que de telles communautés sont devenues fragiles et vulnérables à cause d'une diversité de facteurs, incluant des mécanismes institutionnels comme la formation de coalitions entre l'élite locale, celle internationale et des groupes d'intérêt (capital, travailleurs). Pour sa part, tout en rejoignant la thèse précédente, Blowers (1999) insiste sur la dimension locale du phénomène en montrant comment des groupes traditionnels participent à maintenir les mécanismes créant l'iniquité, notamment en misant sur le *statu quo*. Selon lui, les mécanismes reproduisant les iniquités sont visibles dans les territoires de ces régions, qu'il désigne comme étant des **paysages de risques**.

Les situations de pouvoir asymétrique entre des acteurs sociaux, telles qu'elles ont été soulignées par ces divers travaux, renvoient au vaste enjeu de l'**équité**, à la fois sociale et spatiale, enjeu fondateur du développement durable. Ainsi, sous des apparences de forte acceptabilité sociale, se tissent peut-être des enjeux importants qui invitent à une analyse prudente des dynamiques régionales. On pourrait ainsi se demander si, par exemple, les rapports de dépendance se jouant dans certaines régions pourraient affecter les compromis sociaux à la base des orientations et des choix de développement. De même, est-ce que des pratiques institutionnelles participeraient au maintien d'un *statu quo*, rendant difficile l'émergence de nouvelles demandes sociales moins tangibles, comme celles associées au paysage, à la qualité de vie et autres ?

Ce qu'il importe de retenir, c'est que la prise en compte des conditions structurelles et institutionnelles sous-jacentes et des rapports de pouvoir s'avère nécessaire à la compréhension des relations entre des communautés locales et de grandes firmes productives, particulièrement dans le contexte de régions dites **fragiles**[6]. En ce sens, la mise en contexte des demandes sociales, exprimées ou non dans des lieux et des procédures formels, est un préalable à cette compréhension des relations. C'est ce que nous avons tenté de faire pour le cas d'implantation de l'aluminerie d'Alcan à Alma, résumé à grands traits dans l'encadré suivant.

---

6. Nous reprenons ici l'expression retenue par Danielle Lafontaine et Nicole Thivierge en titre d'un ouvrage à la suite d'un colloque en développement régional en 1999.

Depuis plusieurs années, les collectivités du Saguenay–Lac-Saint-Jean tentent de diversifier leur économie régionale et de stimuler l'entrepreneuriat local pour réduire leur dépendance face à la grande entreprise. Malgré ces efforts, le climat social et économique reste difficile, révélé entre autres dans des taux de chômage parmi les plus importants au Canada[*] et un fort mouvement de migration des jeunes. Dans ce contexte, le mégaprojet industriel d'Alcan visant à remplacer son usine Isle-Maligne, à Alma, a été accueilli favorablement par les dirigeants des municipalités et des entreprises. Lors des audiences publiques sur l'environnement tenues en 1997 sous l'égide du BAPE, la perspective des retombées économiques et de leurs impacts cumulatifs souhaités (p. ex., diminution de l'exode des jeunes) a alimenté le consensus de l'élite économique locale et régionale. Un représentant institutionnel décrivait le projet d'Alcan comme « un baume sur une économie atrophiée par diverses restructurations », comme « la lumière au bout du tunnel » (mémoire DM-11 : 9) ; nombre des demandes exprimées dans le contexte formel et public des audiences allaient dans le sens de trouver des moyens pour maximiser les retombées économiques régionales du projet.

Dans ce qui semblait vécu comme un contexte de survie par plusieurs Jeannois, le fait d'évoquer d'autres préoccupations, comme l'environnement, le cadre de vie ou le paysage, était-il alors un exercice socialement futile, voire inapproprié ? Discuter de paysage, entre autres, était-il un exercice de style par rapport aux négociations que les leaders régionaux devaient mener pour maximiser les retombées économiques ? On pourrait conclure par l'affirmative au regard du nombre relativement restreint d'interventions faites sur cette dernière question lors des audiences publiques. Cependant, en termes qualitatifs, l'absence « délibérée » d'acteurs clés du milieu aux audiences[**] de même qu'une analyse du contenu des mémoires et des échanges tenus lors des audiences montrent la richesse et la complexité de ces interventions et, même, les attentes élevées d'acteurs régionaux à l'endroit du projet et du promoteur en la matière.

Pour résumer, les interventions sur la question paysagère ont été énoncées par une diversité d'acteurs des milieux institutionnel (Ville, MRC, Conseil régional de l'environnement), économique (milieu touristique surtout), associatif (comité de citoyens), de même que par des individus, des résidants actuels ou antérieurs. En accord avec la conception globale du paysage retenue (voir l'introduction), les interventions des participants sur la **problématique** de paysage n'ont pas été formulées explicitement et uniquement sous ce vocable. Elles peuvent aussi être exprimées à partir d'une perspective de dynamique territoriale (enjeux d'aménagement du territoire, de cohabitation, de transport), de qualité de vie (cadre de vie, infrastructures), d'environnement (rejets, pollution, qualité du milieu récepteur), d'esthétique (effets de composition, impacts visuels, plantation et « paysagement »), d'aménité (attrait touristique), patrimoniale (histoire) et identitaire (fierté). Énoncées sous diverses formes (attente générale, grande finalité recherchée, objectifs à atteindre, moyens à privilégier) et affirmées avec plus ou moins de force (préoccupation, demande, condition), les demandes des Jeannois se fondent globalement dans une logique d'**intégration**. Ils souhaitent que le promoteur mette sur pied un projet industriel qui s'intègre au milieu d'accueil et à la dynamique territoriale existante, qu'il ait une « capacité plus grande à s'associer au paysage » (mémoire DM-31) dans ce qui constituerait « une innovation environnementale » (*ibid.*), voire un « modèle » de référence internationale (mémoire DM-3).

Comme l'explique le maire d'Alma lors des audiences publiques, le mégaprojet d'Alcan est perçu comme une « opportunité » pour mettre en valeur cette partie du territoire almatois : la qualité du paysage – ou de « l'environnement visuel » pour reprendre ses mots exacts – « fait partie du tout, de l'acceptation du projet » (soirée du 8 juillet 1997). En ce sens, les diverses attentes liées au paysage concernent plus largement les rapports entretenus entre la communauté régionale et la compagnie et appellent la responsabilité de l'entreprise par rapport au développement de la région : « Du développement durable et esthétique autant que possible, ne se réalise qu'avec des personnes responsables » (mémoire DM-12).

---

*   La plus grande agglomération urbaine de la région, Chicoutimi-Jonquière, détenait même le haut du palmarès canadien en la matière en 1997. Lors du recensement national de 1996, le taux de chômage pour l'agglomération de 160 454 habitants était alors de 13,4 % comparativement à 11,8 % à l'échelle du Québec. Pour cette même période, la municipalité d'Alma (26 127 hab.) comptait 14,5 % de chômeurs.

**   En entrevue, un leader confiait que des leaders du milieu associatif et environnementaliste ont choisi délibérément de ne pas se prononcer lors des audiences publiques : « Les acteurs de contestation ne sont pas allés. [...] le dossier Alcan, c'est hors concours. C'est trop gros. »

En somme, même si elles sont moins nombreuses sur la place publique que celles associées aux retombées économiques, les demandes des acteurs locaux en matière de paysage n'en demeurent pas moins

Figure 12.2
Insertion du projet dans le paysage

Source : Fortin (2000).

présentes, même dans les situations de régions dites **fragiles** (figure 12.2). Mais ces situations posent plusieurs défis aux analystes et aux décideurs. D'abord, la détermination des préoccupations citoyennes peut y être plus difficile alors qu'en l'absence de contestation ouverte et dans le contexte de petites communautés « tricotées serrées », les positions sont plus nuancées et pas forcément exprimées dans les lieux officiels et publics prévus à cet effet. Leur compréhension doit ensuite être située par rapport au contexte spécifique tissé de rapports historiques et économiques denses entre certains acteurs régionaux et des promoteurs. Enfin, fondées sur une logique d'intégration sociale, environnementale et territoriale du projet industriel – dans le cas étudié du moins –, les demandes sociales relatives au paysage exigent un dépassement certain des logiques traditionnelles d'implantation fondées sur la fonctionnalité et une simple **acceptabilité sociale**. De façon prospective, ces demandes invitent à se questionner sur les significations qu'elles recouvrent. Car que nous disent les acteurs lorsqu'ils parlent de *« beaux paysages »*, en y associant souvent des notions aussi diverses que celles de qualité de vie, de nature, de patrimoine, d'identité, d'environnement ou de développement ? Pourrait-on voir là l'expression pour une demande plus large pour une réactualisation des rapports avec les promoteurs industriels et, même, pour un autre modèle de développement ?

12.3. INTÉGRER DU « QUALITATIF » DANS LES PROJETS INDUSTRIELS : DEMANDE SOCIALE POUR UN AUTRE MODÈLE DE DÉVELOPPEMENT ?

Les deux cas de figures, soit des mobilisations contre ou en faveur de grands projets industriels, montrent que les rapports entre les communautés locales et les acteurs productifs ne sont pas statiques. Au contraire, ils sont continuellement négociés, au regard du contexte historique et géographique dans lequel ils se jouent. Dans cette perspective, ces rapports seraient mouvants, susceptibles d'évoluer, voire de s'effriter ou de se renforcer à la faveur d'événements modifiant l'équilibre perçu par les acteurs sociaux.

Les controverses locales récurrentes, tout comme les ententes négociées, incitent aussi à penser que les rapports sociaux se construisent à partir de plusieurs interfaces qui débordent le champ de l'économie. L'argument économique ne semble pas suffisant pour faire taire d'autres préoccupations sociales. Évidemment, les revendications économiques ne sont pas absentes pour autant, mais elles sont situées par certains groupes d'acteurs dans un cadre global, parmi d'autres considérations résolument qualitatives, telles la santé, la qualité de vie, le paysage. Ces diverses demandes sociales, exprimées sous des formes contestataires ou plus « modérées[7] », s'expriment avec plus d'affirmation dans les régions, même dans celles où l'économie est durement affectée et où chaque perte d'emploi est vécue difficilement. Elles semblent alors d'autant plus étonnantes et significatives. Mais, comme l'expliquent Dionne et Tremblay, les populations sont « en quête d'une solution intégrée susceptible de provoquer le développement global de leur communauté » (1999, p. 96). Des sociologues ayant étudié des mobilisations environnementales locales – *grassroots* –, comme Freudenburg et Steinsapir (1992), Gould et ses collaborateurs (1993, 1996), abondent dans le même sens : au-delà du syndrome dit *« pas dans ma cour »* – ou NIMBY –, des acteurs locaux tentent d'influencer et de faire modifier le contenu et la forme des projets afin qu'ils soient mieux intégrés à leur milieu de vie.

Dans cette suite, pourrait-on voir dans ces demandes un questionnement plus général concernant le modèle de développement traditionnel privilégié ? Dans le contexte des régions dites *ressources*, dont l'économie est basée sur l'exploitation des ressources naturelles, la grande entreprise et plus largement l'industrialisation constituent-elles toujours la voie

---

7. Par exemple, présentées comme des préoccupations lors d'audiences publiques.

à suivre pour assurer le développement pérenne de la communauté ? Le progrès économique entraîne-t-il forcément le bien-être social[8] ? Des sociologues avancent diverses thèses en ce sens.

Dans une perspective macro, Inglehart (1995) explique ces conflits sociaux comme étant un changement de valeurs dans les sociétés industrielles avancées, dites postmodernes. L'auteur relève des valeurs « montantes » depuis une trentaine d'années, comme la valorisation de l'individu, la place des relations interpersonnelles, l'importance des loisirs, le besoin d'expression personnelle (p. ex., dans le travail et dans la société), une demande accrue de participation. Inglehart interprète ce changement de valeurs comme étant le passage d'une société de *pénurie* à une société de **sécurité**. C'est-à-dire que les conditions de vie matérielles de base étant assurées, les populations peuvent investir davantage dans des dimensions « *postmatérialistes* », plus qualitatives et regroupées dans l'expression générique de *qualité de vie*. La notion de bien-être social s'en trouve modifiée, de même que les moyens pour l'atteindre. En bout de piste, la conception même du développement, jusqu'ici intimement lié à l'idée du progrès économique, est reformulée dans une perspective plus globale intégrant des préoccupations sociales, culturelles et environnementales.

À partir de ce même ancrage dans la société postindustrielle, des auteurs travaillant sur les nouveaux mouvements sociaux comme Touraine (1978) et Melucci (1989) insistent sur la dimension culturelle associée au phénomène. Selon eux, ces mobilisations constituent une sorte de *contre-mouvement* pour faire face au processus de banalisation, voire d'aliénation associée à la société industrielle et à la consommation de masse. C'est la recherche pour de nouvelles identités qui pousserait des groupes d'acteurs à s'opposer à d'autres possédant le pouvoir, souvent l'État, ses représentants ou le grand capital. Quant à eux, Beaudry et Dionne (1996) voient dans les mobilisations locales en milieu rural l'expression d'une recherche pour un certain « *art de vivre* », une quête de nature et d'identité. Ces chercheurs insistent aussi sur l'importance du lien social dans l'appartenance au territoire et la mobilisation locale.

Il y aurait donc un déplacement du champ des revendications, traditionnellement axées sur le travail (ou la production), vers des domaines hors-travail. En ce sens, les lieux de médiation entre les promoteurs industriels et les acteurs régionaux s'élargissent, notamment par le biais d'enjeux plus qualitatifs, voire immatériels, que nous pourrions

---

8. Au Québec, il faut cependant dire que le débat est rarement posé en des termes aussi explicites, sauf pour quelques cas récents comme celui entourant l'industrie porcine, où l'*Union paysanne* remet en question le modèle industriel adopté dans la production agroalimentaire. L'expérience européenne semble plus avancée à ce chapitre.

regrouper sous l'angle d'un enjeu commun : celui du maintien de la **qualité du territoire**. Perçue et exprimée par les acteurs sociaux entre autres à travers l'expression du «beau paysage», celui-ci pourrait ainsi être conçu comme un des enjeux de développement et devenir un nouveau lieu de **médiation** entre les collectivités locales et les acteurs productifs. C'est du moins l'hypothèse que nous formulons.

En résumé, les implantations de grands projets industriels semblent un moment favorable pour, d'une part, remettre en questionn sinon le modèle de développement privilégié, à tout le moins les effets de l'industrialisation. D'autre part, elles sont aussi propices à l'actualisation des rapports entre les acteurs territoriaux (société civile, État et entreprises), voire à la négociation d'un «nouveau pacte social[9]». Une telle négociation pourrait être considérée comme une occasion et un lieu d'expérimentation pour dépasser le modèle de développement traditionnel, en réconciliant la vie économique et la vie sociale dans les modes de vie et les territoires. Bref, une occasion de prendre le virage d'un développement autre, souvent désigné sous l'expression de *développement durable*.

12.4. LE DÉVELOPPEMENT DURABLE : UN PARADIGME ALTERNATIF EN CONSTRUCTION

Fondamentalement, l'idée du développement durable remet en question, de façon plus ou moins forte, la conception traditionnelle du développement. Cette dernière, axée sur le progrès, privilégie la croissance économique des entreprises comme principal moyen d'action et de mesure du développement. L'économie y est considérée comme le «principe ultime d'organisation sociale» (Gendron et Revéret, 2000, p. 121). La perspective de développement durable, quant à elle, remet ce principe en question. Elle implique, du moins sur le plan théorique, de penser globalement les projets, les programmes et les politiques de développement à partir de trois pôles interdépendants que sont l'économie, le social et l'environnement.

Il existe certes une diversité d'interprétations et d'approches en matière de développement durable[10], mais certains principes sont de

---

9. C'est le titre d'un ouvrage en développement régional, paru au GRIR en 1999.

10. Gendron et Revéret (2000) reconnaissent trois principales écoles selon que les tenants du développement durable se situent plus ou moins en porte-à-faux par rapport à la conception du développement axé sur l'économie soit : conservatrice, modérée ou progressiste. Pour sa part, Gagnon (1993 ; 1994) distingue quatre approches : environnementaliste, planificatrice, économiciste et humaniste.

plus en plus reconnus et partagés. Ainsi, ancré originalement dans une approche systémique, le développement durable insiste sur le principe fondateur d'**interdépendance** : entre l'homme et la nature, entre les peuples, entre les territoires. Les valeurs d'équité et de responsabilité sociale et écologique peuvent être associées à ce principe. Autre principe clé du développement durable, la **temporalité**, introduite dans la célèbre définition[11] proposée par la Commission mondiale sur l'environnement et le développement (CMED) par la notion des « générations futures ». Cette même définition résume aussi l'objectif ultime du développement durable, celui d'assurer la pérennité de la vie sur terre et la reproduction à long terme des communautés vivantes – humaines, végétales, animales. Il s'agit des notions de soutenabilité (ou viabilité) du capital nature (biodiversité) et du capital social (sociodiversité).

Nombre d'auteurs insistent de plus en plus sur la dimension dynamique du développement durable, envisagé tel un « processus d'apprentissage social » (Sachs, 1997, p. 74). Dans cette foulée, l'Organisation des Nations Unies (ONU) reconnaît la participation et l'apprentissage comme deux aspects constitutifs du développement durable. Selon cette perspective, un processus de développement durable implique entre autres les capacités réflexives des divers acteurs sociaux, soit leurs aptitudes à interagir, à négocier les conditions de l'avenir et à évaluer de façon critique leurs propres actions. Une des finalités serait de renforcer ces capacités et, même, de favoriser l'*empowerment* des acteurs territoriaux. Plus largement, le développement durable concerne ainsi la grande question du pouvoir des acteurs. Les travaux ancrés dans une perspective critique de justice environnementale, soudant les deux principes de justice sociale et d'équité environnementale, sustentent cette question.

Le développement durable est désormais adopté par nombre d'acteurs influents et est posé comme un cadre de référence de leurs interventions. Tant les grandes institutions publiques (ONU, gouvernements) que les grandes entreprises privées (grandes firmes, banques) ne peuvent faire l'économie de ce repositionnement quasi obligé. C'est en ce sens que le développement durable s'impose comme un paradigme de développement. Après plus de 30 ans de débats sur la définition du concept – exprimé entre autres dans le passage du terme d'écodéveloppement à celui de développement durable –, celle « ouverte » proposée par la CMED semble être largement retenue. La priorité se déplace maintenant vers la mise en œuvre du développement durable. Pour évaluer

---

11. « *Sustainable development is development that meets the needs of the present without compromising the ability of future generations to meet their own needs* » (WCED, 1987).

les progrès réalisés en la matière, des besoins s'affirment en matière de méthodes et d'indicateurs de suivi. Ces méthodes et ces indicateurs représentent des enjeux stratégiques pour les acteurs, car ils contiennent forcément des dimensions normatives, consacrant ainsi une interprétation – ou approche – du développement durable plutôt qu'une autre.

Pour conclure ce point, la perspective de développement durable oblige à revoir les façons habituelles de concevoir et de traiter les problèmes de développement, incluant ceux associés à l'industrialisation. Entre autres, cette perspective oblige à dépasser les études sectorielles et isolées pour jouer dans les interfaces, pour travailler sur les liens. Elle oblige à repenser les schémas pour tenter de saisir la globalité et à mettre au point de nouveaux concepts intégrateurs. En ce sens, du point de vue scientifique, le développement durable force l'interdisciplinarité. Sur le plan appliqué, de nouveaux outils et démarches sont requis, notamment pour comprendre les demandes des acteurs et pour y répondre. Parmi ceux proposés à l'heure actuelle, citons les tableaux d'indicateurs de suivi, les certifications de conformité environnementale (ISO 14 000), les politiques et les programmes de développement durable (p. ex., agendas 21), et, enfin, l'évaluation environnementale.

12.5. L'ÉVALUATION ENVIRONNEMENTALE COMME MOYEN DE MAÎTRISE DES EFFETS DE L'INDUSTRIALISATION

Promue depuis une quinzaine d'années à l'échelle internationale par l'ONU (WECD, 1987 ; Charte de Rio, 1992), l'évaluation environnementale a depuis été adoptée dans plus d'une centaine de pays. De grandes agences internationales (Agence canadienne de développement international [ACDI], Banque mondiale)) en font même une obligation préalable au financement de grands projets.

Dans l'ensemble, l'évaluation environnementale est conçue comme un processus d'analyse basé sur une conception holistique du développement (économique, social et environnemental), utile à la prise de décision. Un postulat fondateur de l'évaluation environnementale est qu'une prise de décision *informée* permettrait de mieux maîtriser les changements anticipés après l'implantation de projets, de programmes ou de politiques[12]. S'inspirant de Sadler, André et ses collaborateurs définissent l'évaluation environnementale en ces termes :

---

12. Dans les deux derniers cas, il est alors question d'évaluation stratégique. À ce sujet, voir le texte de Corinne Larrue dans cet ouvrage.

L'évaluation environnementale est un processus systématique qui consiste à évaluer et à documenter les possibilités, les capacités et les fonctions des ressources, des systèmes naturels et des systèmes humains, afin de faciliter la planification du développement durable et la prise de décision en général ainsi qu'à prévoir et à gérer les impacts négatifs et les conséquences des propositions d'aménagement en particulier. (André *et al.*, 1999, p. 297)

Le système global d'évaluation environnementale comporte plusieurs processus formels. Pour les projets, il s'agit de l'**évaluation des impacts sur l'environnement** (EIE) qui inclut la fameuse étude d'impacts. L'EIE consiste à prévoir et à évaluer les changements, positifs et négatifs, susceptibles de se produire à la suite de l'implantation d'un projet au regard des spécificités biophysiques et sociales du milieu d'accueil, respectivement dits les impacts environnementaux et les impacts sociaux (André et *al.*, 1999, p. 47-69).

Plusieurs estiment que l'évaluation environnementale, surtout par le biais de l'évaluation des impacts sociaux et d'une participation soutenue et continue d'une diversité d'acteurs sociaux, incluant les communautés locales, possède des potentialités d'utilisation dans des contextes moins formels qui favoriseraient l'apprentissage, voire l'*empowerment* des acteurs sociaux (Austin, 2000 ; Gagnon, 2001 ; Gagnon *et al.*, 1993 ; Jacobs, 1994). L'évaluation des impacts sociaux permettrait notamment « d'intégrer les enjeux sociaux dans le processus de conception, de planification et d'implantation, tout en s'assurant que le développement est acceptable, équitable et viable » (Branch et Ross, 1997, cité dans Vanclay, 2002, p. 191, traduit par nous).

Même les firmes multinationales accordent de plus en plus d'importance à l'évaluation environnementale et à sa composante sociale. Selon les propos tenus par certains de leurs représentants[13], leur intérêt pour le *social* ne tiendrait pas seulement à l'obtention en amont de permis et d'autres autorisations réglementaires, mais viserait aussi des objectifs essentiels pour la bonne marche de leurs affaires. L'évaluation environnementale est envisagée comme un processus propice à bâtir des relations de confiance et à construire des partenariats durables avec les communautés dans lesquelles ces firmes mènent des activités. Ces relations sont conçues comme une condition de réussite des activités de production permettant, à court terme, d'éviter les affrontements et de respecter les échéanciers.

---

13. À ce sujet, voir les articles parus dans le premier numéro de la revue *Business and Industry Series* (2002) produite par l'International Association for Impact Assessment.

Dans une perspective à plus long terme et tout aussi pragmatique, nous pourrions avancer que la productivité des entreprises repose sur la qualité des ressources disponibles dans le milieu, naturelles mais aussi humaines, pour s'assurer de la présence d'une main-d'œuvre qualifiée, mais aussi de la fourniture de services, de la sécurité de ses installations et plus largement de l'acceptabilité sociale des activités. Pour toutes ces raisons, les firmes ont besoin de collectivités dynamiques pour constituer des interlocuteurs crédibles qui soient en mesure de proposer des consensus acceptables et reconnus par tous les acteurs territoriaux, à la base de partenariats structurants et durables[14]. En ce sens, l'évaluation environnementale peut être interprétée comme un processus large de négociation des rapports sociaux territorialisés.

Cependant, nombre de lacunes restent à pallier pour que ces diverses potentialités associées à l'évaluation environnementale se concrétisent. Citons son arrimage difficile à la prise de décision, l'étape du suivi peu développée, l'importance moindre accordée à l'évaluation des impacts sociaux par rapport aux impacts environnementaux, des difficultés liées à la participation de certains groupes d'acteurs et le peu de connaissances concernant les impacts cumulatifs[15]. Des lacunes importantes sont aussi perceptibles dans des champs de pratique plus spécifiques, dont celui des analyses paysagères conçues dans les études d'impacts.

12.6. PAYSAGE ET ÉVALUATION ENVIRONNEMENTALE : LIMITES D'UNE CONCEPTION MODERNISTE

Comme esquissé plus avant, le paysage fait l'objet de demandes sociales certaines, devenant même parfois un des principaux motifs de refus de projets de la part de groupes d'acteurs. Les analyses paysagères produites dans les études d'impacts devraient théoriquement aider les décideurs à comprendre ces demandes et les dynamiques qui les sustentent. Cependant, plusieurs faiblesses limitent leur contribution en ce sens. Dans cette section, nous en soulignons quatre principales, qui s'inscrivent en grande partie dans la suite des propos tenus par Pierre-Yves Guay au chapitre 5 de ce même ouvrage.

---

14. Les rapports sociaux apparaissent de plus en plus comme un facteur décisif des dynamiques de développement, reconnus par des chercheurs en développement local, mais aussi par des économistes comme ceux travaillant sur les districts industriels et ceux de l'école de proximité.

15. Le lecteur intéressé peut se référer aux travaux critiques de Burdge (2002), de Gariépy (1997) et de Sadler (1996), pour ne citer que ceux-ci.

12.6.1. Des difficultés méthodologiques soutenues pour intégrer les dimensions immatérielles

La première faiblesse reconnue aux analyses paysagères est de type méthodologique, soit liée aux moyens de connaître et de documenter. À la suite de l'examen approfondi d'une vingtaine d'études paysagères réalisées au Québec dans les années 1980, Poullaouec-Gonidec et ses collaborateurs (1991) notaient la difficulté d'intégrer les dimensions immatérielles et qualitatives liées au paysage (perceptions, significations, valorisations). Les chercheurs portaient un jugement sévère sur la qualité des analyses résultantes, les qualifiant de « diverses et superficielles » et d'« évaluations d'impacts peu approfondies » (1991, p. 26). Près de dix ans plus tard, Gariépy (1999) reprenait des constats similaires au regard des pratiques professionnelles des années 1990[16].

Selon Gariépy, les difficultés méthodologiques soulevées sont « peut-être surtout liées à la complexité de l'objet, le paysage » (*id.*, p. 102), car « le paysage ne se réduit pas à une série de critères et d'indicateurs objectifs permettant son évaluation scientifique : il est investissement de sens, de valeurs » (*id.*, p. 106). Dans cette perspective, le paysage est plus que ce qui est visible : il inclut des dimensions liées au vécu des acteurs, à leurs perceptions, à la façon dont ils qualifient et investissent de sens leur territoire, bref un ensemble de dimensions qualitatives, subjectives et immatérielles.

Le principal défi méthodologique se situerait sur ce plan, soit d'intégrer de façon systémique et rigoureuse les dimensions qualitatives et immatérielles du paysage aux cadres d'analyse (Epstein, 1993 ; Poullaouec-Gonidec *et al.*, 1993). Pour sa part, Luginbühl (1998) insiste pour que les dimensions matérielles du territoire ne soit pas exclues pour autant des cadres d'analyse. Ce serait donc la **prise en compte simultanée des dimensions matérielles et immatérielles,** dans leurs interactions, qui rendrait toute la richesse aux analyses paysagères.

12.6.2. Le défi de l'évaluation : reconnaître et intégrer le subjectif des acteurs

Les difficultés méthodologiques liées à l'intégration de dimensions qualitatives et immatérielles renvoient à une deuxième série de difficultés, de types ontologique et épistémologique, qui ne sont par ailleurs pas

---

16. De telles critiques ne se limitent cependant pas aux pratiques québécoises, mais concernent aussi celles ayant cours dans d'autres pays industrialisés.

uniques à l'**objet** du paysage. L'univers des valeurs, des perceptions, des significations, des représentations et des autres notions subjectives pose problème dans nombre de champs de pratique. Dans celui appliqué de l'évaluation environnementale, ces difficultés se rapportent à un grand défi : celui d'évaluer la **signification sociale** associée aux changements et au projet planifié.

Évaluer la signification sociale dans les analyses, c'est-à-dire documenter ce que représente le changement du point de vue des acteurs, constitue un pilier de l'évaluation environnementale. De fait, la signification sociale renvoie à l'évaluation de l'importance des impacts, une étape cruciale de l'évaluation environnementale et, en même temps, une des plus grandes difficultés encore non résolues (Sadler, 1996). André et ses collaborateurs expliquent cette difficulté par le fait que l'exercice d'évaluation intègre une part de subjectivité : « Cette étape, parmi les plus litigieuses du processus, chevauche la science et la politique, puisqu'elle fait intervenir des jugements de valeurs » (1999, p. 292).

Les valeurs comportent une dimension normative qui oriente la perception de la réalité par les acteurs sociaux. Dans cette suite, la qualification et l'évaluation des changements sont socialement construites. C'est dire qu'un même phénomène peut être vécu et perçu différemment (positivement, négativement), avec plus ou moins d'ampleur, selon les acteurs (individus, groupes, collectivités, institutions), par essence historiquement et géographiquement situés. Dans le domaine de l'évaluation des impacts sociaux, ce phénomène est de plus en plus admis, du moins par les théoriciens (Burdge, 2002 ; ICGP, 1994 ; Vanclay, 2002). Par ailleurs, il renvoie à une question fondamentale pour les pratiques en évaluation environnementale : dans l'exercice d'évaluation, quels acteurs font valoir leurs valeurs et déterminent la signification sociale ?

Jusqu'à ce jour, il faut reconnaître que ce sont surtout les experts qui réalisent les études. Or, leurs valeurs et leurs cadres de référence peuvent parfois se situer en conflit par rapport aux groupes d'acteurs concernés et affectés. Dans le domaine de l'aménagement, diverses études[17] ont montré comment les experts peuvent, consciemment ou non, imposer leurs valeurs. Les auteurs de ces études soutiennent la thèse qu'il s'agit là d'une forme de **hiérarchie culturelle** opposant deux cultures distinctes, soit la **culture savante**, organisée selon une rationalité et une procédure formelle, et une seconde dite **vernaculaire**, d'origine locale, plus diffuse,

---

17. Voir plus particulièrement les textes de Cloarec, Debroux et Epstein dans l'ouvrage « Paysages au pluriel. Pour une approche ethnologique des paysages » de la collection ethnologie de la France (1995, n° 9).

peu ou pas organisée. Qu'elles soient latentes ou manifestes, de telles situations de conflit culturel peuvent camoufler les intérêts de certains groupes d'acteurs et, même, légitimer leurs interventions sur le territoire.

Dans cette suite, un processus d'évaluation ne prévoyant pas une prise en compte explicite et rigoureuse des valeurs locales pourrait contribuer à renforcer un rapport de domination culturelle, privilégiant une certaine idéologie esthétique du paysage. De même, un tel processus contreviendrait à un des principes fondamentaux de la perspective humaniste du développement durable, celui insistant sur la reconnaissance du savoir des acteurs locaux (populations locales, groupes marginalisés, individus affectés, etc.) et sur leur participation soutenue dans un objectif d'*empowerment*. La *prise en compte explicite des valeurs* s'avère donc un enjeu important des pratiques évaluatives. Un des défis à relever serait de prendre acte de la diversité des valeurs, des représentations et des autres portées par les divers acteurs sociaux concernés et affectés (incluant celles des experts), et, plus encore, de les documenter de façon rigoureuse et systématique.

12.6.3. Pour des analyses paysagères au-delà des formes esthétiques : vers des enjeux sociaux structurants

Une troisième faiblesse des analyses paysagères concerne leur *portée* dans le processus d'évaluation environnementale. Plus exactement, à quels enjeux sociaux les analyses renvoient-elles lorsqu'il est question de paysage ? Ces enjeux sont-ils structurants pour la compréhension des dynamiques sociales à l'étude ?

Rappelons que les études paysagères sont intégrées à la grande famille des impacts sociaux et culturels. Les *impacts paysagers* documentés sont principalement ceux affectant le cadre de vie des populations locales : qualité esthétique, aménité environnementale, possibilités de récréation. Les enjeux sociaux plus larges concernant des modifications à la relation au territoire, à la qualification des paysages et de l'environnement, aux référents historiques et patrimoniaux, à la construction identitaire, au sentiment d'appartenance, à la cohésion sociale et autres ne sont pas ou peu traités[18]. S'ils le sont, il s'agit généralement d'études réalisées dans des contextes culturels spécifiques comme dans des communautés autochtones du Nord canadien et des États-Unis ou dans

---

18. Nous soulignons ici que les études définissent souvent le paysage dans une perspective élargie qui pourrait englober ces enjeux, mais en bout de piste, ceux-ci sont rarement documentés.

les communautés aborigènes de l'Australie ou encore auprès de populations de pays en voie de développement. L'accent est ainsi mis sur la rencontre interculturelle entre le monde moderne occidental et la culture traditionnelle de peuples autochtones. On semble y tenir pour acquis qu'une communauté « non autochtone » a déjà intégré les divers changements associés à l'industrialisation et qu'il n'y a ainsi pas de fracture probable entre un nouveau projet industriel et la culture locale.

Mais si les changements liés à l'implantation de mégaprojets ne s'intégraient pas de soi dans la culture locale ? S'il y avait un seuil de saturation face à l'industrialisation dans ces communautés, un seuil au-delà duquel les référents communs, les valeurs, les croyances, bref le système culturel éclatait, conduisant à une perte de cohésion et à la dévitalisation de la communauté ? Une sorte d'effets d'accumulation ? Dans la suite de la discussion précédente, pourrait-on voir les controverses locales face à certains projets industriels comme un symptôme de telles ruptures socioculturelles, comme une sorte de refus d'adopter certains *a priori* en matière de développement ?

Comme l'ont expliqué Grambling et Freudenburg (1992), toute communauté locale, traditionnelle ou contemporaine, expérimente et négocie des changements lorsqu'une partie de son territoire est industrialisée. Cette dynamique peut conduire à des trajectoires culturelles différenciées : intégration, adaptation, rejet, confrontation, rupture, etc. Une communauté ne ressort pas indemne d'un contexte historique de grands changements, comme lors de l'implantation d'un mégaprojet industriel. Elle est toujours modifiée, à des degrés variables, selon des expressions plus ou moins manifestes et des temporalités diverses. Les processus d'adaptation à long terme des communautés incluent aussi un risque de *suradaptation*, c'est-à-dire de spécialisation et de dépendance à l'endroit d'un certain type de développement. Par ailleurs, le mouvement n'est pas forcément négatif, comme il a été observé dans certains cas où la culture a constitué un axe de l'affirmation identitaire collective.

Selon nous, le paysage pourrait être une des « entrées » pour aider à comprendre l'évolution culturelle des communautés territoriales. Rappelons qu'une demande sociale s'affirme de plus en plus sur ce thème, comme il a été discuté plus avant. Plus explicite lors de controverses récentes, des acteurs y parlent certes d'esthétique, mais aussi de patrimoine, d'identité, de développement. Or, jusqu'à ce jour, les études des experts québécois documentent rarement les demandes sociales sous-jacentes à ces demandes plus explicites de paysage. Cela a comme conséquence que les études paysagères n'aident pas ni à éclairer les débats sociaux ni à prendre des décisions. Pourtant, pour qu'une évaluation environnementale soit de qualité et utile à la prise de décisions, les études des experts doivent impérativement reposer sur des informations pertinentes et signifiantes pour les acteurs sociaux. Le cadrage des études paysagères à travers des enjeux sociaux structurants apparaît donc en ce sens comme une nécessité. Ce faisant, c'est la conception même du paysage adoptée par les analystes qui est remise en question, quatrième lacune des études d'impacts.

12.6.4. Vers une conception postmoderne du paysage dans l'action

Rappelons brièvement les grands ancrages paradigmatiques structurant les pratiques en paysage, au Québec comme dans d'autres pays industrialisés. Les auteurs distinguent généralement deux grandes approches épistémologiques, soit celles du **paysage-objet** et du **paysage-construit**. Ces approches sont fondées sur le paradigme de la modernité, c'est-à-dire distinguant le monde des faits (matérialité) de celui des idées et des perceptions. Ainsi, la première approche s'inspire d'une vision naturaliste du paysage, où celui-ci est conçu comme une réalité matérielle et un système écologique autonome par rapport au sujet-usager. Cette approche vise à *objectiver* le paysage en insistant sur ses composantes concrètes, voire quantifiables (topographie, formations géologiques, végétation, formes visibles, etc.). La seconde approche, quant à elle, définit le paysage comme un construit social et culturel. C'est la relation entretenue par un sujet-usager à l'endroit d'un territoire et la qualification qu'il fait de ce territoire qui fondent le paysage. Les analyses insistent alors sur la reconnaissance des dimensions subjectives de l'expérience paysagère (affectivité, perceptions, symbolisme) en concomitance avec d'autres dimensions sociales et territoriales (vécu, pratiques, projets).

Ces deux grandes approches se concrétisent dans une diversité de pratiques en aménagement. Dans un exercice précédent (Fortin, 2002), nous avons tenté de décrire les pratiques à l'œuvre dans le champ de l'évaluation environnementale. Plus particulièrement, nous avons catégorisé ces pratiques selon quatre grands profils d'experts, soit l'**expert du visible**, l'**écologue**, l'**aménageur** et le **médiateur social**. Les deux premiers peuvent être associés à la première approche (*paysage-objet*) *et* les deux derniers à la seconde (*paysage-construit*). Dans les pratiques actuelles, l'expert du visible misant sur les dimensions visuelles et esthétiques du paysage est certainement le plus présent dans les études d'impacts. Cependant, d'autres types d'experts sont aussi actifs à des moments spécifiques du processus, comme l'aménageur lors des phases de conception du projet – surtout en aval, donc pas forcément lors d'étapes déterminantes – et le médiateur social, que l'on retrouve plus souvent aux marges du processus formel, soit lors d'exercices de consultation et de concertation.

Selon nous, chaque type d'expertise contribue de manière originale aux évaluations paysagères, tout en comportant ses limites propres. En plus, elles partagent une limite fondamentale commune : « Elles ne s'inscrivent pas dans la mouvance valorisant une conception globale et intégrée du paysage. C'est-à-dire que prise de façon individuelle, chacune [...] reproduit une logique sectorielle en insistant sur une composante du paysage » (Fortin, 2002. p. 18). Les analyses produites demeurent alors fragmentaires, souffrant d'un décalage avec la complexité de la réalité. Elles n'aident pas à révéler les enjeux sociaux signifiants ni à comprendre les dynamiques sociales en présence. C'est pourquoi une troisième approche, reposant sur une conception globale qui intégrerait toutes les dimensions du paysage, est souhaitée.

L'intégration de la matérialité et de l'immatérialité représente cependant un défi persistant posé aux scientifiques en paysage, et ce, depuis plusieurs décennies (Berque, 1991 ; Bertrand, 1978 ; Décamps, 2000). Si ce défi est aussi difficile à relever, c'est en bonne partie parce qu'il oblige à dépasser un des grands schismes hérités de la modernité, celui scindant l'objet et le sujet. C'est d'ailleurs pourquoi nous désignons cette conception globale du paysage de *postmoderne*. Enfin, dans une perspective appliquée, comme les pratiques s'appuient encore sur des savoirs et des traditions disciplinaires – même de plus en plus spécialisés –, il nous semble plus probable que cette intégration se réalise dans l'action, soit par le biais de collaborations interdisciplinaires. Des dialogues soutenus entre experts pourraient ainsi favoriser le développement de concepts nouveaux, qui agiraient tels des ponts entre les différentes expertises spécialisées et, plus largement, permettraient de concevoir le paysage à partir de perspectives renouvelées.

12.7. CONCLUSION

Comment se construisent et évoluent dans le temps les compromis sociaux concernant le partage et l'occupation d'un même territoire entre divers acteurs ? Plus particulièrement dans les régions fragiles où sont présentes de grandes firmes productives, comment des populations locales, leurs représentants, l'État et les entreprises arrivent-ils à négocier des conditions assurant la reproduction pérenne des communautés et à prévenir la formation de paysages de risques ? Est-il possible pour des groupes sociaux dépendants de grands acteurs économiques de faire intégrer leurs préoccupations nouvelles, plus qualitatives et immatérielles, telles la qualité de vie, le paysage, la santé ou la justice environnementale ?

L'implantation de grands projets industriels offre un contexte propice à l'observation de telles dynamiques sociales, car il s'agit souvent pour les acteurs d'un moment opportun pour exprimer leurs demandes et réactualiser leurs rapports. De même, selon les tenants de la perspective humaniste du développement durable insistant entre autres sur l'équité, le passage des grands projets par le processus d'évaluation environnementale pourrait contribuer à éclairer les débats sociaux, voire à redonner du pouvoir à certains acteurs plus vulnérables. Cela, à la condition, cependant, de remédier à diverses limites. Concernant les analyses paysagères, les limites s'articulent sur plusieurs fronts concomitants : méthodologiques, ontologiques et épistémologiques. Elles concernent tant les façons de faire (intégrer des dimensions et des indicateurs qualitatifs) que la conception des rapports entre l'expert et le sujet (reconnaître explicitement le rôle des valeurs dans l'évaluation et documenter celles de tous les acteurs). Globalement, elles renvoient à la compréhension même de ce qu'est le paysage : limitée à des questions esthétiques comme il est postulé dans la conception moderniste ou attachée à des enjeux sociaux structurants pour le développement des communautés tel qu'associé à une conception globale, dite postmoderne. Le défi est exigeant à relever à plus d'un titre, mais certes déterminant pour mieux comprendre les demandes et les dynamiques sociales à l'œuvre et pour rendre ainsi plus transparents les choix de société en matière de développement.

RÉFÉRENCES BIBLIOGRAPHIQUES

ANDRÉ, Pierre *et al.* (1999). *L'évaluation des impacts sur l'environnement : processus, acteurs et pratique*, Montréal, Presses internationales Polytechnique.

AUSTIN, Diane (2000). « Community participation in EIA follow-up », texte présenté dans le cadre de l'atelier sur le suivi, lors du 20ᵉ congrès annuel de l'International Association for Impact Assessment (IAIA) intitulé *Back to the Future*, Hong Kong, 19-23 juin.

BEAUDRY, R. et H. DIONNE (1996). « Vivre quelque part comme agir subversif : les solidarités territoriales », *Recherches sociographiques,* vol. 37, nᵒ 3, p. 537-557.

BERQUE, A. (1991). « De paysage en outre-pays », réédité en 1995, dans ROGER (dir.), *La théorie du paysage en France (1974-1994)*, Paris, Champ Vallon, p. 346-359.

BERTRAND, Georges (1995, 1978). « Le paysage entre la Nature et la Société », dans ROGER (dir.), *La théorie du paysage en France (1974-1994)*, Paris, Champ Vallon. p. 88-108.

BLOWERS, Andrew (1999). « Nuclear Waste and Landscapes of Risk », *Landscape Research*, vol. 24, n° 3, p. 241-264.

BURDGE, Rabel J. (2002). « Why is social impact assessment the orphan of the assessment process ? », *Impact Assessment and Project Appraisal*, vol. 20, n° 1, p. 3-19.

BUREAU D'AUDIENCES PUBLIQUES SUR L'ENVIRONNEMENT – BAPE (1993). *Ligne à 735 kV Des Cantons-Lévis et poste Appalaches*. Rapport d'enquête et d'audience publique n° 68, Québec.

BUREAU D'AUDIENCES PUBLIQUES SUR L'ENVIRONNEMENT – BAPE (1994). *Projet d'aménagement hydroélectrique de Val-Jalbert*. Rapport d'enquête et d'audience publique n° 82, Québec.

BUREAU D'AUDIENCES PUBLIQUES SUR L'ENVIRONNEMENT – BAPE (1997). *Projet de reconstruction d'une centrale hydroélectrique aux chutes de la Chaudière*. Rapport d'enquête et d'audience publique n° 106, Québec.

COANUS, Thierry (dir.), François DUCHÈNE et Emmanuel MARTINAIS (1999). *La ville inquiète. Développement urbain, gestion du danger et vie quotidienne sur trois sites « à risque » de la grande région lyonnaise (fin XIXᵉ-fin XXᵉ)*, Rapport de recherche non publié, Lyon : Laboratoire RIVES–UMR CNRS 5600, École nationale des travaux publics de l'État.

DÉCAMPS, Henri (2000). « Demanding more of landscape research (and researchers) », *Landscape and Urban Planning*, n° 47, p. 105-109.

DIONNE, Hugues et Pierre-André TREMBLAY (1999). « Mobilisation, communautés et société civile sur la complexité des rapports sociaux contemporains », dans P.A. TREMBLAY (dir.), *Vers un nouveau pacte social ? État, entreprises, communautés et territoire régional*, Chicoutimi, GRIR / UQAC, p. 89-104.

EPSTEIN, Judith Anne (1993). « Montréal : nuances et vues de près », *Trames*. Revue de la Faculté d'aménagement de l'Université de Montréal, n° 9, p. 20-25.

FORTIN, Marie-José et Christiane GAGNON (2002). « Paysages identitaires et ruralité de proximité : Regards croisés à Petit-Saguenay (Québec) », *Le Géographe canadien*, vol. 46, n° 4, p. 337-346.

FORTIN, Marie-José (2002). « Les analyses paysagères dans l'évaluation environnementale au Québec : paradigmes en action », *Annales des Ponts et Chaussées*, n° 104, p. 11-19.

FREUDENBERG, Nicolas et Carol STEINSAPIR (1992). « Not in our backyards : The grassroots environmental movement », dans R.E. DUNLAP et A. MERTIG (dir.), *American Environmentalism. The U.S. Environmental Movement, 1970-1990*, Philadelphia, Taylor & Francis, p. 27-37.

GAGNON, Christiane, Peter HIRSCH et Richard HOWITT (1993). «Can SIA empower communities?», *Environmental Impact Assessment Review*, vol. XIII, n° 4, p. 229-253.

GAGNON, Christiane (1994). «Développement local viable : approches, stratégies et défis pour les communautés», *Coopérative et développement*, vol. 26, n° 2, p. 61-82.

GAGNON, Christiane (2001). «Gouvernance environnementale et évaluation des impacts sociaux : un défi de citoyenneté», dans S. LAURIN, J.-L. KLEIN et C. TARDIF (dir.), *Géographie et société. Vers une géographie citoyenne*, Sainte-Foy, Presses de l'Université du Québec, p. 257-270.

GARIÉPY, Michel (1997). «L'évaluation environnementale *à la québécoise* dans le déploiement du réseau d'infrastructures d'Hydro-Québec», dans M. GARIÉPY et M. MARIÉ (dir.), *Ces réseaux qui nous gouvernent?* Paris, L'Harmattan, p. 425-451.

GARIÉPY, Michel (1999). «L'analyse de paysage au sein de l'évaluation environnementale ou l'aménagement à l'ère de la rectitude politique», dans POULLAOUEC-GONIDEC, GARIÉPY et LASSUS (dir.), *Le paysage. Territoire d'intentions*, Montréal, L'Harmattan, p. 95-113.

GAUVIN, Pauline (1992). *L'affrontement Hydro-Québec/Contestension Portneuf Lotbinière*, s.l., Paulymédia.

GENDRON, Corinne et Jean-Pierre REVÉRET (2000). «Le développement durable», *Économies et Sociétés*, Série F, n° 37, «Développement», p. 11-124.

GOULD, Kenneth A., Allan SCHNAIBERG et Adam S. WEINBERG (1996). *Local Environmental Struggles. Citizen Activism in the Treadmill of Production*, Cambridge, Cambridge University Press.

GOULD, Kenneth A., Adam S. WEINBERG et Allan SCHNAIBERG (1993). «Legitimating impotence : Pyrrhic victories of the Modern Environmental Movement», *Qualitative Sociology, Social Equity and Environmental Activism : Utopias, Dystopias and Incrementalism*, vol. 16, n° 3, p. 207-246.

GRAMBLING, Robert et William R. FREUDENBURG (1992). «Opportunity-threat, development, and adaptation : Toward a comprehensive framework for social impact assessment», *Rural Sociology*, vol. 57, n° 2, p. 216-234.

INGLEHART, Ronald (1995). «Modification des valeurs, développement économique et évolution politique», *Revue internationale des sciences sociales*, vol. XLVII, n° 3, p. 433-459.

INTERORGANIZATIONAL COMMITTEE ON GUIDELINES AND PRINCIPLES FOR SOCIAL IMPACT ASSESSMENT – ICGP (1994). *Guidelines and Principles for Social Impact Assessment*, U.S. Department of Commerce, NOAA Technical Memo, NMFS-F/SPO-16.

IRWIN, Alan, P. SIMMONS et G. WALKER (1999). «Faulty environments and risk reasoning : The local understanding of industrial hazards», *Environment and Planning*, vol. 31, p. 1311-1326.

JACOBS, Peter (1994). «La prophétie à vos propres risques : rétrospective et prospective», discours prononcé dans le cadre du 14ᵉ congrès annuel de l'International Association for Impact Assessment, Québec.

LUGINBÜHL, Yves (1998). «Symbolique et matérialité du paysage», *Revue de l'économie méridionale*, vol. 46, nᵒ 183, p. 235-245.

MELUCCI, ALBERTO (1989). *Nomads of the present : Social movements and individual needs in contemporary society*, Philadelphie, Temple University Press.

POULLAOUEC-GONIDEC, Philippe, Judith Anne EPSTEIN et Gérald Domon (1993). «Le Projet de paysage au Québec», *Trames*, nᵒ 9, p. 4-6.

POULLAOUEC-GONIDEC, Philippe, Peter JACOBS et Michel GARIÉPY (1991). *Études visuelles appliquées dans les processus d'évaluation environnementale : conceptualisation et évaluation*, Montréal, Université de Montréal, Faculté de l'Aménagement, notes de recherche.

SACHS, Ignacy (1997). *L'écodéveloppement. Stratégies pour le XXIᵉ siècle*, Paris, Éditions la Découverte et Syros, nouvelle édition.

SADLER, Barry (1996). *Étude internationale sur l'efficacité de l'évaluation environnementale. Rapport final. L'évaluation environnementale dans un monde en évolution. Évaluer la pratique pour améliorer le rendement*, Ottawa, Travaux publics et Services gouvernementaux.

SECRÉTARIAT DES ÉTATS GÉNÉRAUX DU PAYSAGE QUÉBÉCOIS – SEGPQ (1996). *Dynamique et visions du paysage québécois. Bilan et suivi des États généraux*, Québec, Les Éditions Continuité.

TOURAINE, ALAIN (1978). *La voix et le regard*, Paris, Seuil.

TREMBLAY, Pierre-André, Isabel BROCHU et Marie-Claude VERSCHELDEN (1996). «Les mobilisations dans le Québec des régions : traits généraux et réflexions premières», *Économie et Solidarités*, vol. 28, nᵒ 1, p. 101-118.

VANCLAY, Franck (2002). «Conceptualizing social impacts», *Environmental Impact Assessment Review*, vol. 22, nᵒ 3, p. 183-211.

WORLD COMMISSION ON ENVIRONMENT AND DEVELOPMENT – WCED (1987). *Our Common Future*, Oxford et New York, Oxford University Press.

13

Le paysage urbain
La charge historique d'une notion

Frédéric Pousin
Laboratoire des organisations urbaines
Espaces, Sociétés, Temporalités

Le vocable de paysage urbain, dans les langues française et anglaise, est apparu tardivement, soit à la fin du XIXe siècle, dans le domaine de l'esthétique. Il est d'usage récent en architecture et en urbanisme, dans la mesure où il ne fait l'objet de réflexions conséquentes que dans les années 1950 en Grande-Bretagne et, plus largement, dans les années 1960 et 1970, période favorable aux études urbaines.

Au-delà du terme, nous expliciterons ce qu'une telle notion impulse comme transformations dans les façons de comprendre les phénomènes urbains autant que d'intervenir sur l'architecture et sur la ville. Que peut-on observer aujourd'hui, lorsque les projets d'intervention incluent la dimension du paysage? Nous commenterons quelques cas représentatifs de ce que fait bouger l'idée même de paysage en ville.

Pourquoi introduire la perspective diachronique dans une discussion sur les enjeux du paysage urbain? L'apparition d'un vocable n'est pas un événement insignifiant. Le plus souvent, il entérine une conceptualisation antérieure et, en même temps, il impulse une nouvelle force à cette conceptualisation car il est un élément de stabilité à partir duquel la réflexion peut se développer autrement.

On sait qu'en français le terme de paysage à propos de la ville apparaît dans la littérature au milieu du XIXe siècle. Baudelaire publie le poème *Paysage parisien* dans *Les Fleurs du mal* en 1857 et il déplore dans sa critique du *Salon* de 1859 l'absence de «paysage des grandes villes». C'est seulement en 1892 qu'apparaît la première occurrence attestée de paysage urbain dans *Bruges-la-Morte* de Georges Rodenbach (Huetz de Lemps, 1999).

En anglais, comme le stipule l'*Oxford English Dictionary*, le terme *townscape* apparaît en 1880 dans un ouvrage de R. Gower intitulé *Figure Painters Holland* pour désigner un tableau ou une vue de ville. Dans l'ouvrage d'Hissey, intitulé *Tour in Phaeton*, de 1889, le terme désigne des vues de villes romantiques anglaises qui n'ont pas été dégradées.

Que les premières occurrences du terme paysage urbain viennent de la littérature ou de la peinture n'est pas sans importance au regard des écrits d'Alain Roger sur l'artialisation (1997) qui développent l'idée selon laquelle le paysage ne se constitue que dans une distanciation par rapport au pays, à l'espace physique, grâce à des modèles esthétiques autrefois empruntés à la peinture, aujourd'hui à d'autres formes artistiques. Sa thèse s'avère stimulante pour penser l'idée même de paysage urbain, tant il est vrai que les qualités des multiples formes que prend la ville aujourd'hui s'énoncent dans des modèles esthétiques, de la photographie et du cinéma tout d'abord[1].

Un deuxième moment significatif pour la constitution des valeurs sémantiques du vocable *townscape* est celui des années 1950, où l'*Architectural Review*, revue d'architecture londonienne, définit explicitement le *townscape* comme l'art de la relation que les édifices entretiennent les uns avec les autres ainsi qu'avec les espaces de l'entre-deux. Il est remarquable de relever que la notion de *townscape*, telle qu'elle se constitue alors en Angleterre, non seulement convoque un important matériau visuel mais encore se réclame d'une pensée esthétique, le « néo-picturesque », qui accorde une place majeure au visuel et à la perception artistique. En architecture, par conséquent, la notion de paysage urbain fait l'objet de réflexions importantes dans l'immédiat après-guerre en Angleterre d'abord, puis aux États-Unis, avec la mise en circulation de l'homologue nord-américain de *townscape* : *urban landscape*.

Au centre du débat orchestré par l'*Architectural Review* qui dura près de 20 ans, se trouvent la critique du fonctionnalisme, la critique des conceptions bureaucratiques et quantitatives du *townplanning* et la recherche de nouveaux outils pour penser et pour intervenir sur la ville. Ces outils sont à la fois un vocabulaire dont témoigne *Townscape* de Gordon Cullen, publié en 1961, et des instruments de description et de visualisation qui sont au fondement du « visual planning ». L'exportation de la problématique du paysage urbain aux États-Unis procède d'un regard critique porté sur la ville américaine dont le numéro spécial de l'*Architectural Review* « Man made America », publié en 1950, donne

---

1. Que l'on pense aux films de Wim Wenders, d'Alain Tanner ou de Robert Guédiguian sur Marseille.

le ton. Henry Russell Hitchcock, Christopher Tunnard et Gerald Kallmann sont invités à se pencher sur l'*American urban landscape*. Le constat établi par Tunnard est sombre, le paysage urbain américain est incontrôlable, chaotique. C'est pour la plus grande partie un *no man's land* de villes, de rues et d'arrière-cours où les spécialistes n'ont pas prise, sauf exception. Hitchcock plaide, quant à lui, pour la nécessité de « regarder les choses comme elles sont réellement » que l'on peut recevoir comme un écho aux préoccupations phénoménologiques d'alors. Il propose également d'étudier les nouveaux types de l'architecture moderne, en particulier certains programmes comme les motels et plus largement l'architecture des bords de route. La revue dénonce l'absence d'intervention des professionnels et affiche son dégoût pour l'incarnation de l'*unbeautiful city* : Las Vegas.

Dans la première moitié des années 1960, plusieurs ouvrages traitant du paysage urbain adoptent des stratégies de mise en représentation de l'architecture et de la ville pour construire un discours soit de stigmatisation, soit de régulation des phénomènes urbains. Le jugement esthétique y est fortement présent. Citons les ouvrages de Geoffrey Jellicoe, *Motopia*, paru en 1961, de Peter Blake, *God's Own Junkyard*, paru en 1961, de Lawrence Halprin, *Cities*, paru en 1963, de Garett Eckbo, *Urban Landscape Design*, paru en 1964, d'Ian Nairn, *The American Landscape*, paru en 1965. À la fin des années 1960, bien que l'orientation générale soit très différente, on trouve néanmoins trace d'une telle stratégie de mise en représentation de la ville dans l'ouvrage d'Ian L. Mc Harg, *Design with Nature*.

Le livre de Peter Blake, *God's Own Junkyard* a servi d'anti-modèle pour Denise Scott Brown, Robert Venturi et S. Izenour dans leur fameuse étude *Learning from Las Vegas*, parue en 1972, qui constitue, à mes yeux, une contribution majeure dans la recherche d'outils adaptés à la ville contemporaine, complexe et contradictoire. Les outils empruntent aux démarches artistiques telles que celles du photographe Ed Rusha. Cette étude de Las Vegas, bien connue, réalisée à l'origine en 1968 par Denise Scott Brown avec une équipe d'étudiants de Yale, revendique dès le départ une investigation délibérée du côté des formes et des outils de représentation.

Avec l'ouvrage d'Eckbo, *Urban Landscape Design*, la réflexion sur le paysage urbain s'enrichit de la tradition du *landscape architecture* qui déplace le point de vue du *townscape*. Le texte qui constitue la première partie de l'ouvrage, intitulée « Elements of space organization », énonce les grandes lignes de la position d'Eckbo. Plusieurs logiques sous-tendent cet écrit : la première concerne la définition même du domaine de l'*urban landscape design*. Cette discipline s'affirme comme une discipline du complexe qui cherche à dépasser les découpages technocratiques qui saucissonnent un milieu en domaines mal reliés : l'architecture, l'ingénierie, l'urbanisme et la gestion économique. La deuxième logique positionne l'essai dans le domaine des *design activities*. Le *design* est entendu ici dans son sens très large, qui est celui défendu par Herbert Simon dans ses écrits sur une science de l'artificiel qui tente de théoriser la *design activity*. Une troisième logique enfin positionne l'essai dans le champ des recherches d'ordre psychocognitives relatives à l'espace et dont la *gestalt psychology* constitue un des fondements. Les travaux de Kevin Lynch sur la perception de l'espace sont invoqués. Dans son essai, Eckbo tente de faire converger les exigences d'une pensée du paysage qui exige à la fois une appréhension globale des phénomènes et la continuité physique de l'environnement avec les exigences du projet qui demandent, elles, un découpage, condition *sine qua non* de la conception.

Aujourd'hui, les propos critiques tenus par les tenants du projet urbain sur les pratiques sectorielles, les étanchéités des regards disciplinaires, font écho à la critique qui fut faite au nom du paysage urbain. Il y a également une actualité des modes de pensée par l'image. Que l'on pense à l'exposition *Mutations* sous la direction de Rem Koolhaas[2]. De plus, l'intervention des paysagistes dans les opérations d'aménagement exerce un effet critique sur les pratiques en architecture et en urbanisme, comme l'a souligné Sébastien Marot dans un article intitulé « Les alternatives du paysage » paru dans la revue *Le visiteur* en 1995.

Les paysagistes contribuent à faire bouger les frontières par les points de vue qu'ils adoptent. En outre, les opérations d'aménagement sont de plus en plus complexes et font intervenir de nombreux métiers, tout comme l'idée de processus a fini par s'imposer. Pour illustrer quelques enjeux actuels autour de l'idée de paysage urbain, je commenterai la réalité française qui m'est familière[3].

Dans les projets de paysage urbains, la complexité inhérente au paysage produit un déplacement d'intérêt des objets finis vers les processus de réalisation et de gestion des aménagements. Aussi, la maîtrise d'ouvrage urbaine introduit-elle de nouveaux modes de consultation des concepteurs comme le marché de définition, qui laisse ouvertes des possibilités de modification du projet en fonction des étapes et des

---

2. Voir le catalogue de l'exposition Rem Koolhaas produit par Boeri *et al.* (1999).

3. Sur la question de la production architecturale et urbaine en France dans ses relations au paysage, je renverrai le lecteur à Pousin (1999) ainsi qu'aux récents numéros des *Carnets du Paysage*.

négociations au cours du processus. C'est le cas, par exemple, dans les opérations conduites par le *Département de développement urbain* de la Communauté urbaine et de la Ville de Lyon.

Il m'a été donné d'étudier dernièrement l'opération d'aménagement de la Montée de la Grande Côte à Lyon, qui relie la Place des Terreaux au Plateau de la Croix-Rousse, dont la conception a été confiée au paysagiste Alain Marguerit et à son équipe. Cette opération porte sur l'aménagement d'un espace public qui est en même temps un site de pente de la ville historique. La Grande Côte est tout à la fois une géographie, une histoire et un point de contact avec l'horizon, dont on sait combien il est constitutif de la structure même du paysage (Collot, 1989, 1998 ; Corti, 1988). La qualité paysagère de la Grande Côte réside donc dans la multiplicité des échelles, qui coexistent également dans la perception.

Aux yeux d'Alain Marguerit (2000), le projet d'aménagement de la Grande Côte est un projet d'espace public avant tout parce qu'il est un projet négocié globalement dans son traitement et dans ses usages. La négociation est introduite dans l'écriture même du projet. Pour Marguerit, la concertation doit conduire à la simplicité des aménagements. Il conçoit son action de concepteur comme intégrée à celle d'une équipe plus large : « Si les actions d'aménagement des surfaces, de mise en lumière, d'implantation du nouveau mobilier, peuvent améliorer " l'image " du quartier, elles ne suffisent pas à traiter la réhabilitation du quartier. Face à un projet urbain global, notre rôle est sûrement de s'intégrer à l'équipe déjà existante afin de la compléter[4]. »

Le propos de Marguerit souligne la réalité pluriprofessionnelle des opérations d'aménagement[5] qui amènent les experts à dialoguer sur un même projet à partir de compétences et d'univers de référence parfois très divers. L'approche de la ville en termes de paysage participe de cette évolution professionnelle. Elle y participe, à mon sens, de manière fort originale dans la mesure où le paysage ouvre sur des dimensions qui font sortir de la stricte expertise technique, dont la dimension esthétique. Autant que sur des enjeux environnementaux, le paysage urbain ouvre sur des enjeux professionnels qui décloisonnent les expertises

---

4. Présentation en août 1997 du projet Montée de la Grande Côte à l'Atelier des paysages par Alain Marguerit.

5. Le séminaire élargi de l'Atelier pluridisciplinaire et pluriprofessionnel sur les conduites à projet (IRFA, Angers, J.P. Boutinet, dir.), *Le projet, une forme de contrôle entre deux formes d'incertitudes*, 4 juin 1999.

techniques et soulèvent la question des langages singuliers et partagés (Marot, 1995), comme celle des outils pour décrire, comprendre et intervenir sur la ville (Pousin, 1997a ; Benaïssa et Pousin, 1999).

Tout comme au moment de la mise en circulation du vocable de paysage urbain dans l'après-guerre, dans le contexte professionnel de l'architecture et de l'urbanisme, intervenir aujourd'hui sur la ville en termes de paysage urbain suppose de s'insérer dans des processus larges qui concernent tant la compréhension que l'action. Cela suppose aussi d'intégrer le regard distancié des pratiques artistiques.

La réflexion sur les outils de lecture et d'écriture des paysages des villes soulève des questions fondamentales sur les relations que la perception entretient avec l'activité de conception (Pousin, 1997b). Elle concerne également le lien constitutif entre représentation et paysage : le paysage urbain renvoie en effet depuis fort longtemps aux représentations de la ville (Besse, 1997), à sa mise en tableau comme les premières occurrences du terme nous le rappellent.

RÉFÉRENCES BIBLIOGRAPHIQUES

BENAÏSSA, A et F. POUSIN (1999). « Figuration et négociation dans le projet urbain », *Les cahiers de la recherche architecturale et urbaine*, n°s 2-3, p. 119-134.

BESSE, J.M. (1997). « Représenter la ville ou la simuler », *LIGEIA*, n°s 19-20, « Les paysages et la ville », juin, p. 41-55.

BLAKE, P. (1964). *God's Own Junkyard. The Planned Deterioration of America's Landscape*, New York, Chicago, San Francisco, Holt, Rinehart and Winston.

BOERI, S. et *al.* (2001). *Mutations, Actar, Arc en rève*, Bordeaux, Centre d'architecture.

COLLOT (dir.). (1998). *Les Enjeux du paysage. Littérature, arts et sciences humaines*, Bruxelles, Ousia.

COLLOT (1989). *L'Horizon fabuleux*, Paris.

CORTI, J. (1988). *La Poésie moderne et la structure d'horizon*, Paris, Presses universitaires de France.

CULLEN, G. (1961). *Townscape*, Londres, The Architectural Press.

ECKBO, G. (1964). *Urban Landscape Design*, New York, Toronto, Londres, McGraw Hill inc.

HALPRIN, L. (1963). *Cities*, New York, Reinhold.

HUETZ de Lemps (1999). « Les singularités paysagères de l'urbain », *Les cahiers de la Méditerranée*, n° 59, « Paysages urbains XVIe-XXe siècles », tome 1, p. 1-11.

JELLICOE, J.A. (1961). *Motopia, A Study in the Evolution or Urban Landscape*, Londres, Studio Books Longacre Press Ltd.

LYNCH, K. (1960). *The Image of the City*, Cambridge, MIT Press.

MARGUERIT, A. (2000). « Retour sur une consultation de concepteurs », *Les Carnets du paysage*, n° 5, printemps-été, p. 6-24.

MAROT, S. (1995). « Les alternatives du paysage », *Le visiteur*, n° 1.

MCHARG, I.L. (1969). *Design with Nature*, New York, The American Museum of Natural History Press.

NAIRN, I. (1965). *The American Landscape : A Critical View*, New York, Random House.

POUSIN, F. (1999). « La création du paysage au risque de l'urbain », *Les Annales de la recherche urbaine*, n° 85, Paysages des villes, p. 32-42.

POUSIN, F. (1997a). « Le lexique partagé des architectes et paysagistes, entre langue savante et langue ordinaire », dans *Actes du séminaire international UNESCO / CNRS, Les mots de la ville*.

POUSIN, F. (1997b). « Projet de ville, projet de paysage », *LIGEIA* n°s 19-20, « Les paysages et la ville », juin, p. 112-120.

ROGER, A. (1997). *Court traité du paysage*, Paris, Flammarion.

SIMON, H.A. (1969). *The Sciences of the Artificiel*, Cambridge, MIT Press.

VENTURI, R.D., Scott BROWN et S. IZENOUR (1972). *Learning from Las Vegas*, Cambridge, MIT Press.

Les auteurs

Yves Archambault poursuit une carrière de professeur à temps partiel au Département d'études urbaines et touristiques de l'Université du Québec à Montréal depuis 1979, parallèlement à la pratique de l'urbanisme. Au cours des dernières années, il s'est particulièrement intéressé à la consultation publique en environnement, notamment à titre de commissaire additionnel au Bureau d'audiences publiques sur l'environnement. Il est commissaire à l'Office de consultation publique de Montréal depuis novembre 2002. Il est membre de l'Institut des sciences de l'environnement et a siégé au conseil d'administration de l'Association québécoise d'évaluation d'impacts, ainsi qu'à celui du Secrétariat francophone de l'association internationale d'évaluation d'impacts.
Courriel : archambault.yves@uqam.ca

Jeena Azzah a obtenu son baccalauréat en sciences économiques, avec mineur en sciences politiques à l'Université York à Toronto où elle a ensuite complété un programme de maîtrise en études environnementales. Après quelques années de pratique dans les milieux communautaires, elle a joint la Fédération canadienne des municipalités en 1999 où elle gère depuis tous les programmes reliés au développement durable.
Courriel : ajeena@fcm.ca

Alain-Michel Barcelo est architecte. Il a fait sa carrière professionnelle dans les fonctions publiques municipale, provinciale et fédérale au Canada et sa carrière universitaire à l'École d'architecture puis à l'Institut d'urbanisme de l'Université de Montréal. Il s'intéresse particulièrement à la planification territoriale, au design urbain, à l'exclusion sociale et au développement durable.
Courriel : alain-michel.barcelo@umontreal.ca

Michel Boisvert est économiste et détient un doctorat en science régionale. Après quelques années comme chercheur à l'INRS (Université du Québec) puis au Conseil économique du Canada, il a joint, en 1978, l'équipe de professeurs de l'Institut d'urbanisme. Ses domaines de recherche sont la planification des équipements collectifs, notamment les réseaux d'aqueduc et d'assainissement, et l'urbanisme commercial, sous toutes ses formes. À titre de vice-président de l'Association pour la promotion de l'enseignement et de la recherche en aménagement et urbanisme (APERAU), il a organisé en juin 2000 un colloque sur le thème du présent recueil. Il occupe aujourd'hui la présidence de cette association.
Courriel : michel.a.boisvert@umontreal.ca

Marie-José Fortin est membre du Groupe de recherche et d'interventions régionales (GRIR) et termine actuellement sa thèse de doctorat dans le cadre d'une cotutelle impliquant l'Université du Québec à Chicoutimi (développement régional) et La Sorbonne-Paris I (géographie). Ses travaux croisent trois champs de recherche selon une approche socioculturelle et dans une perspective critique de justice environnementale, soit ceux du développement durable, de l'évaluation environnementale et du paysage.
Courriel : marie-jose_fortin@uqac.ca

Pierre-Yves Guay est sociologue et urbaniste. Il est professeur au Département d'études urbaines et touristiques de l'Université du Québec à Montréal, ainsi que directeur des programmes d'urbanisme de l'École des sciences de la gestion. Ses activités de recherche concernent l'évaluation environnementale, la planification urbaine et régionale, la défiscalisation des territoires et les zones franches industrielles.
Courriel : guay.pierre-yves@uqam.ca

Régis Guillaume est maître de conférences au Département de géographie de l'Université de Toulouse-Le Mirail et chercheur au Centre interdisciplinaire d'études urbaines (CIEU). Ses travaux de recherche sont consacrés à l'étude des rapports entre économie et territoire et des dispositifs de gestion des aires métropolitaines.
Courriel : rguillau@univ-tlse2.fr

Corinne Larrue est professeure d'aménagement de l'espace-urbanisme à l'Université de Tours où elle enseigne l'analyse des politiques publiques et la gestion de l'environnement. Ses travaux de recherche portent principalement sur l'analyse des politiques d'aménagement et d'environnement en France et dans divers pays européens. Elle est actuellement responsable du centre de recherche « Ville Société Territoire » et présidente du Conseil scientifique du programme de recherche « politiques territoriales et développement durable » mené conjointement par le ministères français de l'Environnement et de l'Équipement.
Courriel : larrue@univ-tours.fr

André-Hubert Mesnard est professeur à la Faculté de droit et des sciences politiques de Nantes au Centre de recherche en urbanisme, aménagement régional et administrations publiques (CRUARAP) et au Centre de droit maritime et des océans (CDMO). Il se spécialise en droit et politiques de l'urbanisme, de l'environnement, de la culture et du littoral.

Courriel : Andre-Hubert.Mesnard@droit.univ-nantes.fr

Paula Negrón-Poblete détient un doctorat en aménagement de l'Université de Montréal. Ses domaines d'intérêt sont le transport métropolitain et l'exclusion sociale. Elle a travaillé comme consultante en urbanisme au Mexique et depuis 2003 elle collabore avec l'Institut d'urbanisme en tant que chargée de cours.

Courriel : negron-poblete@umontreal.ca

Florence Paulhiac possède un doctorat en aménagement de l'espace et urbanisme ainsi qu'un Ph. D. en études urbaines. Elle se spécialise dans l'analyse comparée des politiques urbaines et des situations de gouvernance urbaine. En s'intéressant aux jeux des acteurs dans la construction des politiques urbaines, elle aborde également la question de la nature des référentiels alimentant l'action collective.

Courriel : florence.paulhiac@numericable.fr

Frédéric Pousin est architecte et docteur de l'École des hautes études en sciences sociales. il est directeur de recherche au CNRS au Laboratoire dynamiques sociales et recomposition des espaces. Il enseigne au sein du DEA *Jardins, Paysages, Territoires* à l'École d'architecture de Paris-la-Villette / Université de Paris I. Ses recherches portent sur les représentations et les compétences professionnelles au sein des projets d'architecture, d'urbanisme et de paysage. Il est membre du Comité de rédaction de la revue *Les carnets du paysage,* et a été chercheur invité au Centre d'étude du Centre canadien d'architecture de Montréal.

Courriel : frpousin@francenet.fr

Lorraine Rouisse est détentrice d'un doctorat en santé communautaire, option toxicologie de l'environnement, de l'Université de Montréal. Elle œuvre en environnement depuis plus de quinze ans, ayant occupé divers postes dans l'entreprise privée à titre de directrice – Environnement, ou dans le domaine de la consultation. Depuis mai 2002, Mme Rouisse est directrice – Santé, sécurité et environnement, chez Bombardier inc.

Courriel : lorraine.rouisse@bombardier.com

Diane Saint-Laurent est professeure à la section de géographie du Département des sciences humaines de l'Université du Québec à Trois-Rivières. Ses travaux de recherche portent sur la géomorphologie fluviale, notamment l'érosion et la renaturalisation des berges, ainsi que sur les inondations et les paléo-inondations, où elle aborde les impacts environnementaux des changements climatiques. Elle s'intéresse également à l'écologie des paysages et à la succession végétale en milieu urbain.
Courriel : Diane_Saint-Laurent@UQTR.CA

Gilles Sénécal est professeur à l'Institut national de la recherche scientifique (INRS-Urbanisation, culture et société). Ses recherches portent sur l'environnement urbain et l'action locale en revitalisation urbaine. Il a également poursuivi des travaux sur l'évolution de la forêt urbaine métropolitaine.
Courriel : Gilles_Senecal@INRS-UCS.Uquebec.Ca

Luc-Normand Tellier est directeur du Département d'études urbaines et touristiques de l'Université du Québec à Montréal. Il détient un doctorat en science régionale de l'Université de Pennsylvanie. Spécialisé en économie spatiale, il a publié dans ce domaine ainsi que dans ceux de l'histoire de l'urbanisation, des méthodes d'évaluation des projets publics, de l'histoire de la France et de la prospective.
Courriel : tellier.luc-normand@uqam.ca

Jean-Pierre Trépanier œuvre en environnement depuis plus de 25 ans, d'abord au ministère de l'Environnement du Québec de 1978 à 1996, puis chez Sanexen Services environnementaux inc. où il occupe le poste de directeur – Analyse de risques. Il est l'auteur de plusieurs ouvrages et conférences dans le domaine de l'analyse de risques. Il est également le concepteur du logiciel TerraSys pour l'évaluation des risques écotoxicologiques pour les terrains contaminés.
Courriel : jptrepan@sanexen.com

Marguerite Wotto détient un diplôme d'études supérieures en génie civil, une maîtrise en gestion des projets et termine actuellement un doctorat en études urbaines à l'Université du Québec à Montréal. Elle s'intéresse particulièrement aux aspects méthodologiques de la planification des politiques. Son projet de recherche-action réalisé au Groupe d'études interdisciplinaires en géographie et environnement régional (GEIGER) expérimente une démarche de e-participation du public à l'évaluation environnementale stratégique.
Courriel : marguerite_wotto@yahoo.fr

LES DÉFIS ET LES OPTIONS DE LA RELANCE DE MONTRÉAL

Sous la direction de Luc-Normand Tellier

Dans la collection
SCIENCE RÉGIONALE

1997, 194 pages
ISBN 2-7605-0958-3

25 $

Sous la direction de **Luc-Normand Tellier**

Les défis et les options **de la relance de Montréal**

Presses de l'Université du Québec

À découvrir

www.puq.ca
418 · 657-4399

Prix sujet à changement sans préavis

Les causes de la stagnation et du déclin de l'économie montréalaise étant identifiées, que faire? Voilà la question qui motive ce livre. On y présente cinq grands défis auxquels fait face la métropole : le déclin ; le recyclage des zones industrielles ; la mobilité des biens et des personnes ; l'équilibre écologique et le développement durable; et, enfin, la diversité ethnique, culturelle et linguistique. Devra-t-on pour relever ces défis affirmer la spécificité de l'île de Montréal à travers la définition d'un statut politique, économique et linguistique particulier ou plutôt miser sur l'ensemble de la région métropolitaine ou encore élargir la question au contexte interrégional québécois?